U0560449

非遗里的梧州

FEIYI LI DE
WUZHOU

中共梧州市委宣传部　梧州市社会科学界联合会
梧州市文化广电体育和旅游局　梧州日报社
梧州学院西江流域民间文献研究中心——编

广西人民出版社

编委会

序

赓续历史文脉
谱写当代华章

大江奔流，时代交响。盛世华章，融汇古今。

西江，绵亘千里、润泽四方，孕育了精彩纷呈的非物质文化遗产，也孕育了璀璨多姿的梧州文明。

历史上那些灿若星辰的文化瑰宝，在我们共同生活的土地上，时至今日依然有着激荡人心、滋养心灵的力量。

非物质文化遗产，是以传承为纽带的"活"的艺术，铭刻着中华优秀传统文化的"根"与"魂"。截至2023年10月，梧州市共有被列入联合国教科文组织非物质文化遗产名录项目1项、国家级非物质文化遗产代表性项目3项、自治区级非物质文化遗产代表性项目（简称非遗）48项，涵盖曲艺、传统制作技艺、传统医药等多个类别。这些非遗或以节日庆典、民风民俗等形式存在，或以传统戏曲、手工绝活等形态出现，为我国乃至世界文化的多样性贡献了"梧州色彩"。

《非遗里的梧州》一书较为完整地展示了梧州非遗的独特魅力，也为外界更好地了解梧州的历史文化打开了新的大门。

无论是群众喜闻乐见的曲艺、舞蹈，还是令人叹为观止的传统手艺，在一帧帧精心挑选的照片里，在一篇篇精雕细琢的文章中，我们都能看到梧州非遗的文化内涵，看到梧州非遗经由"巧手""匠心"，融入生活化场景中，从"标本"里"活"过来。

梧州粤剧，彰显古典韵味；六堡茶制作技艺，浸润东方哲学；梧州蛇伤疗法，诠释济世情怀；梧州早茶习俗，刻画人文底色……这些多彩的非遗项目，就像一颗颗散落民间的珍珠，光彩夺目、熠熠生辉。

经过世代相承，这些非遗项目已形成系统完整的知识体系、广泛深入的社会认知、成熟发达的传统技艺、种类丰富的手工制品，是梧州人民在长期生产生活实践中的生动创造，体现着梧州人民的共同价值追求，构筑了梧州人民独特的非遗记忆，历久弥新、经久不衰。

如今，要让非遗文化活起来、传下去，就必须给其注入源源不断的人才"活水"，使其融入现代生活、展现当代价值，让越来越多的非遗技艺被看见、被激活、被继承、被重塑，薪火相传、弦歌不辍。

非遗是跨越时空的精神纽带，能够让不同历史时期的人们产生共同感知、引起精神共鸣；非遗也是富有生命力的精神纽带，能够让我们在跨越时空的范围内连接过去与未来，自觉成为文化的传承者和守护人。

欲流之远者，必浚其泉源。保护传承非遗，就是保护文明的火种、传承永续的文脉。只有更好地保护传统文化，让璀璨的文化遗产具有时代意义，才能更好地赓续文化基因，凝聚奋进力量。

历史的如椽巨笔，绘就了"何以中国"的锦绣华章，如今我们也要用文化书写"何以往之"的时代答案。

对历史最好的继承，就是创造新的历史。赓续文脉，继往开来。在全面建设社会主义现代化国家、全面推进中华民族伟大复兴的新征程上，我们要坚定做中华优秀传统文化的传承者、开拓者，不忘本来、吸收外来、面向未来，守护全人类共同的宝贵的文化遗产，让非物质文化遗产绽放出更加迷人的光彩，让中华文明代代相传、生生不息！

是为序。

Contents 目录

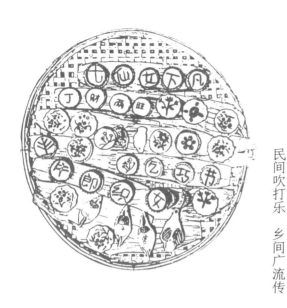

一叶承一业
茶技传千载

从一张树叶，到一片茶叶，发展成一段历史，演绎出一个故事，六堡茶制作技艺在千年的传承中变得愈加璀璨和珍贵

六堡茶制作技艺

　　六堡茶制作技艺以梧州市苍梧县当地种植的茶叶为原材料，经过杀青、揉捻、沤堆、初蒸、发酵、复蒸、干燥、晾置、加压、陈化等工艺制作手法，制造出外观色泽黑褐光润、茶汤呈琥珀黄红之色、喝时滋味醇厚甘爽等品质特征的六堡茶。它是苍梧劳动人民在长期生产实践中的劳动创造及智慧结晶。

　　六堡茶制作技艺于2008年被列入第二批自治区级非物质文化遗产代表性项目名录，2014年被列入第四批国家级非物质文化遗产代表性项目名录。2022年11月，六堡茶制作技艺作为"中国传统制茶技艺及其相关习俗"的一个子项目，被列入联合国教科文组织人类非物质文化遗产代表作名录，成为梧州市首个人类非物质文化遗产代表作名录项目。

　　六堡茶是中国茶的组成部分，是一个拥有1500多年历史的"古董茶"，是一个在清代嘉庆年间就入选中国二十四名茶的"佳品茶"，也是一个远销粤港澳地区乃至东南亚各国的"侨销茶"。

　　作为六堡茶悠久文化传承的重要载体，六堡茶制作技艺在挖掘、保护、传承、发展的过程中，在不同时代都绽放出耀眼的光芒。新时代，随着六堡茶产业高质量发展步伐的加快，六堡茶制作技艺也进入了传承与创新、保护与发展的新阶段，在赓续茶文化、拓展茶产业、讲好茶故事的时间和空间中续写精彩华章。

一片叶子的千年传承

　　"茶"字拆开，是"人在草木间"。

　　2023年3月21日是农历"社日"，正是采春茶的好时节。在苍梧县六堡镇，连绵不断的茶山绿意勃发，漫山遍野的茶树吐露新芽，村民们走进层叠的茶山间，摘下青翠的嫩叶，待竹篓装满后，便带回家进行春茶的炒制。

这一天，当地的开茶节如期举行。这是拉开春茶采制序幕的盛大仪式。几千名游客、茶商慕名而来，参加开山喊茶、采茶制茶体验、重游"茶船古道"、参观制茶工厂等活动，现场热闹非凡。这让不少当地老茶人感觉像是看到了几十年前家家户户做茶、茶庄茶贩上门收茶、船只满载茶叶航行而去的繁盛景象。

"那时候，几乎每户家里都有茶，人人都会做茶。"老茶人陈振东回忆。他从小就跟着父母学做茶，家里竹篓、布袋、茶灶、铁锅、簸箕等采茶和制茶工具一应俱全。制茶要经过杀青、揉捻、沤堆、初蒸、发酵、复蒸、干燥、晾置、加压、陈化等一系列复杂的工序，才能制出黑褐光润、条索紧致、香气醇厚的六堡茶。

"六堡茶的产制历史可追溯到1500多年前。其制作工序、操作方法、时间和力道的控制等，都是当地人民经过长期的实践经验总结积累下来，然后依靠言传身教的方式世代相传的，是苍梧人民的劳动创造，体现了传统制茶的历史价值和文化传承。"苍梧县文化馆原馆长陈小敏说。

在六堡镇六堡茶博物馆，一段段文字、一张张照片、一件件实物，系统展示着六堡茶及其制作技艺的前世今生。资料显示，六堡茶因原产于梧州市苍梧县六堡镇而得名，属黑茶类，品质以"红、浓、陈、醇"四绝著称。除了色香味俱佳，六堡茶还具有护肝、养胃、祛湿、清火、养颜、降"三高"等独特功效。由于具备长期存放的特点，以及可消暑、缓解肠胃不适的功效，六堡茶广受东南亚的务工华人和当地居民的欢迎，出口量大增。"六堡茶由此演绎了'茶船古道'的美誉传奇，并成为海上丝绸之路的重要组成部分。"梧州市茶产业发展服务中心的相关负责人说。产茶季节，茶叶在六堡镇的合口码头启程，先用尖头船运送，经梨埠换木船，进入西江之后再搬到大船上，运送到广州，再转口南洋乃至世界各地。这便是当年著名的"茶船古道"。

从一张树叶，到一片茶叶，发展成一段历史，演绎出一个故事，六堡茶制作技艺在千年的传承中变得愈加璀璨和珍贵。

一门技艺的用心坚守

传承人是非物质文化遗产的重要承载者和传递者。而代表性传承人作为示范和标杆，理应发挥更大作用，广泛收徒、积极传艺，延续传承谱系，把传统技艺的精髓传承好、发展好。

六堡茶制作技艺自治区级代表性传承人祝雪兰（右三）在传授六堡茶制作技艺／欧阳灿　摄

在六堡镇塘平村黑石山茶厂的茶叶炒制区，六堡茶制作技艺国家级代表性传承人韦洁群正耐心地给村民讲授手工制茶技术要点。"杀青时一定要掌握火候。茶青下锅后，要先焖炒，再扬炒。揉捻时要以整形为主，加压不宜过久，一般是轻揉。至六七成干的时候，要用炭火烘焙。"她一边说一边示范。一片片绿叶在她的手中慢慢被蒸发水分，蜷缩起来，散发出阵阵清香。

韦洁群是土生土长的六堡人，18岁开始从采茶工、制茶工做起，后来成为技艺娴熟的手工制茶师傅，56岁时被认定为六堡茶制作技艺国家级代表性传承人。近年来，她每年都举办古法制茶培训班，将祖传的古法制茶心得和技术编制成规范操作手册并传授给学员。"手工制茶讲究慢工出细活，少一道工序或者在火候、力度、时间上稍有偏差，茶叶的形态和味道都会大打折扣。"韦洁群经常跟学员们说。学艺贵在坚持，要反复锤炼，只有耐得住寂寞，才能有所收获。

"六堡茶制作技艺的保护传承和发展，离不开代表性传承人的坚持坚守和用心传承。"梧州市非物质文化遗产传承保护中心的相关负责人说。六堡茶制作技艺是广西代表性传承人最多、传承谱系最全的非物质文化遗产项目，有国家级代表性传承人1人、自治区级代表性传承人9人。

但是，六堡茶制作技艺的传承也面临着机械制茶的冲击、学习制茶技艺的年轻人不多、"新茶人"队伍建设不系统等问题。

特别是近10年来，受到工业化进程加速的影响，机械制茶比重上升势头迅猛，而传统手工制茶技艺因为工序多、生产周期长、劳动强度大，很多年轻人不愿接班，传承出现断层现象。

因此，如何吸引更多年轻人关注传统手工制茶技艺，加入学艺队伍，精进传统技艺，传承传统文化，是六堡茶制作技艺发展面临的一大难题。

广西首期传统工艺六堡茶手工制作就业技能培训班在苍梧县中等专业学校举行，学员在接受六堡茶手工制作实操考核 / 朱元冬　摄

六堡茶制作技艺国家级代表性传承人韦洁群（右二）在传授六堡茶制作技艺 / 杨扬　摄

一个专业的应运而生

在梧州市第二职业中等专业学校的一堂茶叶加工实训课上，学生们在老师的指导下学习传统手工制茶。只见学生们先用手来回翻炒炒茶锅内的鲜叶，使鲜叶里的水分蒸发、变软；随后将变软的叶子放到簸箕中，顺着同一方向、使用同一力度对叶子进行反复揉捻，让叶子更好地成条索形。

学生黄韵诗来自六堡茶的"家乡"六堡镇，学得格外认真。她说，希望通过专业的学习，把六堡茶制作技艺学好、把六堡茶传统文化传承好。

近年来，梧州学院、梧州职业学院、梧州市第二职业中等专业学校等多所院校及各类六堡茶职业培训教育平台都开设了茶学专业或相关培训班，将六堡茶制作技艺、六堡茶文化体验等传授给更多的人。一些院校还与非遗传承人合作，共建教学实践基地，开设六堡茶大师工作室，以此系统培养六堡茶专业人才。

梧州市新兴二路小学开展六堡茶文化进校园宣传教育活动，邀请六堡茶制作技艺自治区级代表性传承人祝雪兰到学校讲课。图为学生们正在学习泡制六堡茶／杨扬　摄

六堡茶产业要腾飞，培育新茶人至关重要。2021 年以来，梧州市优化六堡茶产业发展思路，聚焦"茶苗、茶园、茶企、茶师、茶市、茶城"六大关键环节，推动六堡茶产业高质量发展。其中，"茶师"环节就包括更好发挥高等院校的教育培训和劳模工匠的示范带动作用，加快培育一批制茶师、茶艺师、评茶师等专业人才，加强六堡茶产业技能人才队伍建设等具体内容。

如今，相关工作取得新突破。截至 2023 年 4 月，梧州市已初步建立起一支高层次茶产业人才队伍，新增中国制茶大师 1 名、中国制茶能手 2 名、广西技术能手 2 名，培养制茶师、评茶师、茶艺师共 117 名，引进刘仲华院士等专家教授 6 名，多批茶学专业的毕业生投身茶行业，在茶领域崭露头角、施展才华。

"非物质文化遗产不仅要保护好、传承好，还要发展好、利用好，推动传统文化实现创造性转化。"在 2022 年底举办的"中国传统制茶技艺及其相关习俗"保护论坛上，有关茶专家认为，要在提高茶产品文化附加值、促进茶文旅融合、推动乡村振兴、助力经济发展等方面挖掘潜力，让"茶非遗"发挥更大作用。

与此同时，梧州市也在积极推进相关工作：有关部门和茶企业积极研发"六堡茶 + 奶茶""六堡茶 + 蛋糕""六堡茶 + 冰激凌"等组合，打造六堡茶"网红"产品；苍梧县正在加快建设六堡镇特色茶街、茶园、民宿，增加采茶、炒茶体验等活动项目，以提升茶文旅的吸引力；不少乡镇以土地入股等模式吸引广大农民投身六堡茶种植，构建企业与农民共融共生的联结机制，更好发挥茶产业联农带农富农作用……

茶，顺自然之法，德厚惠民。做好"茶非遗"的后半篇文章并推动六堡茶制作技艺走得更远，任重道远，前景广阔。

创新写好『茶文章』
——访六堡茶制作技艺国家级代表性传承人韦洁群

四十余年如一日坚守传统手工制茶的工艺，韦洁群坚信，传统手工制作出来的六堡茶更香更醇。作为六堡茶制作技艺国家级代表性传承人，她有一个信念：要把老祖宗留下来的手艺传承发展下去，把六堡茶制作技艺发扬光大。

怎么传承？韦洁群的做法是打破传统祖传形式，广泛传艺。为此，她设立了"韦洁群技能大师工作室"，广开培训班，将制茶技艺传授给当地茶农。不仅如此，她还与广西多所高职院校合作，建设六堡茶制作技艺教学实践基地，积极参与六堡茶文化进校园等有关活动，吸引更多年轻人了解和关注这门技艺。

"学校开设了六堡茶相关课程的，我就教学生们如何手工制茶；没有开设相关课程的，我就先给学生们讲茶历史、茶文化，让他们对茶产生兴趣。"韦洁群说，传承非遗文化需要更多年轻力量，她要让越来越多年轻人了解茶、认识茶、热爱茶。

近年来，随着传承队伍逐渐壮大，韦洁群又想着如何在更广的领域宣传推广传统制茶文化，让传统制茶技艺焕发创新活力。为此，她在参加全国茶业界相关展示和交流活动，对外分享传承经验的同时，也积极学习其他地方的好做法。她深有感触地说，古老的不代表就是落后的。传统手工制茶技艺也要适应时代变化和产业发展需求，只有把传统茶文化与现代茶产业、茶科技结合起来，做好茶文化、茶产业、茶科技这"三茶"融合文章，撕掉传统制茶技艺"落后"的标签，才能更好地创新发展。

谭花桂来自河池市，茶学并不是她的第一志愿专业。不过，经过两年专业学习，在茶文化潜移默化的影响下，她渐渐爱上了这门学科，对六堡茶的了解也从陌生到熟悉。如今，她决心加入茶行业队伍，为传承发展六堡茶贡献青春力量。

在校期间，学校会组织茶学专业的学生到茶企业见习、与非遗传承人面对面学习。谭花桂十分珍惜每一次学习机会。她说，到茶企业见习能让她将课堂上学习到的理论知识和生产中的实践技能相结合，对六堡茶从生产到加工再到销售各个环节有更深入的认识，从而进一步提升自己对专业知识的了解与应用。

"每次看到非遗传承人，听他们讲茶文化，看他们示范制茶技艺，都能感受到他们身上的那种'匠心'力量，为他们娴熟的技艺所折服，也为他们的坚持坚守感动。这对我的学习成长也有着很大的鼓舞作用。"谭花桂说。

如今，谭花桂对六堡茶相关知识和文化有了一定的积累，对传承发展六堡茶也有自己的想法。她认为作为学茶的年轻人，首先要"学进来"，让自己成为内行；然后再"走出去"，通过各种活动和场合，积极对外推广六堡茶的文化，展示六堡茶的魅力，为提升六堡茶的知名度和品牌影响力作出自己的一份努力。

国风正当道
南国醒狮魂

从民间走向世界舞台，之后落脚青少年课堂，藤县狮舞带着上千年的文化积淀，以超凡的文化自信传承、发展、创新，延续『东方狮王』的文化魅力

藤县狮舞

　　藤县狮舞是藤县劳动人民在长期的社会生活中创造的具有浓郁地域特色和民族特色的一种民间传统舞蹈。藤县狮舞分为两种：一种是侧重于地面技艺表演的"采青狮"，另一种是侧重于桩上技艺表演的"高桩狮"。藤县狮舞于 2007 年被列入首批梧州市级非物质文化遗产代表性项目名录，同年被列入首批自治区级非物质文化遗产代表性项目名录。2011 年，藤县狮舞被列入第三批国家级非物质文化遗产代表性项目名录，是目前梧州市 3 个入选国家级非物质文化遗产代表性项目名录的项目之一。

狮舞是中国广为流传的民间舞蹈之一，在中国的传统节日、婚礼、庆典等重要场合中作为一种不可或缺的节庆活动出现，象征着祥瑞，寄托了人们祈祷吉祥如意、国泰民安的心愿。

藤县素有"狮舞之乡"的美称。据史料记载，藤县狮舞形成于隋唐年间，成熟兴盛于清乾隆年间至新中国成立初期，发展创新于当代。其形成至今已有上千年的历史，积累了深厚的群众基础和深远的社会影响力。

经过不断创新发展，藤县狮舞形成了独有的风格——集武术、杂技、舞蹈于一体，在众多的民间狮舞艺术中堪称一绝，威名远扬。

文化积淀千年

"咚咚锵——"2023年"壮族三月三"期间，在梧州市明朝两广总督府文化旅游博览区的百花广场上，一黄一红两只狮子在锣鼓声中时而昂首阔步，时而摇头摆尾，惟妙惟肖，以"灵猴攀树"等一系列高桩狮舞表演收获了阵阵喝彩。

狮舞文化是中华民族的重要文化遗产。有趣的是，狮子并非原产于中国的动物，其原先主要分布于非洲、亚洲西部及印度孟买林区。据史料记载，在西汉时期，丝绸之路开通之后，外来商人将狮子进献给汉朝皇帝，仅供皇亲贵胄欣赏。

既然中国古代不产狮子，那么狮舞文化是怎样产生的呢？藤县狮舞又有怎样传奇的故事？

随着丝绸之路在唐朝发展达到鼎盛期，当时的狮子虽然仍只进献给皇帝，但其威武雄壮的形象却悄然传入民间，并被民间百姓神化，关于狮子的传说如雨后春笋般涌现。藤县民间狮舞传说就是其中之一。

传说在隋唐年间，藤县山区每逢岁末年初就有一头怪兽到处糟蹋庄稼，残害人畜。为驱赶怪兽，藤县先民们想出了一个仿制兽中之王狮子以兽赶兽的办法，即用竹篾扎成狮子，用葛麻编成狮毛并染上不同颜色，以二人合成一只狮子，一人舞狮头、一人摆狮尾，再组成一支庞大的狮队，群狮奋舞，成功吓跑怪兽。

从此，藤县先民便把狮子视为镇妖祛邪的吉祥物，每逢岁末年初、民俗节庆、喜事庆典，都以狮舞来庆贺、祈愿。

"藤县狮舞这一民间传统文化活动便从那时起延续到现在，成为藤县民间喜爱的传统文化活动之一。"藤县文广体旅局传媒科技股负责人说。藤县先民为铭记狮子的恩德，还在不少地方修建祠堂庙宇以示纪念和崇拜。修建于唐朝年间、坐落在藤县县城中的龙母庙，其门前置放的两尊"蛇身狮头"就是例证。

上述民间传说与"蛇身狮头"佐证了藤县狮舞形成年代。而藤县以仿制狮身和举办狮舞活动来表示纪念和崇拜的习俗，在隋唐后的朝代更迭中不但没有中断，而且还在清乾隆年间进入高峰期。

藤县狮舞是集武术、
杂技、舞蹈于一体
的综合性狮舞艺术／
罗金霞 摄

藤县狮舞 / 罗金霞　摄

技艺出彩出新

　　"一点元神报天庭，二点左日右月睛，先点左耳清，再点右耳明……"点睛是藤县狮舞中不可缺少的一项仪式：狮子在点睛前处于沉睡状态，因此舞动前须邀请德高望重的人用毛笔蘸朱砂给狮子点睛，以唤醒狮子。所以这个仪式也叫"醒狮"。

　　藤县狮舞从唐朝以来一路迅猛发展，大大小小的狮舞团体如热泉般喷涌而出，技艺也愈加精湛高超。

　　"我国的狮舞分为北狮和南狮两种，北狮重写实，南狮重写意。北狮动作轻巧，形神粗犷幽默，表演时以上高台、踩球技艺为主；南狮则动作威猛，形神细腻逼真，表演时以上凳（桩）、采青技艺为主。"藤县狮舞国家级代表性传承人邓明华说，藤县狮舞为典型的南狮，并在历史长河中不断发展创新，最终形成了自己的独特风格。

　　邓明华介绍，清乾隆年间到新中国成立初期，藤县狮舞成熟兴盛的代表作是采青狮。由现在濛江子孙堂醒狮团的狮舞老前辈根据狮子的十大神态（喜、怒、醉、乐、猛、惊、疑、动、静、醒）所创作的狮舞，凸显了采青狮表演的艺术精髓和核心内容。舞狮者通过一系列套路表演，最终取下悬挂于高处或置于盆中的利市（红包），因利市往往伴以青菜，故这一过程名"采青"。

　　这一时期，舞狮活动全面开展，不但成了当地妇孺皆知、竞相参与的文化活动，而且名声大振，甚至影响并流传到藤县周边的苍梧、岑溪以及平南等地。

　　在采青狮的基础上，1997年藤县狮舞再次创新发展，以塘步镇禤洲村狮队为班底，从全县各乡村狮队挑选出优秀人才组成藤县狮舞队。该狮舞队将狮子神态以及武术、舞蹈、技巧、杂技等融于狮舞中，创造出一种全新的难度系数高且观赏性强的竞技性狮舞形式——高桩狮。

　　"高桩狮表演需要在桩上完成高、难、惊、险、美的狮舞动作，动作造型美观、逼真、独特，而且雄健、惊险、生动。藤县狮舞队多次参加国内、国际狮王争霸赛，均获佳绩，夺得了'东方狮王'和'世界狮王'的美誉。"邓明华说，每次带队参赛，他都坐在观众席上，既不会给徒弟施压，又能以观众视角观看各支队伍的优劣。他十分自豪地说："我们狮队（表演）的主要特色就是难度大、动作灵活，国内外很多队伍都跟不上我们的速度和标准。"

邓明华家里整齐摆放着的一张张证书、一枚枚奖牌、一尊尊奖杯，不仅是他豪言壮语背后的底气，更是藤县狮舞蓬勃发展、名扬四海最具说服力的证明。

传代际相接

2023年2月5日是元宵节，藤县狮舞代表团受邀参加中央广播电视台元宵节晚会。"跳跃、旋转、腾飞……"在开场节目《花灿灯彩闹元宵》中，狮舞运动员向观众展示了精彩的高桩表演。参加此次表演的狮舞运动员有20人，其中有4人分别是自治区级、市级、县级非物质文化遗产代表性项目代表性传承人。

如今，藤县狮舞传承人的传承谱系已从第一代黄伟清等人发展到第五代邓宇等人，传承队伍从未间断。

"但实际上，藤县狮舞也难免传承者逐渐减少。尤其是近年来，传承者人数因为受到外来文化冲击乃至生存压力而逐渐减少，狮舞活动慢慢萎缩，狮舞队伍开始出现断层的现象。"藤县龙狮运动协会会长祝启春说。

因此，狮舞文化想要得到传承和弘扬，亟须培养新一代狮舞人才，这首先要从青少年抓起。祝启春表示，藤县通过组织成立藤县龙狮运动协会、建立多个舞狮发展基地、落实专项资金、制订人才培养计划，实施狮舞进乡村、进校园、进企业等活动，宣扬优秀的狮舞文化，引领狮舞传承发展。

值得一提的是，狮舞与职业教育相结合，让藤县狮舞传承走

藤县第一幼儿园的小朋友在练习舞狮/黄孝邦 摄

出一条新路。2015年起，藤县中等专业学校增设狮舞专业课程，聘请知名教练教授专业课，把舞狮与职业教育结合起来，以校企合作模式不断壮大狮舞队伍，推动狮舞文化发展。目前，该校已经培养了300多名狮舞人才。

藤县中等专业学校狮舞教练邓文海说："我们会定向安排学生到狮舞运动比较活跃的地区从事体育教学工作；也会留下技艺能力突出的学生，带领他们参加职业比赛；我们还非常支持学生在狮舞专业领域升学深造。"

此外，梧州市每年安排不少于10万元的体育彩票公益金，用于开展龙狮文化进校园活动，支持龙狮运动协会等体育社会组织与全市10所学校签订传统体育进校园合作协议，采取公益性授课、展示表演、培训比赛等方式在校园推广普及狮舞等民族传统体育项目，让更多的学生能够受到优秀传统文化的熏陶。

从民间走向世界舞台，从狮队传习再到走进校园教学，藤县狮舞飞跃成长的每一个脚步都稳健踏实，藤县狮舞也以非凡的文化自信，舞出了"东方狮王"的民族文化精气神，一路书写东方文化的魅力新篇章。

闯荡外省建狮队
——访藤县狮舞国家级代表性传承人邓明华

邓明华是藤县塘步镇禤洲村人，自幼跟随父亲习武，为学习狮舞奠定了良好的基础。20世纪90年代初，邓明华拜师于濛江子孙堂醒狮团的朱甲华、廖兴贤，跟随二人学习狮舞，并创建了藤县禤洲醒狮团。他直言："狮舞是我国的传统文化，我作为非遗传承人，无论如何都要把它发扬光大，这是我的责任。"

在藤县禤洲醒狮团，邓明华依托民间武术，经过长期实践摸索，创作出一整套集武术、舞蹈、技巧、杂技于一体的高桩舞狮形式，吸引村里青少年参加舞狮训练。该醒狮团在他的带领下不断壮大，在北京市、上海市、广东省、福建省等多地建立了分狮队，在全国范围内宣传了藤县狮舞。

藤县狮舞不只是艺术展示，也是一种文化符号，传承依托于人也依托于物。对于如何传承藤县狮舞，邓明华有着清晰的规划：一是做好动作技巧方面的传承，二是做好文字方面的传承。

邓明华说："我把动作技巧传授给我的孩子、徒弟，我的孩子和徒弟又教授给他们的孩子和徒弟，藤县狮舞的技巧及表演动作才得以代代相传。"此外，他要将藤县狮舞的发展历程、技艺整理成文字，汇编成书，让人人都能学，人人都能看。这样，藤县狮舞技艺就有迹可循、有章可循了。

接过传承接力棒
——访 00 后藤县狮舞青年祝文康

00 后小伙祝文康毕业于藤县中等专业学校狮舞专业，现在是深圳比麟堂龙狮团的一名"狮头"。这个龙狮团也是由藤县狮舞团队发展而来的。

2018 年，祝文康刚满 14 岁就来到藤县中等专业学校学习狮舞。刚入学时，零基础的他就体会到"万事开头难"的滋味，基本功训练枯燥又艰辛。他说："但当我举起狮头的那一刻，一种似乎被狮子附体般的雀跃感贯穿全身，我很喜欢这种感觉。"

举着狮头在梅花桩上不停地跳跃、登高、翻转，祝文康十分执着于将动作做到极致。2023 年 3 月，他跟随狮队前往马来西亚参加狮舞交流活动。这次活动，使他清晰地认识到自己肩负的责任："青年一代是时候从长辈手中接过传承的接力棒，向全世界展示精彩的藤县狮舞艺术，弘扬顽强拼搏、敢闯高峰的藤县狮舞精神了。"

作为青年一代，祝文康也有自己的传承态度，"藤县舞狮有独特的文化，需要学习、领会，才能真正将它发扬光大"。祝文康表示，他会继续在动作技巧创新上狠下功夫，带动更多年轻人一起学习狮舞，以青春力量助推狮舞文化传承。

承百年匠心
造岭南佳品

作为岭南地区的特色食品，龟苓膏不仅代表了本地的文化特色，也是遗留在梧州人舌尖深处的记忆

梧州龟苓膏

龟苓膏是岭南地区历史悠久的传统药膳，是"药食同源"的典型代表。据《梧州市志·经济卷（上）》记载，梧州地处亚热带，气温高，雨量多，人们易感染热毒、湿毒，引起身体不适，因此当地人有食用龟苓膏的习惯。龟苓膏以龟和茯苓为主料，配以罗汉果、金银花、蒲公英等多味中草药，经 21 道传统工艺制作而成。成品龟苓膏为黑色略带透明的富有弹性的膏体，口感微苦回甘，带有中草药香气。

2007 年，梧州龟苓膏被列入首批自治区级非物质文化遗产代表性项目名录。2008 年，梧州龟苓膏被认定为国家地理标志保护产品。2021 年，龟苓膏配制技艺被列入第五批国家级非物质文化遗产代表性项目名录。

说起梧州特产，龟苓膏无疑是本地美食中名声响亮的名片之一。

梧州龟苓膏是岭南文化的重要组成部分。在坚守传统品质和技艺传承的过程中，经过不断改良技艺、研发配方，龟苓膏从原来的基础配方到如今繁多的搭配方式，口味也在一步步改进中升级。同时，伴随着现代生产技术与设备的进步，龟苓膏的产品种类也变得丰富多样，极大地满足了人们对龟苓膏的不同需求，较好地处理了传承与创新的关系，使古老的龟苓膏跟上了时代发展的步伐。

传统药膳　土生土长

每到炎炎夏日，梧州人便会到大街小巷里寻一碗清凉消暑的龟苓膏。新鲜熬煮出来的龟苓膏，呈棕褐色至黑褐色，为嫩滑、有弹性、略带透明而有光泽的膏体，因含有中草药成分，口感微苦中带有回甘，并伴有凉粉草和其他原料特有的香气，吃起来嫩滑爽口，是梧州人夏季必备的消暑品。

尽管龟苓膏的起源众说纷纭，但大家统一的看法是龟苓膏的诞生与梧州的水土息息相关。龟苓膏配制技艺传承族谱第六代传承人、龟苓膏配制技艺梧州市级代表性传承人施伟东说："梧州地处低山丘陵区，群山连绵，极少平地，境内又有多条河流，因此常年高温湿热，所以本地人多喜爱食用龟苓膏祛湿解暑。"

"传统的龟苓膏制作原料离不开两种药材，一种是龟，另一种则是土茯苓。"施伟东介绍。用传统工艺制作的龟苓膏，龟需要慢火熬煮 15 个小时方能煮出龟胶和蛋白质，再与土茯苓磨出的浆汁混合勾兑，炖煮成型——由于土茯苓为粉色，因此炖煮而成的膏体也呈淡粉色。

由于深受梧州人乃至两广人的喜爱，龟苓膏在明末清初已十分流行。彼

栀子、凉粉草、罗汉果等都是制作龟苓膏的原材料 / 陈凡　摄

时，苍梧郡（今梧州市）制作并售卖龟苓膏的店铺便形成了一定规模。

　　经过几百年的发展，龟苓膏已从最初的沿街叫卖或前店后坊生产，发展到今天的专业化生产和销售。

八代传承　历次改良

　　龟苓膏历经几百年发展，至今手艺已传承了几代人，传承谱系也已发展到第八代，能发展壮大、传承至今并不容易。

　　"龟苓膏一直在不断演化，经过每一代传承人的改良与创新，才成为如今老少皆宜的佳品。"施伟东说。古法龟苓膏配方比较简单，没有统一配方、标准法度。但一代代传承人与时俱进，根据人们的需求，以及人们生活习惯的变化，对龟苓膏的配方作出调整，以追求更好的口感。比如，将土茯

施伟东和颜月月操作设备熬制龟苓膏浓缩液 / 陈凡　摄　　罐装龟苓膏生产线有序运转 / 陈凡　摄

苓换成茯苓，加强了健脾祛湿的作用，整方功能相似但性质更平和，更适合大众。

就跟许多非物质文化遗产项目都曾面临后继无人的困境一样，龟苓膏配制技艺也不例外。

施伟东表示，与传统家族手艺父传子承的传承方式不同，龟苓膏配制技艺的传承是企业处于主导地位，以师传徒的方式为主，如果企业人员的流动性强，将不利于技艺的接续传承。因此，如何让企业留得住人，让传承者静心研习，是他们正在探索的课题。

师从施伟东的颜月月是龟苓膏配制技艺传承族谱第七代传承人，也是龟苓膏配制技艺梧州市级代表性传承人。她不仅熟悉传统龟苓膏制作技艺，对现代工艺也了如指掌。

刚开始学习传统方法制作龟苓膏时，药液勾兑的环节成了颜月月需要解决的难题。勾兑环节要加入凉粉草提取液和米浆原液，勾兑过程中还要不断搅拌，凭借手感判定勾兑分量，如果控制不好，做出的膏体弹性、硬度都会受影响。刚开始学习时，她只能在实验室内支起一口大锅，一遍遍地进行搅拌、勾兑练习，失败便重新开始，直到形成特定的手感。

如今，颜月月学习龟苓膏配制技艺将近10年，已熟练掌握选材、提取和勾兑等各项工序，也参与产品的研发和技术创新，研制出了荔枝龟苓膏、杂粮龟苓膏等新产品。

技艺的传承，不仅在当下，也在未来。为了更好地传承龟苓膏配制技艺，聚拢、培育龟苓膏制作相关人才，推动扩大龟苓膏配制技艺传统工艺人才队伍建设，2022年11月30日，施伟东技能大师及劳模和工匠人才创新工作室（市级）在该项技艺的保护单位广西梧州双钱实业有限公司（简称双钱实业）挂牌成立。

施伟东说："龟苓膏配制技艺需要不断与时俱进，才能在迅速迭代的现代化社会中不被淘汰，我也会发挥好团队优势，利用好大师工作室，做好技术的传承和创新。"

创新技艺　焕发活力

走进双钱实业龟苓膏生产车间，在自动化生产线上，药材传送至机器内，便开始提取、煮膏、灌装、灭菌等连续化生产。经过一道道工序，一罐罐清甜爽口的龟苓膏便制作完成了。

2021年，双钱实业获文化和旅游部认定为国家级非物质文化遗产代表性项目"龟苓膏配制技艺"的保护单位。多年来，双钱实业一直深耕龟苓膏领域，率先建立国内技术领先的龟苓膏现代化生产线，发明创造了易拉罐装龟苓膏和塑料碗装龟苓膏。

为了满足更多顾客的需求，双钱实业引入自动化药材提取、配料、加热煮膏等一系列现代设备，提高了龟苓膏的产量。"我们龟苓膏的制备均基于传统工艺，与现代化设备相结合，是对龟苓膏传统工艺的继承与创新，进一步提高了产品的品质与制作效率。"双钱实业生产部相关负责人表示。

为了迎合大众口味和市场需求，龟苓膏企业推出了品种多样的产品。除了在配方中增加了更具营养价值的黄喉拟水龟和其他药材，还结合年轻人的需求，推出杂粮龟苓膏、不添加蔗糖的荔枝龟苓膏等一系列新产品。

作为梧州人喜爱的特色食品，龟苓膏品种的创新不仅存在于企业，还存在于大街小巷的糖水店。在万秀区的双钱龟苓膏丽港店内，一年四季顾客总是络绎不绝。"早期门店售卖的仅有糖汁龟苓膏、蜜汁龟苓膏、椰汁龟苓膏和牛奶龟苓膏四个口味。"该店店长介绍，现在龟苓膏的熬制更换了更专业的制膏设备，产品种类也逐渐丰富，顾客可随意搭配雪糕、水果等时兴的配料，引得许多游客慕名前来。

正是一代代传承人对龟苓膏配制技艺的保护、传承、创新、发扬，才让这项古老的技艺焕发新光彩，让这些乡愁记忆永远流传。

龟苓膏可搭配白糖水、蜂蜜、椰汁食用／陈凡　摄

带领后辈谱新篇
——访龟苓膏配制技艺梧州市级代表性传承人施伟东

施伟东 1989 年从大学毕业后便进入原梧州市第三制药厂，从事龟苓膏生产工作，至今已有 34 年。工作中，他一直致力于改良和创新龟苓膏配制技艺的研究，将传统工艺与现代技术结合起来，让龟苓膏这一历史悠久的非物质文化遗产保持源源不断的生命力。

龟苓膏配制技艺的传承一直以"师带徒"的方式进行。施伟东师从第五代传承人王静之，如今施伟东也成了别人的师傅，传艺给第七代传承人，将新时代的价值理念和工匠精神传给下一代。

施伟东不仅手把手地向后辈传授龟苓膏配制的传统工艺，还带领他们对龟苓膏的配方以及技术不断进行革新，共同实验以解决龟苓膏的原料短缺难题。其主要负责的"龟苓膏生产工艺创新研究""高胶质凉粉草处理技术研究"为解决长期原料瓶颈问题提供了方向。同时，他还鼓励传承人勇于创新，突破龟苓膏原有形式，开发打磨新品，以实践代替课堂，让传承与时俱进。

施伟东说："龟苓膏作为梧州饮食文化的重要组成部分，需要新时代的匠人继续传承、创新、发扬，在前人的基础上，继续挖掘新的工艺价值，这样才能使龟苓膏配制技艺的发展永葆活力。"

每年推出新产品

——访龟苓膏配制技艺传承族谱第八代传承人何姗

何姗是土生土长的梧州人，自小便喜爱龟苓膏。入职双钱实业后，她有机会进一步接触龟苓膏的研发和生产。凭借对龟苓膏的热爱，她成了龟苓膏配制技艺传承族谱第八代传承人。

至今，何姗仍然记得小时候第一次品尝到龟苓膏的场景，苦中带甜的独特味道让她记忆犹新。2022年，她被选为龟苓膏配制技艺传承族谱第八代传承人，因此有机会对龟苓膏的制作工艺进行更深层次的学习，也开始参与新项目的研发与制作。

"龟苓膏的制作工艺已相当成熟，如何在前人的基础上创造出新的产品，让龟苓膏在快速发展变化的社会中继续流传，才是我们目前要做的事情。"何姗说，每年他们都需要策划数量不等的新品方案，投入时间研发，速度快的约两周的时间就能研发出一款新产品，结合市场需求不断推陈出新。但产品研发远没有想象中容易，她所参与的一个项目曾耗时3个月才完成，其间需要攻克多个技术难题。

如今，何姗将自己丰富的检验工作经验与龟苓膏的工艺、产品的创新研发结合起来，正在探索一条属于自己的传承之路。

嘉木桑寄生 醇茶益身心

寄生茶制作技艺历史悠久，主要流传于梧州市区，而寄生茶独特的养生保健作用，让其得以远销日本以及部分东南亚国家

梧州寄生茶制作技艺

寄生茶闻名海内外。

据说，清末，长洲进士关广槐向太医献桑寄生处方，治好了慈禧太后气血两亏症和大臣张之洞的亏损虚症。从此，长洲的响水桑寄生名扬天下，一直作为贡品。

梧州寄生茶以梧州本地野生草本植物的寄生枝梗、芽叶为原材料，经过采摘、分选、摊晾、杀青、干燥、晾置、切碎、过筛、杀菌、包装等12道工艺制作而成，外观色泽黑褐光润，茶汤呈琥珀黄红之色，喝时甘滑、清爽、香醇，具有多种功效。

2018年，梧州寄生茶制作技艺被评为梧州市级非物质文化遗产代表性项目，2020年被列入第八批自治区级非物质文化遗产代表性项目名录。2021年，梧州寄生茶制作技艺第五代传承人、梧州市寄生茶研究会会长陈碧霞入选第七批自治区级非物质文化遗产代表性项目传承人名录。2022年，张炜获评为第三批梧州市级非物质文化遗产代表性项目代表性传承人。

吴艳虹　黎海平

寄生茶是"非茶之茶",既是药也是茶,是岭南地区一种采用老龄树上寄生植物（寄生植物由于较常见寄生于桑科植物上,因此亦称桑寄生,入药则称广寄生）的枝梗、茎、叶制成的茶饮。《本草纲目》《广西通志》《梧浔杂佩》《中华人民共和国药典》等书籍均有对寄生茶的记载。

梧州所生产的寄生茶之所以极负盛名,与其选材讲究、工艺独特是分不开的。它作为梧州药食同源的典型代表,是岭南地区人民适应气候与生活环境的产物。而梧州寄生茶制作技艺历史悠久,主要流传于梧州市区一带。

全国著名蛇伤防治专家、梧州市中医医疗集团顾问、梧州市岭南中医药研究所顾问余培南介绍,每种寄生茶的功效都与寄主的功效相似,如桑寄生茶具有补肝肾、强筋骨功效,黄皮寄生茶具有止咳功效,万寿果寄生茶具有补气血功效。在很多中医名方、古方及余培南的临床治疗中,经常会使用到寄生茶,特别是治疗风湿骨病、骨质增生、腰腿痛等疾病时。

陈碧霞和张炜在包装桑寄生茶成品／何鎏　摄　　　　　　张炜在采摘寄生植物上的枝叶／何鎏　摄

　　一片寄生叶，一碗寄生茶。寄生茶不仅能让我们体会到制作技艺中的人文历史，更体现了梧州人民顺应天时、科学利用自然的智慧。

制作工艺独特

　　梧州寄生茶制作技艺主要分布于梧州市，以万秀区、长洲区、龙圩区为核心区，辐射苍梧县、岑溪市、藤县和蒙山县，后来随着人口流动而流传至玉林市等地。

　　2003 年 6 月 2 日，走进梧州市寄生茶研究会，可以看到一摞摞装着各种寄生茶的箩筐层层叠叠地堆放了三层高。箩筐里有桑寄生、木棉花树寄生、松树寄生、杉木寄生、黄皮寄生、万寿果树蟹爪寄生等。

　　寄生茶制作的特点是既不破坏酶的活性，又不促进氧化作用，且保留寄

生茶药香显现、汤味鲜爽悠甘的特色。"寄生茶枝叶采摘回来后先放入水中焯水，火候必须控制好，水温达到100摄氏度时要马上停火，时间长了其药用成分就挥发掉了；温度若达不到，在后期保存时又容易发霉。"梧州寄生茶制作技艺自治区级代表性传承人陈碧霞一边说，一边清洗刚刚采摘下来的黄皮寄生的枝叶，再把枝叶放到开水桶内焯水。

枝叶焯水后，便放在阳光下轻晒，进入室外萎凋工序。陈碧霞根据气候条件和鲜枝叶等级来选择室内自然萎凋、复式萎凋或加温萎凋的方式，待枝叶呈七至八成干即可。梧州寄生茶制作技艺的关键在于萎凋和干燥的过程，把枝梗、芽叶的水分控制在5%左右，如此既能去除植物本身的涩味，又能将寄生母树的香味和药性发挥出来。

"寄生茶全身都是宝，在制作过程中我们将枝梗和叶子分开以便于存放，它们都可以用于制作寄生茶及药膳，但叶子的药用功效比枝梗要好。这几年，我们一直研究，尝试将枝梗煲出来的茶汤制作成药膳，这样既不浪费，又能开发新产品。"陈碧霞说。

发展面临困境

梧州寄生茶曾经闻名海内外，独特的养生保健作用让其畅销我国南方地区，甚至远销东南亚地区。

1992年，梧州寄生茶被列入中华传统食品保健茶类，荣获香港国际食品博览会金奖和广西抗衰老益寿杯金奖。

随着人们不断采摘，以及树木的更新和种植结构的调整，野生寄生茶品种资源已日渐稀少。因此，目前梧州寄生茶的发展面临一定的困境。

"梧州的气候非常适合寄生茶的种植，但种植寄生茶主要以水田为主，不施加任何肥料，生产周期长，5年才有收成，农户一般不愿意等待这么长时间，所以种植的农户越来越少，寄生茶的产量也大大下降。"陈碧霞说，这几年，种植时间长、产量不高、种植户过少等因素一直困扰着她，为了解决这些问题，"2018年起，我们发动城郊村镇的农户加入种植队伍，包括夏郢镇、城东镇扶典村、龙湖镇塘步村等"。

梧州市寄生茶研究会副会长张炜说："随着养生市场、药膳市场的发展，近年来，市场对寄生茶的需求量越来越大，对寄生茶品质的要求也越来越高，如何改善寄生茶的量和质，成为亟须解决的问题。"

这些年来，张炜带领的团队攻克了寄生茶驯化种植的关键技术，通过非遗传承文化的推广，加大寄生茶的人工栽培力度，通过"公司+协会+基地+农户"、回购包销的方式发展种植户，帮助农民增加收入。

枝叶焯水后进入蒸润工序／何鎏　摄　　　　　　寄生茶成品／何鎏　摄

市场前景广阔

在鼎盛时期，梧州寄生茶曾是梧州民间主要产业之一。梧州寄生茶远销日本以及部分东南亚国家。高峰时期，年产量超600吨，行销我国20多个省（自治区、直辖市），其中，"鸳江"牌寄生茶更是驰名中外。

"梧州寄生茶不仅可以用来煲汤、煮饭、做糖水，还可以做成餐桌上丰富多样的美食，在养生市场上具有非常大的潜力。"梧州富民坊文化发展有限公司总经理张凌志说。

梧州市万秀区科学技术协会主席欧少坚表示，如今，人们养生保健意识大大增强，只要充分挖掘梧州寄生茶文化，加强对其养生保健功效的宣传和普及，同时加快梧州寄生茶提炼深加工、精加工产品的研发和开发，开发出更多适应现代人消费生活需求的寄生茶精深加工产品，梧州寄生茶的市场前景是十分广阔的。

而这一点，也是梧州市相关机构正在做的。2020年，梧州市寄生茶研究会与梧州学院化学工程与资源再利用学院共同建立了梧州寄生茶研发基地，开展对本地桑寄生品种的收集和人工接种培植研究。梧州学院利用其分析实验平台和产品深加工研发平台，对各种寄生茶的药用价值和有效成分进行测定分析，加快了深加工产品研发，促进了产品升级换代，提高了产品市场竞争力，增加了产品经济效益。

在2023年5月举行的"广西美味·百县千菜"2023广西非遗特色美食大赛暨"广西美味"展评活动中，"牛气冲天""黄皮寄生茶猪肚煲""桑鸽汤""寄生蛋茶""寄生乌鸡饭"等寄生茶系列菜品获得了一致好评。张炜表示，这无疑给梧州寄生茶的发展打了一剂强心针，他将带着这个品牌走出梧州、走出广西。

编书介绍寄生茶
——访梧州寄生茶制作技艺自治区级代表性传承人、梧州市寄生茶研究会会长陈碧霞

"我父亲长年在船上工作，身体里湿气非常重。在同行里，却有一支负责运送寄生茶的船队很少患风湿病，后来才得知原来他们经常用寄生茶泡水喝，因此我们懂得了寄生茶是宝。"梧州寄生茶对于陈碧霞，甚至是对于梧州老一辈人来说，不仅是一种传承的技艺，更是一种难得的、宝贵的记忆。

2018 年，梧州市寄生茶研究会成立。2020 年，梧州市第一家梧州寄生茶文化旅游馆、粤桂学校寄生茶非遗研学基地成立。

为了更好地传承寄生茶文化，让这份记忆永久流传，梧州市寄生茶研究会致力于推广梧州寄生茶文化，对寄生植物的保健功能和药理进行分析，研究推广寄生植物规模栽培与种植等内容。一方面，定期为梧州职业学院以及梧州学院的学生开展寄生茶制作以及相关文化的传播；另一方面，在社区、中小学校举办茶礼进校园、进社区系列公益活动。

"近年来，梧州市寄生茶研究会一直在有意培养梧州寄生茶的传承人，人数共有 5 名。除了张炜已经获评为梧州市级非物质文化遗产代表性项目代表性传承人，其余 4 个人也计划在这一两年向上级提出传承人的申报。"陈碧霞说。近期，梧州市寄生茶研究会正在编制梧州寄生茶系列丛书，希望能编写出更多介绍梧州寄生茶知识和历史的书籍。

力促文化进校园

——访梧州市富民坊寄生茶馆馆长张杰铭

张杰铭从小就在父辈那里听说过寄生茶。2005年，他在工厂工作时，适逢炎夏季节，口渴难耐，同在厂里工作的陈碧霞就用寄生茶煮茶给大伙喝，喝完后大家都感觉消暑解渴。后来在陈碧霞的言传身教中，张杰铭慢慢地喜欢上了寄生茶文化。2011年，张杰铭正式拜陈碧霞为师，开始系统学习梧州寄生茶制作技艺。如今，他制作寄生茶的技艺已经非常娴熟了。

"寄生茶含多种酚类化合物，如果摊晾的时候进行暴晒，它的酚类化合物会挥发得更快，甚至消失，寄生茶的药性功效就大打折扣了。同样，寄生茶的存放也有讲究。由于南方地区湿度大，如果不进行标准存放，寄生茶就容易发霉变质。"入行多年，张杰铭不但掌握了制作寄生茶的主要技艺，而且对于寄生茶的储存也是如数家珍。

如今，张杰铭已经出师了，多次组织开展梧州寄生茶文化讲座等活动。对于梧州寄生茶的传承，他深有感触。他发现梧州寄生茶文化在本地已经出现了断代现象，年轻一辈对寄生茶的了解可谓少之又少。他决定以后要多开展梧州寄生茶文化进校园、进社区等活动，从娃娃抓起，让他们带动父母和兄弟姐妹，重新扩大梧州寄生茶文化的普及面，带动社会上更多人重拾梧州寄生茶记忆。

梨园才人出
红豆新枝俏

把南派武功融入舞台艺术，传承整理传统粤剧脸谱，

梧州粤剧在形成、传承、发展过程中承载起梧州

人民的文化基因、价值观念、气质情感，已成为

一笔宝贵的文化财富

梧州粤剧

　　粤剧于明朝嘉靖年间在广东出现，是集"唱念做打"、乐师配乐、戏台服饰、板腔曲牌、抽象形体等于一体的南派表演艺术。

　　梧州是粤剧传入广西的第一站，也是粤剧流行的核心区域之一，在粤剧形成、传承、发展等方面有着突出贡献。粤剧四大绝活：吐真血[①]、挞烂台、变脸、耍假牙，至今仍在梧州传承。梧州粤剧特别注重把南派武功融入舞台艺术，注重传统粤剧脸谱的传承和整理，表演通俗易懂、诙谐风趣，唱词比兴有韵，音乐曲调优美，保留了传统的排场和行当，完整保留有《双结缘》《六国大封相》《天姬送子》等10多套优秀传统剧目，在我国粤港澳地区乃至东南亚地区都有着较高的影响力和知名度。2014年6月，梧州粤剧入选第四批梧州市级非物质文化遗产代表性项目名录，2015年入选第五批自治区级非物质文化遗产代表性项目名录。

---

① 不是真的吐血，而是演员上场前空腹喝下苏木水，表演时自行刺激咽部，将红色的苏木水呕出。

　　粤剧起源于广东，被誉为"南国红豆"，是继昆曲之后第二个被列为世界级非物质文化遗产项目的中国戏种。

　　而梧州与广东山水相连、习俗相近，在粤剧传入、传承、发展方面有得天独厚的优势。据史料记载，早于清代康熙末年，就有粤剧班在梧州演出。抗日战争时期，大批粤人西迁，梧州粤剧出现戏班多、艺人多、演出多的兴旺景象。

　　时至今日，粤剧已然生长在梧州的城市肌理，蕴藏着梧州人民的文化基因、价值观念、气质情感等核心因素，成为这座千年古郡的乡愁。

梧州粤剧盛名在外

　　2023 年 6 月 9 日，在梧州粤剧传承基地陈列馆内，图文并茂地展陈着梧州粤剧的辉煌历程、粤剧名人、唱腔流派、粤剧行当、粤剧戏服等内容。

"转身的动作不要太快，等对方唱完这一句你再转身……"当天，梧州粤剧自治区级代表性传承人、原梧州粤剧团副团长陈静正在亲身示范动作，年轻演员陈珩和陈咏仪则一板一眼地跟着学习，为接下来的进校园、进社区、进乡村展演做准备。

陈静是国家一级演员，1986 年加入梧州粤剧团，曾出演《九宝莲》《女巡按审婚》《秦香莲后传》《孟丽君》等剧目。在《女驸马》中，作为粤剧名伶潘楚华的得意弟子，她饰演的女驸马惟妙惟肖，扮相、神情酷似潘楚华。

"潘楚华是我的恩师，她是公认的梧州粤剧界泰斗，代表作《女驸马》一剧连演 500 多场，盛况空前。"陈静说，"潘楚华对于艺术的追求非常执着，这两个头饰就是 20 多年前她花重金从上海购买的。"顺着陈静手指的方向，可以看到玻璃橱窗内展示着的一个皇帝平天冠和一个公主头饰，金色的头饰主体配上红色的锆石，在灯光下散发出耀眼的光芒。潘楚华曾经多次到香港等地佩戴着这个公主头饰出演《女驸马》。

一代代粤剧人对技艺、展演近乎苛刻的雕琢，促使梧州粤剧团自 1951 年成立以来，便一直在坚守与创新中求发展，坚持每年推出一台大剧，在两广、粤港澳地区享有盛誉。20 世纪 90 年代以来，梧州粤剧团创作、改编、排演的现代或传统剧目《罗汉钱》《百鸟衣》《女民兵》等参加区内外艺术交流演出活动，曾荣获广西剧展桂花奖一等奖等多项大奖。2019 年，梧州粤剧团创排的大型现代粤剧《抉择》《风雨骑楼》还在国家话剧院进行商业性演出。

粤剧演出受到冲击

时间变迁，生命如烛。在这些亘古不变的轮回中，梧州粤剧代代流传，始终保存在我们的文化记忆里。

陈静已年近花甲，她与粤剧结缘已经有 50 年。

粤剧戏服、武器、盔头／陈凡　摄　　　　　　　　　陈静（右）指导年轻演员／陈凡　摄

"在我学龄前，邻居一位老师发现我的声线、身段、样貌具有表演粤剧的优势，于是开始教我基本功。"陈静说。1986年，她结束了在钦州粤剧团的学习后，凭借扎实的基本功、丰富的舞台经验获得潘楚华等前辈的认可，进入梧州粤剧团工作。

与粤剧结缘的演员们，从刚入行的懵懂学艺到如今的废寝忘食钻研，既源自对粤剧的莫名喜爱，也出于对传承弘扬传统戏剧文化的责任感、使命感。但无论是热爱还是责任，在时代发展洪流面前，有时也难免苍白无力。

20世纪80年代后，随着文化娱乐的多元化发展，粤剧与其他剧种一样逐渐式微，各地粤剧团或停摆不前或被迫解散。2012年后，各地文艺团体进行机构改革，梧州粤剧团、梧州市歌舞团和梧州市演出公司合并为梧州市演艺有限责任公司。

梧州市演艺有限责任公司总经理梁向光表示，多年来，市场冲击、人才流失一直困扰着梧州粤剧的发展。有好几个由梧州粤剧团培养出来的主要演员、乐手到广东省工作了。

为此，多名业内人士建议，政府应在政策、经济上给予更多支持，在提高剧团收入的同时，以福利政策留住人才，真正做到爱才、惜才。

粤剧品牌再次擦亮

为城市留下记忆，让市民留住乡愁。粤剧艺术家、广州粤剧院红豆粤剧团团长欧凯明表示，在世界各地，有广东人的地方就有粤剧，粤剧已经成为海外华侨的乡音。

新时代新征程，粤剧也迎来了发展的春风。

2018年10月，习近平总书记视察广东，到广州市的第一站，就来到荔湾区西关历史文化街区永庆坊和粤剧艺术博物馆，在这里同粤剧票友亲切交谈，了解了粤剧艺术传承和保护情况，并寄予厚望，希望他们把粤剧传承好发扬好。

这股春风，也吹到了梧州。

庆祝梧州粤剧团建团70周年粤曲晚会现场 / 李鸿荣　摄

2020 年以来，梧州市先后招收两批学员，并将他们送到广西艺术学校定点培训。这些学员毕业后，将回到梧州粤剧团工作。今后，梧州市还会选送粤剧艺术人才到戏曲高等专业院校进修，进一步提高梧州粤剧的表演水平。

广西（梧州）粤剧节已经成功举办 4 届。在这几届粤剧节期间，来自广州、深圳、香港、南宁、柳州、北海、钦州、贵港、百色、贺州等地，以及马来西亚等国家的粤剧团体、艺术家们齐聚梧州参加展演。

上述努力，一切为了梧州粤剧品牌的后续发展，着力健全梧州粤剧传承保护和创新发展体系，再次擦亮梧州粤剧品牌。

梧州粤剧自治区级代表性传承人、梧州市戏剧曲艺家协会主席霍雄光表示，梧州应该以大型节会为契机，打造梧州粤剧精品，加强与粤港澳大湾区的文化交流合作，创建强强合作机制，在更大舞台展示梧州粤剧的魅力和文化形象。

"在日常排练中，我们已经储备一批随时可以拿得出手的剧目，如《九宝莲》《女驸马》《雁翎缘》《女巡按审婚》《哑女告状》等。我们也多次到广西兄弟城市、粤港澳地区演出，在梧州粤剧'走出去'方面打下了较好的基础。"梧州粤剧市级代表性传承人、梧州市演艺有限责任公司粤剧教育培训部部长苏凤冰说。

为有力推动梧州粤剧艺术水平持续整体提升，梧州市还将打出组合拳。梧州市文广体旅局艺术科负责人表示，梧州市以举办广西（梧州）粤剧节系列活动为桥梁，借智聚力，通过对本土题材的提炼提升，立足本土，放眼全区乃至全国，在宏大主题下深入挖掘史实、人物、细节等，以艺术的手段加以提炼升华，打开粤剧精品格局，讲好梧州故事、广西故事、中国故事。

艺坛代有才人出，红豆新枝领风骚——这是一代代梧州粤剧人协力构筑的发展蓝图，在不远的将来也必将兑现为粤韵清音的发展新貌。

言传身教育苗子
——访梧州粤剧自治区级代表性传承人、原梧州粤剧团副团长陈静

粤剧传承最讲究"传帮带"。每个地方的粤剧团各有擅长的技能，梧州粤剧团最擅长的是"做"功，即"演技"。演员要想"演技"好，就必须将剧目中的人物角色揣摩透彻，对人物的性格、心理特点掌握到位。

"要想'做'功好，就得积累丰富的生活经验、表演经验。年轻演员由于生活和表演经验的缺乏，对人物角色的揣摩自然没那么透彻，揣摩不到位就表现得不充分，所以我们作为粤剧前辈就要传授他们怎样去理解、把握不同人物角色的心理。"陈静说。

有时候，年轻演员可能排练一个月都没能完全把握人物角色的特点，表现不出人物神韵。因此，在年轻演员的一次次反复排练中，陈静总是耐心地点评、提醒，从一个抬手、一个走位、一个眼神，亲自示范、手把手带着年轻演员去抠细节。

为培养粤剧苗子，传承和发扬粤剧艺术，陈静和梧州市部分戏曲名家、梧州粤剧团演职人员经常参加梧州市"戏曲进校园"活动，走进校园向中小学校师生普及粤剧知识，开展粤剧展演活动等，通过言传身教，让学生了解粤剧的基础知识，从而认识粤剧，爱上粤剧。

潘宇 27 岁起加入梧州粤剧团学习，至今已有 7 年。他形象气质俱佳，适合武生角色，这几年经常担任武生的角色。

刚入行的时候，前辈们都会跟新人说"先学做人，再学做戏"，这句话令潘宇印象深刻。在早期的学习中，他还不能理解这句话的含义。但经过几年苦练，他终于懂了。"不少文化科目通过自学，也可以掌握基本原理，但是粤剧即使花了心思、下了功夫去看视频、排练，还得依靠前辈手把手传授、点评才能领会。"潘宇说。因此，学粤剧必须先学会尊师重道。

对于粤剧演员来说，扎实的基本功是基础中的基础。有时候，一个简单的站姿就得练一个月甚至好几个月。入行 7 年的潘宇，至今还在坚持练习一个简单动作——"云手拉山"。多年来，枯燥、重复的基本功练习没有消磨他对粤剧的喜爱，反而随着时间的推移，令他对梧州粤剧的了解越来越深，对梧州粤剧的喜爱也就越来越深。

牛歌传戏韵
俚语育芬芳

戏台一搭，一张八仙桌、一面布门帘，台上演员开始演历史风云变幻、歌世间人生百态、唱百姓喜怒哀乐。一直以来，藤县牛歌戏以其质朴的艺术形态给群众以娱乐、启迪

藤县牛歌戏

　　藤县牛歌戏是广西地方戏曲剧种之一，流传于广西东南部粤语方言地区的藤县、容县、平南、北流等地，辐射到广东郁南、封开、信宜等地，受影响区域人口超 1000 万。藤县牛歌戏于 2007 年被列入第一批梧州市级非物质文化遗产代表性项目名录，2008 年列入第二批自治区级非物质文化遗产代表性项目名录。目前，梧州市共有 2 名自治区级传承人、5 名市级传承人。

　　藤县牛歌戏有完整的生、旦、净、丑行当表演体系，各角色有固定的台步、动作等表演程式。声腔以"牛歌调"为主要唱腔，无管弦伴奏，以锣鼓过门或间奏，讲究依字行腔、以腔抒情，运用唱腔的语气侧重来区分角色；曲调以宫、徵、羽调式为主，偶用商调式；语言以藤县白话为主，大量运用当地的方言、俚语；表演上注重身段的美感，具有一定的戏曲表演的成熟形态。传统牛歌戏的舞台装置较为简单，沿袭"一桌二椅"的特点，服装也视剧团的经济条件而定。牛歌戏的剧目多以表现家庭伦理、民间传说、历史人物事迹为主，村民常在节庆、新居入伙、嫁娶和做寿时邀请剧队演出，以增添喜庆气氛。

陈雨燕　何锦奋

自古以来，藤县资源丰富、俊彦辈出，藤县牛歌戏就是在这片热土之上蓬勃发展起来的。

藤县牛歌戏有着清晰的发展轨迹，最初源于唱"牛歌"和"舞春牛"。当地艺人把两者整合演绎，初步形成了地方小戏的形态。从 1875 年在金鸡镇镇安村村坡"兆丰年"龙会演出的《亚赖卖猪》开始，人们称这种小戏为牛歌戏。此后，"同庆堂""群英乐""群英社"等影响力较大的牛歌戏班相继成立。20 世纪 70 年代至 80 年代中期是牛歌戏发展的鼎盛时期，看牛歌戏成为当地民众不可或缺的休闲娱乐方式。当时藤县共有牛歌剧队 270 支，能演出剧目 283 出。1986 年，藤县牛歌戏被认定为我国地方剧种之一，并被编入《中国戏曲志·广西卷》。

带着田野的气息、泥土的芬芳，多年来，藤县牛歌戏在一方天地坚韧生长。如今，藤县牛歌戏依旧"好戏不断"，走上更广阔的舞台，焕发更强大的生命力。

活跃于一方天地

　　锣鼓阵阵、歌声悠扬，6月8日晚上，藤县大黎镇黎田村十分热闹，村民活动中心里传出阵阵叫好声。当天，村里有一对新人结婚，邀请了藤县马四文旅演艺队（简称马四演艺队）到村里表演牛歌戏。

　　台上，演员或唱或念或演，配合锣鼓间奏，以唱腔、念白来呈现剧情、体现情感，其中穿插的方言、俚语，总能引起观众共鸣，把气氛推向高潮。现场，唱戏声、喝彩声持续到深夜。

　　对于马四演艺队的队长马伟文来说，忙碌地演出，让他辛苦却快乐着。作为自治区级非物质文化遗产代表性项目藤县牛歌戏代表性传承人，他从业近40年，是藤县牛歌戏发展与变迁的亲历者、见证者。1986年，藤县牛歌戏正处于发展鼎盛时期。这一年，马伟文通过藤

马伟文（左）在化妆 / 陈凡　摄

队员既要上台表演，也要兼顾台下伴奏 / 陈凡　摄

县文化馆的选拔，成为文化馆的一名学员，开始系统学习牛歌戏。"当时，藤县文化馆从藤县粤剧团借调老师，专门负责牛歌戏演员的培训，教大家台步、指法、水袖等技巧。"马伟文回忆，当年学戏的年轻学员较多，馆里开了两个班，每个班有数十人。

"在藤县牛歌戏最鼎盛的时候，全县有近 300 支牛歌戏剧队。当时，文化馆有一个剧场，里面有 1000 多个座位，全年演出场次超过 400 场，水平高一些的剧队演出时，都是满座的。"马伟文感慨，藤县牛歌戏的"黄金时代"令人难忘。后来，随着时代的发展，不少牛歌戏演员逐渐流失，也令藤县牛歌戏渐渐走下坡路。

时代变迁，虽然经历演员流失、多元文化形式冲击、传承人青黄不接等困境，但植根于群众、贴近群众的藤县牛歌戏从未因时间推移而黯淡消失。

"藤县牛歌戏的群众基础非常深厚，近年来，我们文化馆对面的操场，只要有牛歌戏的演出，台下都站满观众。"藤县文化馆相关工作人员介绍，正是因为藤县牛歌戏一直保持着舞台语言通俗易懂、剧目取材贴近生活等特性，吸引到了一群铁杆"粉丝"，如今依然活跃于一方天地。

走向更广阔舞台

2023 年 3 月 31 日，藤县 2023 年濒危剧种（藤县牛歌戏）扶持节目培训在藤县体育馆举行，30 支藤县民间戏剧队的骨干队员参加培训、相互交流。在国家二级演员邓海燕、国家三级演员黄献红的点评示范和指导培训下，不少牛歌戏演员的舞台表演能力有了提升。这是藤县加大牛歌戏保护传承力度的一个缩影。

近年来，藤县对牛歌戏的保护、挖掘和创作力度不断加大，如深入开展"戏曲进乡村"和"戏曲进校园"活动，至今藤县牛歌戏已在乡村演出超 500 场次。此外，藤县建立了专门机构，每年开设牛歌戏创作培训班，组织牛歌戏表演者创作、编排新剧目，让藤县牛歌戏在新时代承载新使命、焕发新生机。

牛歌戏取材贴近生活，边演边唱，深受群众喜爱 / 陈凡　摄

网络视频直播平台上，有许多牛歌戏"粉丝"在线观看表演 / 陈凡　摄

　　"戏曲进校园"为藤县牛歌戏的传承和发展铺垫了扎实的社会基础。藤县牛歌戏演员里的年轻业务骨干之一梁溪林，就因"戏曲进校园"活动与藤县牛歌戏结缘，后又加入马四演艺队。如今，20多岁的梁溪林充分发挥贴近年轻群体的优势，通过"非遗＋直播"的方式，借助多个短视频、网络直播平台，让藤县牛歌戏的演出活动始终"在线"，增加青年群体对藤县牛歌戏的关注度。

　　梁溪林对藤县牛歌戏传承发展的这份责任感，很大一部分原因是受到了其师马伟文的影响。近年来，马伟文积极寻找、吸收表演藤县牛歌戏的好苗子，悉心教导、用心传艺，延续传承谱系。如今，他所在的剧队里的年轻人占比，在全县剧队中排前列。同时，马伟文不断创新表演形式、创作牛歌戏剧目，着力提升藤县牛歌戏的观赏性，让藤县牛歌戏有更多好故事可讲、有更多好节目可赏。

　　在代表性传承人的带动下，藤县牛歌戏的创作者们也紧跟时代步伐，创作了一批反映守法、安全、卫生等方面内容的牛歌戏，发挥了弘扬主流文化、彰显当地良好民风、宣示社会正能量的功用。随着政府部门的合力推动，藤县牛歌戏不断"走出去"，登上更大的舞台。其中，音乐情景牛歌戏《太阳绕着月亮走》获得广西第十六届"八桂群星奖"戏剧曲艺银奖；牛歌戏折子戏《淑女养弃儿》参加江苏省昆山市举办的庆祝中华人民共和国成立70周年的系列活动——2019年戏曲百戏（昆山）盛典，向来自五湖四海的观众展现藤县牛歌戏的魅力。

表演增添现代感
——访自治区级非物质文化遗产代表性项目
藤县牛歌戏代表性传承人马伟文

"舞台空间大，你可以往观众的方向多走几步，不必拘在桌椅旁边，延伸眼神的时候，要抬眼，就好像在看远处的风景一样……"每场藤县牛歌戏表演结束后，马伟文都会跟剧队里的年轻演员复盘表演中存在的问题，帮助他们提升表演功力。

作为自治区级代表性传承人，马伟文认为，收徒传艺，既是责任也是义务。工作时，带着年轻的牛歌戏演员下乡演出、参加赛事；休息时，将自己的表演技艺倾囊传授，是马伟文的生活常态。

在"以实践带动训练、以比赛带动训练"的理念下，马伟文剧队里的年轻牛歌戏演员逐渐成长为业务骨干。看到他们从以前的因胆怯而不敢大声唱，到如今在剧队里担任主力，马伟文很欣慰。带队演出之余，马伟文还积极探索完善非遗传承人培养体系，在老家藤州镇平政村设立牛歌戏传承基地，希望帮助更多年轻的牛歌戏演员成长，助推藤县牛歌戏人才储备进入良性循环。他说："看到有年轻人对藤县牛歌戏感兴趣，很开心，以后我还想多收一些徒弟，把自己的技艺传承下去。"

收徒传艺，只是马伟文推动藤县牛歌戏传承发展的其中一项内容。为了破解藤县牛歌戏的传承发展难题，马伟文还积极改革创新牛歌戏表演形式，在题材、曲目等方面融入现代故事和音乐，推动藤县牛歌戏打入年轻市场。2022年，马伟文把禁毒知识融入藤县牛歌戏，创编了一曲带有背景音乐的禁毒牛歌，由剧队里的两名年轻演员录制成宣传视频，发布在网络平台，获得了网友们的好评。

借助网络来传播
——访藤县牛歌戏年轻演员梁溪林

多年前，一张藤县牛歌戏的光盘，让儿时的梁溪林第一次走进多彩的戏曲世界，在他心中种下了一颗戏曲种子。2018年，正在藤县第一中学读高二的梁溪林通过"戏曲进校园"活动，更真切地感受到藤县牛歌戏的魅力，也坚定了自己要成为一名牛歌戏演员的想法。

在聊起从业心路历程时，这名20多岁的年轻牛歌戏演员有些腼腆，与戏台上表演自如的他不一样。梁溪林一开始学习牛歌戏时，在台上还放不开，只能从小的角色练起，唱词也很少，只有两三句。"没有我戏份的时候，我就在台边看、学、记，后来唱词就多起来了，能演的角色也更多了。"梁溪林说。

在从业过程中，梁溪林不仅演技有了提高，对藤县牛歌戏的传承发展也有了自己的思考。近两年来，他借助抖音、快手等平台，剪辑、上传自己的练习、演出视频，还通过网络直播所在剧队的牛歌戏演出。如今，他的抖音账号已有近万名"粉丝"，视频的浏览量也从一开始的个位数，到后来的2.9万次。"有时候，直播间里的观众比现场的观众还多。"节节攀升的浏览量，让梁溪林更有信心。不少网友在视频评论区留言"我奶奶的偶像""希望我们藤县的特色艺术发扬光大""收徒弟吗"……这些留言让梁溪林感到，藤县牛歌戏的传承发展还有更大空间。在他的带动下，马四演艺队的演员也纷纷使用网络直播平台，间接带动了演艺队的网络人气。

"我会尽最大努力演好自己的角色，为传承好藤县牛歌戏贡献力量，以更年轻化的方式带动更多人关注非遗、了解非遗。"梁溪林如是说。

鹿儿鸣呦呦 传唱经久远

鹿儿戏以淳朴、原创的表演形式，把乡愁嵌入曲调，让群众在反复品味中，延续着醇厚的地方文化

鹿儿戏

鹿儿戏由舞蹈（舞春色、舞鹿儿）和打鹿歌发展而成，有100多年历史。"鹿"与"禄"同音，意为有福。传说人们把竹子破成篾并扎成鹿儿的形状，外面粘上油纸或布料，再画上鹿儿的斑点，以此物在春节期间挨家串户学着鹿儿的形态舞动，又叫舞春色。此为鹿儿戏的由来。

鹿儿戏属于近现代产生的地方小戏，以苍梧山歌曲调为主，吸取了采茶戏、广东戏等外地戏曲的音乐精华，逐渐形成了自己独特的风格。现在，鹿儿戏主要分布在龙圩区大坡、广平、新地等乡镇50多个村，目前发现最早的鹿儿戏手抄本是1911年的手抄本。鹿儿戏形成之前经历了3个阶段：一是从舞春色到舞鹿儿阶段，二是加上打鹿歌的阶段，三是演鹿儿戏"三连环"——又舞、又唱、又演戏阶段。在1953年以后，鹿儿戏才单独演出。

2010年，鹿儿戏被列入第三批自治区级非物质文化遗产代表性项目名录。

2023 年广西"壮族三月三"假期期间，来自龙圩区大坡镇河步村子村文化鹿儿剧剧团的演员们身着鲜艳戏服在李济深故居里的古戏台演出。他们表演了鹿儿戏传统剧目《梁山伯与祝英台（选段）》《媒人婆上轿（选段）》，以及现代剧目《危改换新容》《龙圩新貌》等，台下喝彩声不断。

这一幕热闹的展演场面在当地并不罕见。

经过 300 多年的岁月洗礼，鹿儿戏仍以淳朴、原创的表演形式活跃在乡间，反映劳动人民的传统生活，成为研究传统戏剧的鲜活素材。对民众而言，韵味悠远的曲调里，更多传递着乡愁，延续着醇厚的地方文化。

道具制作精雕细琢

曾经因受各种因素影响而陷入低谷的鹿儿戏，在改革开放后重新兴起。近 10 年内，鹿儿戏逐步复苏的迹

鹿儿戏自治区级代表性传承人黄翠珍 / 杨扬　摄

象明显，农村自行组建鹿儿戏团，或在农闲或重大节庆时走村过寨，或自娱自乐，深受农村群众的欢迎。

龙圩镇社学村村民秦炳文说："前两年，家里办喜事，专门邀请鹿儿戏剧团来表演，祈望能有福禄之兆。"鹿儿戏展演的复苏，固然离不开演员在台前的坚守，但也不能忽视幕后手艺人对演出道具的仔细雕琢。

一件栩栩如生的"鹿儿"，制作需要花费一个星期的时间。大坡镇上为村的廖汉雄就是大坡镇编织"鹿儿"的手艺人，年轻时就热爱用竹篾编织物品。他说："要想编织好'鹿儿'，选材很重要，生长时间约两年的青皮竹最适宜。"

从砍竹、去枝、分条、破篾，再到割篾、割青，廖汉雄的动作一气呵成，使得篾片均匀、篾丝滑润。最后，他还要给糊纸着色，把"鹿儿"的嘴巴、鼻子、眼睛、斑点逐一绘画出来。如此，一只体态优美的"鹿儿"便展现在人们面前。为了使这样一件作品保存持久，他还要在"鹿儿"表面涂上一层漆，防水防潮不掉色。

技艺传承面临困境

"我明玉娇本性纯，十几年前结了婚……"黄翠珍动情地演绎着受虐待的婆婆。伴着唱词，她双手时而捏成莲花状，时而掩面而泣，双脚踏着舞步，将喜、怒、哀、乐表现得淋漓尽致。

这段唱词出自鹿儿戏《婆媳风波》，讲述了婆婆含辛茹苦养儿子，却遭儿子、儿媳虐待，最终儿子、儿媳没有好下场的故事。黄翠珍说："这出戏每逢上演都获好评，一些感同身受的观众都流过泪，年轻人看后也学会善待老人。这是文艺起到了引人深思、启发人的作用。"

作为鹿儿戏传承人的黄翠珍，她坦言把自己"嫁"给了鹿儿戏。多年来，她以精湛的演绎赋予角色灵魂，以角色为媒介带给观众生活启迪。

为了让每一名热爱鹿儿戏的人都有展演舞台，让每一名观众都在观演中有所得、有所悟，龙圩区采用各种形式，搭好民间戏台，把鹿儿戏展演活动延伸到乡村、学校、企业。龙圩区文化馆馆长罗滢说："龙圩区现有业余鹿儿戏剧团40多个、演员800多人。每逢农闲或节日，我们都会组织鹿儿戏剧团到乡镇、村屯演出，丰富农村群众的文化生活。"作为河步子村文化鹿儿剧剧团中的一员，黄翠珍每年在乡村演出场次达百场，每场演出时间要2个小时左右。

鹿儿戏业余剧团快速发展的同时，培养下一代传承人也成为需要直面的问题。从目前情况看，鹿儿戏自治区级代表性传承人2人、市级代表性传承人4

人，年龄普遍偏大。"年轻人很少接触和了解这一传统地方戏剧，本地年轻人多半不会传唱鹿儿戏，对鹿儿戏的传习意愿不高。"罗滢说，"培养鹿儿戏年轻传承人迫在眉睫。"

扶持鼓励广泛传唱

"富强民主中国梦，文明和谐新农村……"近日，在梧州市河步小学的教室里，老师带领着学生高声唱起当地独具特色的鹿儿戏。校长龙泳宁介绍，2012年，河步小学被定为鹿儿戏的培训基地，学校把鹿儿戏编入校本课程。多年来，学校不断丰富教学方式，使鹿儿戏的教学与日常教学相结合，对传承中华优秀传统文化起到积极作用。

创新传承鹿儿戏，龙圩区各级部门做了大量卓有成效的工作。

2012年，龙圩区成立了自治区级非物质文化遗产鹿儿戏大坡镇河步村传承基地，近年来精心创排《女村委主任》《孝暖人心》等优秀作品。其中，《女村委主任》于2020年10月参加由文化和旅游部、江苏省人民政府主办的2020年戏曲百戏（昆山）盛典，于2021年7月在第九届全区基层群众文艺会演中获得戏剧类二等奖，于2021年12月参加"永远跟党走"庆祝中国共产党成立100周年广西优秀舞台艺术作品展演暨第十一届广西剧展，让鹿儿戏得到了更好的传承和发展。

现在，龙圩区组织鹿儿戏剧团广泛开展送鹿儿戏进企业、进社区、进乡村等活动，通过鹿儿戏表演让群众在观看传统戏曲表演的同时享受文化大餐。而且，龙圩区在每镇打造一个中心剧团，通过打造鹿儿戏镇村中心剧团、示范户建设，大力打造鹿儿戏艺术品牌，并把身边人身边事融入剧本中，化作通俗易懂的乡土方言，带动农村群众积极参与，不断增强鹿儿戏的影响力。

廖汉雄正在制作鹿儿／陈健新　摄

　　不仅如此，龙圩区还建立奖励扶持机制，鼓励艺术工作者广泛收集各流派鹿儿调的不同唱法和特点，吸收当地民歌和外来戏曲的音调，不断创新优化鹿儿戏唱法，并对在表演大赛取得优异成绩的剧团进行奖励。

　　鹿儿戏不仅能给人带来美的享受，其传承传播还能唤醒群众对乡土文化的认同与记忆，激起对脚下这片土地的自豪感、归属感。或许，这就是地方政府重视并推广鹿儿戏的原因所在。

编剧水平望提升

——访鹿儿戏自治区级代表性传承人黄翠珍

黄翠珍18岁时在子村跟吴柱其等老艺人学习鹿儿戏表演，第一次登台演出就备受好评。已经唱了30多年鹿儿戏的她，如今依然在反复揣摩唱法和动作。

在龙圩区文化主管部门提出要建立非物质文化遗产传承基地之前，黄翠珍就一直思考如何培养年轻人，让鹿儿戏传承发展下去。目前，她指导5个孩子学习鹿儿戏。

"龙圩区文化馆定期举办鹿儿戏培训班，我也会去参与教学，做好培养新的鹿儿戏艺术人才的工作。"黄翠珍说，"我会给学员讲鹿儿戏的历史文化、唱法技巧等内容，让他们产生浓厚的兴趣。"

近年来，随着政府对鹿儿戏保护和扶持等工作力度的加大，黄翠珍也为此贡献了自己的一份力量。她为传承基地做了大量工作，整理手抄剧本、道具和演出服等陈列品。至于下一步，她希望在政府和社会各界的帮助支持下，提高编剧水平，创作和排练更多与时代密切结合的优秀剧目，充分发挥基地传承作用，培养更多接班人。

论文聚焦鹿儿戏

——访大学毕业生莫欣琪

2023 年刚大学毕业的莫欣琪，在外婆黄翠珍潜移默化的影响下，从小对鹿儿戏就产生了兴趣。她以《探究"后非遗时代"地方传统戏曲传习基地文化区模式——以广西梧州鹿儿戏为例》为题撰写毕业论文，深入探究鹿儿戏的传承发展工作。

在撰写毕业论文期间，莫欣琪发现现存鹿儿戏剧本只有手写版或复印版，并没有电子备份。为此，她主动请缨，利用现代技术，把鹿儿戏现存纸质剧本制作成电子版进行备份并编目。编目结束后，她把鹿儿戏剧本电子版上传至云端，以便剧本的永久保存，避免因剧本破损、老化、遗失等问题而导致的传承中断。

新媒体平台是时下一种便捷的文化交流和输出形式，然而，鹿儿戏团队多数成员年事已高，不懂得如何利用现代技术传播鹿儿戏。为此，莫欣琪借助新媒体平台推广宣传鹿儿戏，让更多人接触鹿儿戏。同时，她还采用"Logo+产品"的形式设计鹿儿戏周边文创产品。这些产品不仅能让受众快速了解到鹿儿戏的文化特点，而且能兼顾市场价值、实用价值。

如今，莫欣琪正以年轻人的新认知、新方式来做好传承和发展鹿儿戏的工作。她认为，只有科学运用互联网技术来传承和发展鹿儿戏，才能让鹿儿戏在时代的洪流中得以生存、发展。

鲤鱼跃龙门 传承焕生机

鲤鱼舞是苍梧历史文化的活化石，以游、跃、跳、潜等动作展现群众的美好希冀，其所凝聚的民族精神和顽强的生命力，让它得以生生不息。

苍梧鲤鱼舞

苍梧鲤鱼舞是苍梧县人民在长期劳动过程中创造出的具有浓郁民族特色和独特艺术形式的民间传统舞蹈，主要由游、跃、跳、潜等动作组成，寓意"年年有余"，代表着吉祥、喜庆、富足。鲤鱼模型的躯架由竹篾扎成，外面裹以素绸，彩绘上锦鳞、鱼眼、鱼鳍。舞蹈者把模型套在上身，模仿鲤鱼闲游、寻食、跃龙门等动作，以锣、鼓、钹等乐器伴奏，用二胡演奏采茶调中的鲤鱼曲，以营造舞蹈气氛。舞蹈表演人数不限，少则三四人，多则上百人同时起舞。

苍梧鲤鱼舞于2007年被列入第一批梧州市级非物质文化遗产代表性项目名录，2014年入选第五批自治区级非物质文化遗产代表性项目名录。

"咚咚咚咚……锵咕隆咚锵……"伴随着一阵急促的锣鼓、唢呐声，在 2023 年六堡茶开茶节活动主会场，来自苍梧县石桥镇寒水村的鲤鱼舞演出队伍带来一段精彩的鲤鱼舞。演出中，一位老者扮演渔翁，手持钓竿引鱼；两名青壮年舞动鲤鱼模型，模仿鲤鱼在水下觅食的动作。

伴随锣鼓节奏，舞鲤鱼者不断变换动作，时而贴近水面悠然游动，时而潜下水底寻找食物，时而相互嬉戏追逐……表演刚柔相济、灵巧活泼，将鲤鱼的游、跃、跳、潜等动作演绎得惟妙惟肖。

苍梧鲤鱼舞反映了南方地域的风土人情，体现了劳动群众在各个发展时期的生产、生活习俗及精神风貌，是苍梧历史文化的活化石。

传说起源 寓意美好

关于苍梧鲤鱼舞的起源，民间有一个传说。古时候，有条鲤鱼在急流险滩中受伤搁浅、奄奄一息。一位渔翁将其抱回家中，见鲤鱼双目含情脉脉，舍不得煮食，将其养好后放回江中。而这条鲤鱼，是由龙王的太子化身而成的。为报答渔夫的救子之恩，龙王派出使者来到民间，帮助当地百姓化解旱情，百姓感其恩德特此编排鲤鱼舞。

在清朝咸丰年间，苍梧鲤鱼舞就出现在苍梧民间。每逢农历正月初四祭神，民间舞者就舞起鲤鱼，祈求天下太平。到了民国时期，苍梧鲤鱼舞已形成一套较为固定的表演程式。舞蹈节目中增加持灯笼的少女及老渔翁，演员从原来3个人增加到十几人，成为一个热闹欢畅的民间舞蹈，出现在当地各类民俗节日、庆典之中，并迅速向周边地区广泛流传。

"苍梧鲤鱼舞形成至今已有上百年历史。苍梧人民通过舞蹈的形式，记

苍梧鲤鱼舞自治区级代表性传承人李火弟展示身法／杨扬 摄

鲤鱼舞爱好者跟随李火弟（左）学习／杨扬 摄

录着本民族发展历史及生产生活，表现当地劳动人民自强不息、积极乐观的精神状态，并将鲤鱼舞作为民族文化的传统，世代相传。"苍梧县文化馆馆长覃国华说。

覃国华表示，苍梧鲤鱼舞有着"年年有余"的寓意，每逢民族节日、喜事庆典、文化活动，民间艺人舞起鲤鱼，祈求风调雨顺、五谷丰登。在世代传承中，民间艺人不断丰富舞蹈内容，优化鲤鱼舞，加入鼓乐及采茶调伴奏，增强了观赏性和艺术性。

艺人老化　青黄不接

从清朝咸丰年间流行，到改革开放后重新登台表演，苍梧鲤鱼舞的发展有浮也有沉。

"从 1990 年起，鲤鱼舞开始广泛演出，苍梧的演出队伍多次受邀到广

李火弟（右）和李永成父子探讨鲤鱼舞的表演技巧／杨扬　摄

西的桂林市、广东的云浮市郁南县等地参演节目。2020年11月，鲤鱼舞的优秀表演者还受邀到北京参加乡村大舞台表演，鲤鱼舞首次登上全国大舞台。"苍梧县文化馆原馆长陈小敏说。

目前，苍梧鲤鱼舞代表性传承人共有5人，其中自治区级代表性传承人李火弟已年近花甲。年龄普遍偏大这一现实，在一定程度上影响了代表性传承人对新事物的接受，这也使得鲤鱼舞展演模式、传播方式陈旧，无法吸引更多公众尤其是年青一代的目光。

覃国华也坦言，随着社会经济的发展，村民忙于各种经营活动，年轻人外出打工，没有时间、兴趣去学习鲤鱼舞，加上欠缺资金的投入，鲤鱼舞的传承正面临青黄不接的困境。

着眼未来　延续精彩

车成喜在25岁时拜李火弟为师傅，经过多年磨炼，已经可以熟练模拟鲤鱼闲游、觅食、吻沙、跃龙门等动作。"学习难免枯燥，但把这门技术学好后，发现鲤鱼舞动的神韵十分有意思。"车成喜说。

2023年，苍梧县石桥镇寒水小学开展了鲤鱼模型编制教学。在老师的讲解下，学生们认真学习鲤鱼模型编制技巧：首先用竹篾扎出鲤鱼的鱼头、鱼身、鱼尾骨架，其次用铁丝将其连接起来，再次一层层地糊上白纸以塑形，最后用颜料绘出锦鳞、鱼眼、鱼鳍等图案。学生陈东晨第一次看到这么大的鲤鱼模型，很是惊讶，也心生欢喜。他表示，希望能通过学习，把鲤鱼模型编制要领学习好，传承非遗文化。

鲤鱼舞表演/杨扬 摄

传统戏剧的生生不息，源于其独特的魅力。人们一旦学会、读懂，便被其深深吸引，进而以传习延续精彩。

为了把鲤鱼舞带到公众视野，苍梧县各级各部门想了很多办法：举办石桥鲤鱼舞艺术表演活动；由苍梧县文化馆组织当地鲤鱼舞团队，参加区内外各种文艺比赛和展演；通过大众传媒和互联网的宣传，加深公众对鲤鱼舞的认识；组织相关专家、学者成立传统舞蹈鲤鱼舞艺术研究会，对苍梧石桥鲤鱼舞的历史、文化进行深入研讨；制定实际性保护措施，完善石桥非物质文化遗产鲤鱼舞基地培训设施，设立鲤鱼舞展览厅；等等。

如今，苍梧县针对鲤鱼舞制定了一套完整的保护措施和管理办法，逐步建立了县、市级鲤鱼舞传承人工作责任传承体系。为了让年轻人了解、接受和喜爱鲤鱼舞，苍梧县编排了一系列精品展演节目，并邀请鲤鱼舞代表性传承人走进校园授课培训，让非物质文化遗产真正走进年轻人的生活。只有年轻人了解、爱上鲤鱼舞，继而激发传承热情，这项非物质文化遗产才能迸发出更强劲的生命力。

一条鲤鱼八公斤
——访苍梧鲤鱼舞自治区级非物质文化遗产代表性传承人李火弟

李火弟是苍梧县石桥镇寒水村村民，30多年如一日坚持练习鲤鱼舞。初中毕业后，他便向当地老艺人学跳鲤鱼舞，经过两年潜心学习，掌握了传统鲤鱼舞蹈表演技巧。鲤鱼舞的发展历经了几百年，李火弟是第三代传承人。他一直有个信念：要将这项技艺传承下去并发扬光大，带动更多青年一辈来学习。

怎么让鲤鱼舞更具观赏性？李火弟的做法是，在传统鲤鱼舞的基础上增加一些新的表演元素和内容，进一步完善鲤鱼舞的表演技艺和表演形式。为此，他不仅成为当地群众喜爱的表演艺术人才，还被邀请到区外演出。

此外，李火弟也熟悉制作鲤鱼模型，由他制作的鲤鱼模型活灵活现、栩栩如生。他说："要用裁切好的竹篾扎出鲤鱼模型的骨架，一层层糊上白纸以塑形，再用颜料一笔一笔画出鲤鱼轮廓，最后涂上防水的清漆。"他表示，制作一个栩栩如生的鲤鱼模型需要一周时间，一个模型的重量达8公斤，表演者要举着它们进行表演，当表演结束后往往累得满头汗水。

"近年来，政府逐渐增加非遗进景区、非遗进校园等活动，我也参与其中，通过教学生们认识鲤鱼舞的制作技巧，以及讲述鲤鱼舞的历史文化，让他们对这种民间文艺产生兴趣。"李火弟说，传承非遗文化需要更多年轻力量，他要让越来越多年轻人了解并热爱鲤鱼舞。

李永成作为苍梧县石桥镇寒水村土生土长的村民，从小受到父亲李火弟影响，渐渐对鲤鱼舞产生兴趣。如今，他也为传承发展鲤鱼舞奉献了青春。

回想起以前的训练经历，李永成说："父亲每当有空，就会认真教我。我一天有6个多小时在练习。"李永成拿起鲤鱼模型，一边舞动一边说，鲤鱼是需要听着节奏来舞动的，有时候会有鱼跃龙门的动作，这些动作寓意着庆祝丰收，祈愿天下太平，反映了村民对未来生活的美好期待。

"每次听父亲讲述动作要领，我都能感受到他作为传承人的敬业精神。正是父亲的不懈努力，给了我前行的方向，也给了我传承的力量。"李永成说。

作为鲤鱼舞年轻一代传承者，李永成对鲤鱼舞已经有了较深的认识。现在，他将鲤鱼舞与其他文化艺术形式结合起来，努力打造具有鲜明特色的文化节目，并通过各种活动，让鲤鱼舞"走出去"，让更多群众学习、参与这项非遗项目。

牛娘声情茂 芳菲满堂彩

从「唱春牛」到「舞春牛」再到「牛娘戏」，展现的是中华优秀传统文化的智慧结晶，体现的是人们对美好生活的追求和向往

岑溪牛娘戏

岑溪牛娘戏，又称牛戏、地戏、长衫戏，主要流传于桂东南地区和粤西地区，其核心流行区域在岑溪市及其周边地区。岑溪牛娘戏植根于田野乡间，生活气息浓郁，地方色彩浓厚，戏曲音乐、唱腔艺术和表演程式独特，深受当地群众喜爱。岑溪牛娘戏的基本内容包括牛娘爆肚戏、牛娘戏剧目、牛娘戏音乐曲调、牛娘戏唱词和道白、牛娘戏的器乐伴奏、牛娘戏表演程式及行当、牛娘戏舞美等。2007年以来，岑溪牛娘戏先后被列入首批自治区级非物质文化遗产代表性项目名录、首批梧州市级非物质文化遗产代表性项目名录。

　　仲夏之夜，岑溪市糯垌镇的村民像赶集似的，从四面八方纷纷聚到镇上的小舞台前，不少牛娘戏的忠实粉丝早早地进场占位置。岑溪牛娘戏自治区级代表性传承人徐伟南换上戏服，摆好架势，当音乐一响起，便缓步走到舞台中央，与其他牛娘戏演员一起为村民演出戏曲。

　　"岑溪牛娘戏，当地人简称它为'牛娘'。何以为'娘'不为'爹'？"徐伟南介绍，"牛"代表着"唱春牛"，"娘"则是指插田姑娘，"牛娘"因该剧种起源于民间农事娱神活动中插田姑娘的"唱春牛"活动而得名。

　　潮起潮落，花谢花开。代代传承的岑溪牛娘戏在时间长河中曾经兴盛一时，以其风趣幽默、通俗易懂的特点深受岑溪百姓的喜爱。许多岑溪人一直爱看牛娘戏、爱听牛娘戏，祖祖辈辈都热爱戏文里的故事。

牛娘戏因形式活泼而深受岑溪农村群众喜欢，群众家中有婚庆喜事时常邀请戏班演出／杨扬　摄

源起农事起落沉浮

据传，元末明初时期，为祈求风调雨顺、五谷丰登，每年开春岑溪地区的农民群众都会在村头平地举行"唱春牛"的活动。用泥塑成的"春牛"，由当地有名望的长老执鞭抽打，口中念念有词、有说有唱，围观的群众也争相鞭打"春牛"，边打边唱，以此祈求平安。后来，"唱春牛"习俗有了进化，"春牛"由泥塑改为纸糊，由两人一前一后牵拉着，边拉边唱，围观的群众则喝彩助兴。群众在鞭打"春牛"后，竞相争抢春牛腹中的"五谷"。仪式最后还会举行一些祈福的活动。这就是牛娘戏的萌芽和起源。

随着时代的发展，"唱春牛"逐步演变为"舞春牛"，"春牛"由泥塑纸糊改成由人扮演，道具变成了犁、耙、扁担等虚拟的劳动工具，并根据农事劳动的情节增加了两名插田姑娘，以及犁田、蹶蹄、奔跑等舞牛动作。后来，"舞春牛"又加入了一些生产生活中的情节，以及唱词和道白，并借鉴了粤剧、桂剧等剧种的表现手法，形成了生、旦、净、丑等角色行当。这便是现在的牛娘戏。

根据岑溪本地的史料记载，最早的牛娘戏班出现在清乾隆年间。民国时期，牛娘戏班不断涌现，先后形成了"集庆堂"（又称"玉姐班"）、"新华春"、"祝康郡"、"新庆乐"等戏班。彼时的牛娘戏班超过 60 个。

新中国成立后，随着县文化馆和各区乡宣传站的成立，以及脱产文工团的建立，牛娘戏进入了螺旋式的发展时期。1983 年，岑溪的农村业余牛娘戏剧团最多时达到 360 个，牛娘戏进入了最为鼎盛的时期，呈现出前所未有的繁荣景象。

20 世纪末至 21 世纪初，牛娘戏在经济转型发展的大潮中受到了巨大的冲击，牛娘戏队伍锐减至 10 支左右。2007 年，岑溪牛娘戏被列入首批自治区级非物质文化遗产代表性项目名录，牛娘戏队伍再次得到发展。目前，岑溪共有牛娘戏队伍 100 多支，"五星""绿云"等牛娘戏队伍是其中能够常态化演出的队伍，年演出量超过 200 场次。

地方剧种推陈出新

牛娘戏经过历代的传承和发展，已成为地方色彩浓郁的地方剧种。1978 年，岑溪糯垌镇绿云村村民徐伟南观看了当地牛娘戏班的表演后深受吸引，从此开始学戏演戏。至今，他仍活跃在舞台上。

徐伟南介绍，牛娘戏以唱为主，道白（由语言、发音、吐词、声调等组成，是戏剧情感的体现）较少，演唱时男女同腔、字正腔圆、声情并茂，唱腔音乐简洁独特，主旋律与戏曲小调融为一体，优美动听。唱词则大量使用群众语言、工整对仗、比兴有韵、风趣诙谐、通俗易读。而"牛娘爆肚戏"，更是牛娘戏的一种"绝活"。所谓"爆肚"就是戏在肚里，没有剧本，即兴唱出，就算演同一出戏，唱词内容却不重复。"爆肚"是牛娘戏艺人在老艺人一代一代的身口相传下，经过苦练而习得的技能。

"随着时代的变迁和社会的发展，牛娘戏逐渐发展出新的表演形式。"岑溪市群众艺术馆干部黄绍伟介绍，现代牛娘戏和传统牛娘戏在戏剧结构上大体相同，不同之处主要是题材方面：传统牛娘戏是古装戏，主要表现的是才子佳人的悲欢离合和古代民众的生活百态；现代牛娘戏则以讴歌新时代、唱响主旋律为主。

新中国成立后，现代牛娘戏剧目大量涌现，岑溪市大业镇文化站队员韦昌方便是一名现代牛娘戏的曲作者。他说，随着唱腔音乐的不断改革，乐器伴奏的方式也不断改革。如今，牛娘戏除用击乐外，还增加了弦乐和管乐，从而提升了演出效果。同时，文化站还会把党的二十大精神、反腐倡廉、乡村振兴等内容作为牛娘戏歌词，旨在通过群众喜闻乐见的语言和表演形式，让党的创新理论走进群众心窝。

多措并举培育人才

近年来，《阿哥阿妹唱山歌》《人间处处真情在》等一批牛娘戏曲先后 6 次登上中央广播电视台的舞台。牛娘戏入选第一批全国"一县一品"特色文化艺术典型案例，获得了更多观众的关注。

"实际上，随着科技的发展，文化娱乐形式越来越丰富，牛娘戏赖以生存和发展的社会基础越来越薄弱。同时，牛娘戏艺人年龄老化，演艺人员出现了断层现象，使得牛娘戏的发展前景不容乐观。"黄绍伟说。

为此，近年来岑溪市采取了一系列行之有效的措施和办法，对牛娘戏进行传承和保护。黄绍伟介绍，岑溪市通过演出、培训等多种形式，定期组织牛娘戏演员到中小学内开展戏曲进校园活动，在校园内组建牛娘戏舞蹈社团，邀请当地戏曲名家走进校园指导学生练习戏曲舞蹈基本功，形成课堂教学与课外活动相结合、普及教育与专业教育相促进、学校教育与社会教育相衔接的新局面。

随着时代的发展，牛娘戏逐渐发展出新的表演形式/庞广蛟 奉辉莲 摄

针对演员断层等状况，岑溪市牛娘剧团结合"百年百队千场万人牛娘颂党恩"、非遗进校园、非遗进乡村等活动，以"传帮带"的形式传承技艺、交流互进，全力培育一批民间艺人队伍，累计发展和建强业余文艺（牛娘戏）团队100多支，团队成员数量超过1100人。同时，岑溪市成立牛娘戏协会、民间艺术家协会，打造9个牛娘戏基地，以牛娘戏基地为中心，镇级综合文化站、村级公共服务中心戏台为补充，合力创编新剧目，打造出80多个原创牛娘戏剧目。

岑溪市还整合戏曲文化和本土旅游资源，结合国家4A级旅游景区天龙顶国家山地公园、石庙山等旅游景点，以牛娘戏作品为载体，打造特色文旅项目，大力促进文旅融合产业发展。同时，依托短视频、直播等新业态发展，探索"互联网+"新型非遗文化传播方式，引导业余牛娘戏团队在短视频平台开展现场直播，全面推动牛娘戏文化的传承和发展。

回望过去，从"唱春牛"到"舞春牛"再到牛娘戏，反映了民间艺术不断成熟发展的历程，凸显了人民群众的创作智慧。

展望未来，牛娘戏这朵中华优秀传统文化的艺术之花，定会在文艺百花园中更加姹紫嫣红！

辞工回村组团队
—— 访岑溪牛娘戏自治区级代表性传承人徐伟南

徐伟南，岑溪市糯垌镇绿云村人，1978年开始学演牛娘戏，是"新华春"戏班第六代传承人。他一直有个信念，就是让岑溪牛娘戏一代一代传承下去。

20世纪80年代，许多人外出打工、下海经商，人员紧缺成为制约牛娘戏发展的重要原因。为了让牛娘戏延续下去，1983年，徐伟南辞去公职，回村组织村里的戏迷成立牛娘队，希望通过自己的努力，让牛娘戏更专业、名声更响亮。

40多年来，徐伟南一直担任队里的主演，演过的剧目数不胜数，深受群众欢迎。"我们队每年演出250多场，最忙的时候连续演出一个月，还试过一天内演4场。"他介绍，每逢镇上有婚宴、上灯等喜庆日子，他们就会受邀表演。他们的队伍不仅活跃在岑溪市各乡镇，还到过广西区内其他地区乃至广东演出，传播岑溪牛娘戏传统文化。

"我们也曾遭遇整年时间几乎没有受邀演出的困境。"徐伟南说，当时同村另外3支队伍都解散了，只有他的队伍坚持了下来。

"我现在最大的心愿就是可以带出更多的牛娘戏演艺人才，不让人才断层，不让牛娘戏断戏。"徐伟南说，牛娘戏对个人的音色和样貌有一定的要求，他经常四处挖掘适合演牛娘戏的演员，只要有符合条件的人愿意学，他就愿意带。如今，他正带着近20人学习牛娘戏。

覃伟文是土生土长的岑溪市糯垌镇人，目前是贺州学院大一学生。他生于牛娘戏世家，其曾祖父是一名牛娘戏表演者。覃伟文从小就跟着家人参加各种民间风俗活动，耳濡目染下便爱上了牛娘戏，学起了牛娘戏。"我喜欢观看牛娘戏视频。"覃伟文说，通过反复观看可以学到一些台步和唱腔，以及演员喜怒哀乐的表情。

15 岁时，覃伟文终于如愿登上舞台表演牛娘戏，成为民间牛娘戏队里年轻一代的演员。他经常出演杂脚、老旦等角色，演过《见夫开口》《文武状元》《丁财贵》《状元试妻》等剧目。"我十分珍惜每一次上台的机会。"覃伟文表示，不管是什么年龄阶段的角色，哪怕是反串角色，他都会备足功课，尽心尽力地表演好，把牛娘戏最好的一面展示给观众。

覃伟文的抖音号已发布了 72 个作品，内容基本都与岑溪牛娘戏有关，获赞超 8000 次。"我希望能为家乡文化的传承贡献一份力量。"覃伟文说，今后他会编排一些牛娘戏新剧目，并通过直播、短视频等形式在媒体平台进行分享传播，吸引更多年轻的戏迷。

婚嫁寄深情
眷属两相依

蒙山县瑶族婚嫁习俗是当地瑶族同胞在漫长历史进程中形成、发展出的独特民俗，独具风情、妙趣横生，是中华民俗文化中的瑰宝

瑶族婚嫁

瑶族婚嫁习俗是瑶族人民世代传承的民族文化，醇厚质朴、绚丽多彩，反映出瑶族人民崇敬祖先、热爱生活、追求幸福、民族和睦的优良品质，是瑶族文化的重要组成部分。

蒙山县瑶族婚嫁习俗是当地瑶族同胞在漫长历史进程中形成、发展出的独特民俗，独具风情、妙趣横生，哭嫁、对歌、迎亲、拜堂等环节、仪式，充分体现瑶族同胞的民族文化和风土人情。瑶族婚嫁于 2010 年被列入第二批梧州市级非物质文化遗产代表性项目名录，2014 年被列入第五批自治区级非物质文化遗产代表性项目名录。

姚蓝婷　杨帆

　　唢呐齐鸣锣鼓响，亲朋好友齐相聚，欢歌笑语去接亲……在蒙山县长坪瑶族乡水韵瑶寨景区，一场原汁原味的瑶族婚嫁习俗展演吸引了大批游客前来观赏。

　　展演中，一支身着瑶族服饰、携带各式乐器的接亲队伍从三妹榕出发，行至风雨桥头，"新郎""新娘"和迎亲队伍一同搭乘竹排，乘船行大运。张灯结彩的竹排在清澈的湖面巡游，与秀丽的自然风光相互衬托，构成一幅绚丽多姿的婚嫁风俗画卷。乘船行大运后，"新郎""新娘"回到家中，举行隆重的拜堂仪式。

　　热闹喜庆的展演，形象地展示出仪式古朴、程序繁复的瑶族婚嫁习俗，让游客啧啧称奇、大开眼界。

　　瑶族是我国古老的少数民族之一。瑶族群众在迁徙和发展过程中与其他民族不断融合，形成了自己独特的婚嫁习俗。蒙山县的瑶族婚嫁习俗，是中华民俗文化的瑰宝，凝结着深厚的民族精神、民族情感。

文化传习出现断层

俗话说：择一城终老，遇一人白首。婚礼是一个人生命旅程中的重要一程，每个地方都有独具特色的婚嫁风俗。

蒙山县是一个多民族聚居县，县内有长坪瑶族乡、夏宜瑶族乡两个瑶族乡，另有部分瑶族人口分布在该县的新圩镇、西河镇。蒙山县的瑶族文化历史悠久，支系繁多，其得天独厚的地理位置使得瑶族文化得以较完整地保留下来。

蒙山县的瑶族婚嫁习俗曾陪伴着当地老一辈完成人生中的一大仪式，见证着他们开启人生的另一段旅程，同时以繁复的程序以示婚礼的隆重。

近年来，那些传统的婚嫁场面日益罕见。

随着经济社会的快速发展，中西方文化的交流、碰撞，区域间人员往来的日趋频繁，瑶族青年一代觉得老一辈人的婚嫁习俗过于繁缛以至于显得老套……在这样的时代背景下，瑶族婚嫁习俗不可避免地受到冲击。

瑶族婚嫁习俗自治区级代表性传承人赵秀珍说："时代的变迁、瑶族青年一代观念的转变，使得瑶族婚嫁习俗失去传承环境。"事实上，瑶族婚嫁习俗的保护与传承，一方面依赖于整体环境和受众；另一方面依赖于核心人群，特别是瑶族青年一代。

"瑶族婚嫁习俗的传承和延续都离不开人，年轻人外出务工，我们逐渐老去，瑶族婚嫁习俗传习出现断层，面临失传危机。"赵秀珍时常为瑶族婚嫁习俗的传承发展感到担忧。

在蒙山县长坪瑶族乡，演员们正在展示瑶族婚嫁习俗 / 长坪瑶族乡人民政府　供图

妙趣横生的瑶族婚嫁习俗让人大开眼界／长坪瑶族乡人民政府　供图

热闹喜庆的瑶族婚嫁习俗场面／
长坪瑶族乡人民政府　供图

以旅促文增添活力

担忧瑶族婚嫁习俗失传的，不止赵秀珍一人。

蒙山县相关部门很早就意识到瑶族婚嫁习俗面临的传承问题。为此，当地积极推进瑶族婚嫁旅游品牌建设，组织文艺队在水韵瑶寨景区开展展演，再现传统瑶族婚嫁过程中的对歌、迎亲、拜堂等环节，让游客体验瑶族婚嫁习俗，进一步保护和传承瑶族婚嫁习俗。

依托广西"三月三"、修路节、盘王节等民间节日活动，近几年，蒙山县鼓励和引导非遗传承人举行瑶族婚嫁习俗展演，通过传承人活态展示、互动体验等形式推广宣传非遗项目，丰富活动内容。

在系列节庆展演活动中，时常能看到赵秀珍的身影。她积极扛起传承的责任，带着瑶族年轻一代学瑶绣、唱瑶歌，希望通过

演员们精心打扮、细腻演绎瑶族婚嫁习俗 / 长坪瑶族乡人民政府　供图

这样的方式让更多人能了解瑶族婚嫁习俗的文化内涵。

"瑶族的传统婚俗逐渐受到瑶族当代青年男女的喜欢，他们的喜欢及践行就是最好的活态传承。"赵秀珍说，瑶族婚嫁习俗中蕴含着大量的瑶族传统民间艺术，如瑶歌敬酒、坐歌堂、嫁衣服饰等，通过让年轻人了解这些瑶族传统民间艺术，从而乐意接受并把瑶族婚嫁习俗继续传承下去、发扬开来。

要真正了解瑶族婚嫁习俗，就必须到瑶乡亲身感受当地文化。为传承发展瑶族婚嫁习俗，蒙山县将民族文化融入地方旅游事业发展，2021 年至 2023 年，投入 400 万元建立民俗文化传承发展基地，并组建文艺队，根据瑶族婚嫁习俗，借助水韵瑶寨景区、风雨桥、三妹榕、瑶族特色民居等景观，设计瑶族婚嫁原生态展演的路线和过程，开展常态化演出，增强瑶族文化互动性、体验感，让更多人了解瑶族文化特色，并愿意把瑶族文化传承下去。

毫无保留教授习俗

——访瑶族婚嫁习俗自治区级代表性传承人赵秀珍

　　1969 年出生于瑶家的赵秀珍，自小受传统瑶族文化的熏陶，对瑶族婚嫁、瑶歌有着浓厚的兴趣。在父母长辈的口传心授下，她熟悉并掌握了瑶族婚嫁过程中所有的环节。

　　1987 年，赵秀珍嫁到蒙山县长坪瑶族乡长坪村高岭组。其后，她每年独立主持瑶族婚嫁活动，还努力培养年轻的传承人。2018 年，她被评为自治区级非物质文化遗产代表性项目瑶族婚嫁习俗代表性传承人。

　　赵秀珍深知文化传承不是一件小事，是一代接一代、一点一滴干起来的。所以，多年来，她积极参与蒙山县组织的系列瑶族婚嫁习俗展演活动，以展演、解说等形式，带领年轻一代感受瑶族婚嫁文化的独特魅力，引导年青一代传习、实践传统婚嫁习俗。

　　赵秀珍表示，只要有人愿意学，她就定会毫无保留地教授自己的全部所学，希望能通过自己的行动，鼓励瑶乡青年结婚时沿用瑶族婚嫁仪式，让这一古老习俗能够继续保持生机。

展演内容渐丰富
—— 访长坪文艺队队长黄丽萍

2022 年，黄丽萍回到家乡蒙山县长坪瑶族乡工作。当年 4 月，在一场水上瑶族婚嫁习俗的活动对接中，她第一次接触瑶族婚礼，"瑶族婚礼带着浓郁的少数民族特色，热闹欢乐的场面、异彩缤纷的瑶族盛装、浪漫热烈的气氛，整场传统婚礼充满仪式感和文化韵味，自然真实、淳朴感人"。黄丽萍至今仍对当时看到的情形印象深刻。

由此，黄丽萍对瑶族婚嫁习俗产生了浓厚的兴趣，她加入长坪文艺队，和队员们一起辛勤排练，在节日及每周周六将瑶族婚嫁习俗搬上舞台，为游客展示传统瑶族婚礼，让更多人了解瑶族传统文化。

"在演出中，我们会邀请游客扮演新郎新娘、伴郎伴娘，让他们沉浸式体验瑶族婚嫁习俗的魅力，加深对瑶族婚礼仪式所蕴含意义的了解。体验过后，游客都赞不绝口。"黄丽萍说，如今，在广西"三月三"、五一国际劳动节、国庆节等假期，到长坪瑶族乡观看表演的游客日均达千人。

为最大限度还原瑶族婚嫁习俗，长坪文艺队队员们时常聚集在一起，向队内亲身经历过瑶族婚礼的老队员请教学习，不断丰富和完善演员服装、表演形式、展演内容，以期完美呈现瑶族婚礼的场景。

山歌传情意 古韵应声来

千百年来，蒙山县的劳动人民日出而作、日落而息，劳动之余常咏唱山歌以反映生活和寄托情感。如今，蒙山山歌已成为当地特色文化品牌

蒙山山歌

蒙山山歌是流传于蒙山县、用蒙山话咏唱的一种民歌，以前多在山野劳动、打柴割草或放牧时歌唱，故名山歌。蒙山山歌内容极其广泛，概括起来可分为劳动歌、时政歌、风俗礼仪歌、生活歌、情歌、历史传说歌、儿歌和其他山歌。

蒙山群众唱山歌历史悠久，从其形成至今，历代传承。蒙山山歌咏唱形式有自唱、双人对歌、打帮对歌等。山歌歌词一般由歌手即兴编来，唱歌的过程就是新歌创作的过程。蒙山山歌在2018年被列入第七批自治区级非物质文化遗产代表性名录。目前，蒙山山歌已成为蒙山县独具特色和比较有影响的一项文化品牌。

　　"天然宝地永安州，八桂嘉宾到此游……"夏日，蒙山县城内的长寿桥附近，一首《蒙山迎客》拉开了蒙山歌圩的演唱序幕，一曲高亢嘹亮、一曲韵味悠长，吸引了不少群众驻足欣赏。

　　千百年来，蒙山县的劳动人民日出而作，日落而息，他们通过咏唱山歌传承民族民俗文化，把当地文化的根深植于最深厚的土壤里。

发音独特，基本调式稳定

　　2023 年 6 月 15 日，恰逢蒙山歌圩日，县城内湄江两岸人头攒动，歌唱者有的穿着特色的民族服饰，有的随意穿搭。男女老少，不约而同地聚集在一起进行山歌对唱。

　　古稀之年的李贵珍是土生土长的蒙山县人，每逢歌圩日她都会来此处听山歌咏唱。她说："无论身在何处，

蒙山歌圩在古榕公园举行，吸引大量群众驻足观赏／梧州日报社　供图

只要听到蒙山山歌的歌调，我就能想起自己的故乡，山歌对于我来说不仅是一种娱乐形式，更是一种乡愁。"

"蒙山话独特的发音造就了蒙山山歌独具特色的歌调，用其他语言无法唱出这一歌调的韵味。"《蒙山话》一书的作者刁光全表示，蒙山山歌从诞生流传至今，其基本调式稳定，几乎没有变化。

"蒙山山歌和其歌调几乎是同时诞生的。蒙山县长坪瑶族乡有个三妹村，大多数学者认为是唐代时期刘三妹到此地传歌而得名。"曾任蒙山县史志办公室主任的黄胜林表示，蒙山山歌最早有史料记载的是清嘉庆年间版的《永安州志》。该书"夷民部"卷十六"瑶壮"中记载的男女所唱之歌，便是蒙山山歌中的情歌。

"在漫长的历史中，蒙山山歌已形成相对固定的徵调式，其歌调代代心口相传，几乎印刻在蒙山人民的骨血里。"蒙山县文化馆馆长胡运信说。

悠悠湄江水，绵绵山歌情。尽管社会变迁、时代发展，但蒙山山歌仍然长盛不衰。

内容广泛，歌词紧贴时代

"好花引来蜂蝶采，蜜蜂采花花更开。蒙山种有梧桐树，凤凰自然远飞来。"仲夏时节，雨后的蒙山县远山如黛，近水含烟。蒙山山歌自治区级非物质文化遗产代表性传承人黄若海看到家乡美景时，忍不住随口唱起了山歌。

"蒙山山歌一般是七言四句体，也是蒙山山歌歌词结构基本形式，但也有一部分第一句是三言。"黄若海介绍，"歌手编唱的歌词不但要生动活泼、诙谐幽默，还要押山歌腰脚韵（即第二句和第四句要押韵）。"

如果说，从古代流传下来的歌调是蒙山山歌的骨架，那么，歌词就是蒙山山歌的血肉。它里面承载了千百年来蒙山人民日常生活的点点滴滴。

"我们常见的白云、群山、林木等都是山歌歌词的素材。"谈及蒙山山歌的歌词，已经70多岁的黄若海血脉里流淌着的那些记忆被唤醒了。他说："蒙山山歌中歌词是闲适悠然的，歌词内容有咏物、叙事、爱情、时政等，题材广泛，生活气息浓厚，赋、比、兴技巧运用自如。"

如今，传唱的蒙山山歌，既有经典传承曲目，也有人们结合当下创作的新曲目。近年来，蒙山县山歌协会在蒙山山歌词中加入了党建工作、乡村振兴、绿色发展等新元素，让充满烟火气息的山歌歌词更紧贴时代发展。

"我们不断结合党的方针政策和当下人民群众生活的变化来创作新的蒙山山歌，歌词的创作硕果累累。"胡运信表示，目前最具代表性的创作就是2021年整理的《蒙山歌谣》，里面包含了蒙山山歌1300多首，既有先辈们创作的山歌歌词，也有宣传党的方针政策的内容。

寻求突破，传唱后继有人

蒙山山歌过去没有固定的唱歌时间，一般是劳动之余即兴演唱，或是村与村、寨与寨互相邀请进行对歌、比赛。1996年5月，蒙山县文学艺术界联合会成立蒙山县山歌协会，并把县城的圩日定为蒙山歌圩日。歌圩之日，县城内山歌歌手和群众汇聚于歌圩尽情咏歌对唱，参加人数少则几百人，多则上千人，风雨无阻，常年如此。

蒙山瑶族歌手以山歌的形式宣传党的方针政策 / 梧州日报社　供图

蒙山县青年演员正在进行山歌对唱 / 蒙山县文化馆　供图

"高举红旗舞巨龙，威风锣鼓震长空……"静静地站在蒙山县城的长寿桥边，听黄若海独唱的山歌飘入耳边，令人沉醉。作为蒙山山歌自治区级非物质文化遗产代表性传人，黄若海一直牢记自己肩负的使命，努力做好蒙山山歌的传承工作。

　　然而，蒙山山歌大部分内容只能用蒙山话传唱的独特性，让山歌面临歌手和观众普遍老龄化、传承传播后继乏人的危机。

　　"为了振兴这一古老的山歌艺术，我们曾经邀请音乐专家为蒙山山歌谱曲，并尝试用普通话进行咏唱。但谱出来的曲谱无论是用普通话唱，还是用蒙山话唱，都失去了山歌原本的曲调和韵味。"刁光全说。

　　面对蒙山山歌推广文化受阻的困境，黄若海和蒙山山歌协会的成员经常受邀参加歌擂台赛、对抗赛、山歌会等各式各样的山歌交流及演出活动，让更多人接触并了解蒙山山歌。同时，黄若海积极配合蒙山县相关部门精心打造大型蒙山山歌剧、舞台剧，在保留山歌原生态韵味的基础上，适当融入现代流行元素，让悠扬的蒙山山歌传遍祖国大地，焕发出蓬勃的生命力。

　　"哪怕在外漂泊数十年，心里也一直牵挂着那熟悉的旋律。"外出打工回乡的黄光燕五年前毅然加入蒙山县山歌协会。之后，她一直跟随黄若海学习唱山歌，并利用闲暇时间练习山歌、编写山歌歌词，如果碰到山歌表演时，也会尽量参加。

　　"我遇到不懂的地方就请教黄若海老师，他也很耐心地教我。现在，我不但可以独立进行山歌演唱，还经常创作自己想表达的歌词。"黄光燕表示，希望可以为蒙山山歌的传承出一份绵薄之力。

　　在青山绿水间，悠扬的山歌久久缭绕，蒙山山歌是蒙山之歌，也是群众之歌。这山歌唱在过去、唱在当下，在无数"黄光燕"的薪火传承中，必将唱响未来。

唱遍大山与校园
——访蒙山山歌自治区级非物质文化遗产代表性传承人黄若海

"我堂爷爷是第二代蒙山山歌非物质文化遗产代表性传承人黄二庭，我是在山歌的熏陶下长大的。"每当谈起那些老一辈唱山歌的场景，黄若海的脑海里就不禁浮现起堂爷爷教他唱山歌的细节，布满了皱纹的眼角中泛起了泪花，"小时候，我堂爷爷在田里插秧、上山砍柴边劳作边唱山歌时。他唱一句，我就跟在他后面学一句，慢慢地我就掌握了唱山歌的调式和技巧。"

"虽然现在家里很少有人跟我学习山歌，但庆幸的是，目前蒙山县山歌协会的成员有40多人，他们都是我教出来的徒弟。"黄若海自豪地说，"我收徒弟没有太多的要求，只要愿意学，我都会无保留地教，有时候还会在歌圩的时候教他们山歌对唱的细节。"

除了在歌圩之日咏歌对唱，黄若海还经常和蒙山县山歌协会的成员到各个村庄去巡演，晒谷场、江河边、田野间都是他们的舞台，他们努力把山歌歌声传到大山里的每一个角落。

"山歌的传承需要有新鲜的血液。"黄若海说，每年，他和蒙山县山歌协会成员都会去蒙山县各个学校教学生唱山歌，让学生们感受传统文化的魅力。

"创作歌词是我刚开始学蒙山山歌的时候最难克服的困难，为了解决这个难题，我平时除了多听别人唱山歌，还经常自己一个人独自练习。"年过五旬的蓝凤平是一名退休的环卫工人。退休之前，在蒙山县环卫站工作的她总是利用闲暇时间去观看山歌咏唱。

"每次在歌圩日听到市民对唱山歌，都会忍不住驻足，那些山歌的曲调和内容深深地吸引着我。"退休后的蓝凤平就一直跟随着蒙山山歌自治区级非物质文化遗产代表性传承人黄若海学唱蒙山山歌。

"自古山歌从口出。"唱山歌要求歌手要有厚实的歌底、丰富的临场经验、敏捷的思维。"蒙山山歌的四句歌词中要求最后两个字要押韵，刚开始学习唱山歌的时候连押韵是什么都不知道，更别提即兴创作歌词了。"蓝凤平说。

为了克服这些困难，蓝凤平经常翻阅一些诗集并尝试自己创作山歌歌词，遇到不懂之处就请教黄若海。"刚学的时候自己光写歌词都练了两三个笔记本。"蓝凤平说，"我经常把自己写的歌词给黄老师看，黄老师也非常耐心地教我写作的技巧和山歌的唱法。"

如今，蓝凤平不但可以在歌圩上和山歌爱好者即兴对歌咏唱，而且还和蒙山县山歌协会的其他成员到各个地方去表演蒙山山歌对唱，不断推广山歌文化。

麟马寓祥瑞 风华润古今

麒麟白马舞融民俗风情及舞蹈、音乐于一体，因其贴近群众、贴近生活、贴近现实，成为当地群众开展传统文化活动时的保留项目之一

麒麟白马舞

麒麟白马舞是苍梧县一带富有特色的传统舞蹈，源于唐代岭南第一状元莫宣卿赴京赶考荣登榜首、衣锦还乡的故事，人们将其感人故事编成舞蹈。麒麟白马舞主要道具有麒麟、白马各一只，表演时由一男一女分别扮演状元、状元夫人，分别骑着麒麟、白马，后伴有撑罗伞、撑花灯、锣鼓手等人，整个演出队伍约20人，须按照固定的队形和完整的表演套路进行演绎。麒麟白马舞于2015年入选第五批自治区级非物质文化遗产代表性项目名录。

麒麟白马舞是苍梧一带的传统文化宝藏，它融民俗风情及舞蹈、音乐于一体，反映了民众的审美心理，因其具有贴近群众、贴近生活、贴近现实的特点而受到当地民众的喜爱。历经数百年的发展演变，麒麟白马舞的表演节目形成了一定的舞蹈套路及演出程式，并得到了完整的沿袭传承。

起源悠久　寓意美好

麒麟白马舞是流传于广西梧州市苍梧县、岑溪市、藤县，以及广东省肇庆市封开县等周边地区的独具特色的传统舞蹈。据苍梧古郡麦氏族谱记载，麒麟白马舞源于唐代岭南第一状元莫宣卿与其妻可歌可泣的爱情故事。后人为了怀念和歌颂莫宣卿，便将其感人故事编成舞蹈，逐渐形成了如今的麒麟白马舞。

在苍梧县旺甫镇麒麟白马舞传习基地，墙上挂着麒麟白马舞的历史渊源、变迁等介绍内容展板，以及演员们演出的照片，基地用帘子隔开的后方层层叠叠地堆放着演出道具，充满岁月痕迹。

麒麟白马舞的主要道具有麒麟、白马各一只。表演时男演员骑白马扮作状元，女演员骑麒麟扮作状元夫人，麒麟和白马前分别有一名童子、玉女引路，前面有人撑花灯和彩门，门头的横额上写着"瑞麟彩马"或"麟玉吐珠"四字，后面又各紧跟一人撑罗伞和日月扇。

"一场麒麟白马舞演出下来，需要演员一直跟着现场配乐节奏舞动跳跃，十分考验演员的体力与耐力。"麒麟白马舞自治区级非物质文化遗产代表性传承人邹瑞清介绍道，麒麟白马舞的表演有其传承下来的形式，演员需要按照特定的舞蹈队形和表演步骤，配合着以大鼓、大镲、钹等伴奏乐器奏出的《麒麟白马曲》采茶调，分别按照东、南、西、北四方进行轮番表演，每表演一方就要穿一次"彩门"，如此反复直到结束，其间可变换舞蹈动作，根据剧情边舞边唱，以营造喜庆热烈的气氛。

因麒麟瑞兽象征吉祥太平，白马为苍梧一带的图腾，因此如今麒麟白马舞多在传统节日、贺寿、婚嫁、乔迁新居等喜庆日子里表演，以表达群众迎祥纳

由苍梧县文化馆主办的苍梧县 2023 年"文化和自然遗产日"非遗展示活动在石桥镇龙岩景区举行，演员们在活动现场表演麒麟白马舞／杨扬　摄

麒麟白马舞自治区级代表性传承人邹瑞清在表演麒麟白马舞/杨扬 摄

福，祈求风调雨顺、国泰民安等美好愿望。

技艺式微 传承难续

"麟马礼拜一双双，拜拜主家金屋堂；恭祝丁财共兴旺，儿孙世代出贤郎。"在表演麒麟白马舞时，拥有丰富表演经验的邹瑞清总是能根据现场的情况将演唱的祝词脱口而出。

"麒麟白马舞的舞蹈动作较为简单，演员只要以鼓点为节拍，按照规范的舞步边跳边舞即可，难的是如何唱。"邹瑞清说，麒麟白马舞的唱词一般由扮演状元与状元夫人的两人配以当地采茶调演唱，无特定唱词，演员要配合现场活动编撰，这十分考验演员的功力。

现如今，麒麟白马舞的传承谱系已到第五代，早期的传承方式一直以家传为主，随着时代的变迁，师传逐渐变成了主要的传承形式，而作为第三代传人的邹瑞清则是师从祖传演唱麒麟白马舞跟采茶戏的第二代传人黎保光，系统地将麒麟白马舞的舞蹈表演传承了下来。

尽管传承延续依旧，但麒麟白马舞面临的人才断档危机却越发严峻。"我们演员年龄普遍在40岁以上，青年演员少之又少。"邹瑞清说，现在很多麒麟白马舞的演员都是因为热爱而聚集在一起，而大多数年轻人业余时间可选择的文化活动十分多样，喜欢麒麟白马舞这种民间艺术的年轻人不多，所以现存舞者年龄普遍偏大。

不仅是舞者断档，表演麒麟白马舞所需的鼓乐手也面临着人走艺失的困境。旺甫镇麒麟白马艺术团年近七旬的鼓乐手冯文彬吐露了他的担忧，没有传统乐曲演奏，一出戏便没有了灵魂，然而当代年轻人对民间传统技艺毫无兴趣，几乎无人愿意学习，导致现存的乐手老龄化问题突出。

苍梧县文化馆馆长说："目前，苍梧县麒麟白马舞共有代表性传承人 7 名，其中自治区级代表性传承人邹瑞清今年已有 60 岁。年龄偏大的因素，在一定程度上会限制传承人对社会发展的认知以及对新事物的接受程度。吸引更多年轻人学习传统技艺、让技艺延续下去是我们近期的目标之一。"

底蕴深厚　重焕生机

2003 年 6 月 21 日，在苍梧县旺甫镇麒麟白马舞传习基地，邹瑞清正给前来参加非遗项目麒麟白马舞农民工公益培训班的学员授课。这十几名学员有的身挂纸扎麒麟和白马，有的手拿花灯和扇子等道具，以鼓点为节拍边学边舞，并时不时地用当地的白话方言来演唱本地独有的山歌。每个学员在课堂上都学得聚精会神。

2005 年，邹瑞清开始担任旺甫镇麒麟白马艺术团团长，带领团员四处演出。她说："麒麟白马舞精心的节目编排再加上朗朗上口的唱曲，配合耳熟能详的乡音，艺术团高峰期曾一天出演 7 场活动。现在，我们到村里演出，舞台前还有不少观众，我们不时也会收到来自广东、湖南等地的表演邀约。"

在麒麟白马舞传习基地墙上挂着一块块牌匾，桌子上摆放的一面面活动主办方送来的锦旗，都印证了邹瑞清的话。接连不断的演出邀约、不断壮大的演员数量，都证明了麒麟白马舞拥有生生不息的强大文化底蕴。

为了进一步传承保护好麒麟白马舞这一非物质文化遗产，苍梧县优化整合镇村文化基础设施，在旺甫镇文化站、石桥镇文化站等地设立麒麟白马舞和采茶剧传承基地及展示厅，免费向非物质文化遗产传承人提供场地，加大对艺人扶持保护和技艺传承力度。同时，苍梧县还采取"政府支持、社会参与"的模式，通过"提供舞台，以演给补"的方式牵线搭桥，让各艺术团体参与每年开展的戏曲进农村、进学校、进社区等活动。

如今，苍梧县的麒麟白马舞未曾因时间推移而失去光芒，反而经过时间的沉淀而古韵悠然，而它所传承的文化也在悠悠岁月长河中继续孕育激荡，成为苍梧大地风土人情的载体。

如今，麒麟白马舞的表演节目有固定的舞蹈套路及演出程式／杨扬　摄

来者不拒广收徒
——访麒麟白马舞自治区级代表性传承人邹瑞清

"锵咚锵，锵咚锵……"在苍梧县旺甫镇麒麟白马舞培训基地内，邹瑞清与团员们正在表演麒麟白马舞。只见十几名演员随着鼓乐手敲打的节奏踏着小碎步时而奔驰飞舞，时而漫步而行，十分热闹。

谈起与麒麟白马舞的不解之缘，邹瑞清打开了话匣子，滔滔不绝地讲述着她的学习经历。"我们村里以前经常会有大大小小的演出，麒麟白马舞因为舞蹈动作简单易学，节奏又欢快喜庆，深受乡亲们的喜爱。"邹瑞清说，以前每逢村里有演出，她就在舞台边跟着学习，还经常主动给一些演出团队帮忙，借机向他们请教舞台表演、山歌演唱等方面的知识，梦想着有朝一日也能登上舞台。后来，村里的文艺队解散，她也只能将麒麟白马舞暂时放下。

20世纪90年代，出于对麒麟白马舞的喜爱，邹瑞清再次拾起这项传统技艺，加入旺甫镇麒麟白马艺术团，这让她有了施展才华的舞台。在这里，道具制作、节目编排等她都能一人完成。2005年，她更是挑起艺术团的大梁，成为团长，并广收学员，来者不拒，只要有人来学，她便免费教。十几年间，她教出了一批又一批的学员。

"麒麟白马舞在苍梧县已经流传多年。这么好的优秀传统民俗，作为一名基层文艺人，又是传承人，我有义务和责任把它发扬光大，使它成为苍梧县经久不衰的特色文化。"邹瑞清坚定地说。

怀揣梦想坚持演
——访麒麟白马舞演员李秀菲

李秀菲是苍梧县旺甫镇人，她的父亲 10 多岁便开始学习麒麟白马舞。在父亲的熏陶下，她从小就对麒麟白马舞深感兴趣。巧合的是，李秀菲开始学艺的年纪与父亲是相同的，她从 15 岁开始学习麒麟舞，然后上台表演，至今已有 30 多年。

"当时，看着父亲在舞台上受到乡亲们瞩目，我也有了成为麒麟白马舞演员的梦想。"李秀菲说，为了学好麒麟白马舞，她总会趁着村里有表演时聚精会神地观看、学习，然后自己偷偷琢磨，碰到难题就直接向父亲讨教。

这些年，尽管李秀菲为了生活四处奔波，但从未把麒麟白马舞放下，多年来坚持参与演出。如今，她已经成为旺甫镇中心采茶剧团的成员之一，只要剧团有演出，她就会上台表演。

"除了麒麟白马舞，我们还会表演采茶剧等传统民俗节目。这些传统民俗表演形式相近，都有着厚重的本地历史文化，是人民群众喜闻乐见的民间歌舞。"李秀菲说，现在每年村里都有不少文艺会演，只有将这些剧目搭配演出才能牢牢吸引观众的目光。

如今，在苍梧县大大小小的庙会和文艺会演中，经常能看到李秀菲的身影。她说："我深爱麒麟白马舞等苍梧的传统民俗。只要还能继续表演，我就会将它们保护好、传承下去，让更多人了解苍梧的文化。"

味香肉嫩滑 中国称一绝

鲜嫩甘滑、醇厚不腻，梧州纸包鸡里包裹着一个多世纪的制作技艺传承，细细品来，既是美味佳肴，也是出彩技艺

梧州纸包鸡制作技艺

梧州纸包鸡制作技艺是梧州人民在长期生产实践中的劳动创造及智慧结晶，主要传承于梧州市区。采用该技艺制作的纸包鸡，鲜嫩甘滑、醇厚不腻、色泽金黄、气味芳香，充分体现梧州菜肴选料上乘、制作精细、讲究刀工、气味香浓等特色，是梧州美食的典型代表，享有"中国一绝"之美誉。

2014年，梧州纸包鸡制作技艺被列入第三批梧州市级非物质文化遗产代表性项目名录，2016年入选自治区级非物质文化遗产代表性项目名录。目前，梧州市有1名梧州纸包鸡制作技艺自治区级代表性传承人、5名市级代表性传承人。

吴艳虹

薄如蝉翼的玉扣纸，以及秘制卤汁、各式调味料被逐一陈列于案面，梧州纸包鸡制作技艺自治区级代表性传承人黄永林将新鲜宰杀的三黄鸡摆在案板上，手起刀落，整只鸡随即被分解为 8 件。接着，他在鸡块上撒葱花，淋洒秘制卤汁，再配以五香粉、老抽、白酒、八角、陈皮等调料。在各式调味料中，鸡肉酝酿着新的滋味，随后被包裹在玉扣纸中，入油锅隔纸浸炸。

这一套纸包鸡制作技艺在黄永林手指间如行云流水般接连推进，旁人看了叹为观止。

据记载，清朝咸丰年间开始，纸包鸡就被列为梧州府府台宴请宾客的主菜，其制作技艺传承至今已有 150 多年。经过一个多世纪的岁月浸润，梧州纸包鸡制作技艺愈发纯熟，而且还在不断创新发展中。这使得梧州纸包鸡制作技艺至今一直在活态流变着，体现了传统文化内涵、技艺和现代理念的有机融合，做到了既创新又不失本源，其生命力越发旺盛、社会影响力与日俱增。

"中国一绝"引来八方食客

梧州，三江交汇之地。凭借得天独厚的地理环境，梧州一度商贾云集、酒楼林立。各地美食文化、习俗在梧州交流、融合，形成了梧州兼容并蓄的美食文化、美食氛围。梧州纸包鸡制作技艺正是在这交流、融合的社会背景下形成、发展、流传的。

梧州纸包鸡制作技艺始创期是清朝，在民国时进入发展鼎盛期。民国时，以梧州同园环翠楼掌厨傅官良、大东大酒家掌厨刘耀为代表的厨师，对纸包鸡制作工艺进行全面提升，使其色、香、味更佳。自此，纸包鸡成为百姓餐桌上不可或缺的佳肴，名扬两广、饮誉港澳。可惜，后来由于各种原因，梧州纸包鸡制作一度衰落。

纸包鸡制作技艺不仅是炮制美食的手段，也是梧州美食文化的形象表达，更是搭载乡愁的物化介质。多年来，一代代梧州名厨矢志不渝地坚守、创新，寻求将纸包鸡制作技艺发扬光大的机会。

20世纪80年代，梧州名厨陈北水、黄颂东到北京市参加全国烹饪美食大赛，梧州纸包鸡与中国八大菜系的名菜一起被端上参展桌，获评为大赛"八大名菜"之一，赢得"中国一绝"的荣誉称号。"当时，粤港澳等地的游客来梧州市，纸包鸡是必点菜肴，而且要求纸包鸡必须作为第一道菜先上。每次品尝过后，游客们都竖起大拇指连连称赞'食过返寻味'。"黄永林说。

"中国一绝"的美誉，让淹没在岁月里的纸包鸡制作技艺重现光明，不仅吸引八方食客纷至沓来，也吸引着年轻厨师来拜师学艺。至今，梧州市许多酒家都将纸包鸡列为招牌名菜。

菜品制作讲求精益求精

"油的温度保持在180摄氏度至200摄氏度之间，炸的时候保持恒温，如果温度过高，炸出来的玉扣纸就变成黑色了……"黄永林在制作纸包鸡

黄永林将鸡斩开/陈凡 摄

时，一边说一边盯着油锅中的纸包鸡。慢慢地，浸炸着的纸包鸡散发出一股诱人香味，让人垂涎欲滴。约9分钟的工夫，热气腾腾的纸包鸡新鲜出炉，黄永林用筷子轻轻撕开玉扣纸，色泽金黄的纸包鸡露出来了。

黄永林与纸包鸡结缘已有54个年头。1969年，黄永林初中毕业后，被分配到大东大酒家当学徒，跟随陈北水等3位名厨学习制作各种菜肴，其中一道菜便是纸包鸡。当时，纸包鸡作为招牌菜式，其制作技艺并不是想学就能学的，学徒必须入老师傅的法眼。陈北水看到黄永林年轻、肯干，不怕脏活、累活，便亲自教授他纸包鸡制作技艺。黄永林认真地学，在一道道制作程序中抠制作细节，更牢牢记住了老师傅传授的各项制作要点。

梧州纸包鸡制作技艺得以传承上百年，靠的正是传承人对技艺精髓的熟练掌握、认真研习，并坚持用好原料、传统制作方法。梧州纸包鸡制作技艺市级代表性传承人周秀兰说："制作纸包鸡要选用优质三黄鸡。三黄鸡必须散养120天至150天，每只重量约1.25公斤，宰杀后先吊起控干水分，一只鸡切成8至10件，即宰即包即炸。"

用玉扣纸包裹鸡肉后，准备下油锅炸 / 陈凡　摄

调制纸包鸡酱料的部分原料 / 陈凡　摄

创新技艺打开外地市场

无形的梧州纸包鸡制作技艺，其独到之处需要在纸包鸡成品上体现。从这个层面上说，梧州纸包鸡制作技艺要生存、发展、壮大，纸包鸡必须得到市场认可，必须吸引更多的顾客，满足顾客的喜好。

受限于运输、保鲜等条件，以前，纸包鸡的推广无法打破空间和地域的界限，未能真正走出梧州。外地的游客只能趁着来梧州探亲或出差时，到酒楼品尝梧州纸包鸡。"来梧州旅游，就一定要吃纸包鸡。""没吃过纸包鸡，就等于没到过梧州。"……这些是以前游客到梧州常说的话。

炸好的纸包鸡/陈凡 摄

　　着眼于把承载梧州纸包鸡制作技艺的纸包鸡制品推向更大的市场，2012年，梧州市首创保鲜便携装纸包鸡，使纸包鸡走出梧州成为可能。2014年，梧州纸包鸡制作技艺进一步改良创新，将隔纸浸炸烹饪改为酱烤烹饪，更便于工业化大规模生产。

　　随着纸包鸡制作技艺的传承创新，纸包鸡不仅作为招牌菜式走上酒楼餐桌，更作为特色手信走进千家万户。现在，纸包鸡已发展成为梧州知名手信，两广地区甚至海内外的人们随时可以在超市、酒楼、网络平台购买，远在千里之外就能品尝到梧州纸包鸡的美味。

　　与纸包鸡逐步打开销售市场不相称的是，梧州纸包鸡制作技艺传习的圈子却在收窄。周秀兰表示，饮食行业的人员流动性大，梧州纸包鸡制作技艺的学习者或流失、或改行，技艺传承出现断层。"下一步，我们将扩大梧州纸包鸡制作技艺的宣传面，通过进校园、进社区等活动，物色肯吃苦、愿意学的好苗子。"周秀兰说。

　　黄永林早已行动起来。6年前，他每周抽出4天时间，到梧州职业学院向烹技班的学生授课，先从基础菜式烹饪开始教。目前，他教授的学生约有180人。这些年轻学生有想法、敢创新，对梧州纸包鸡制作技艺非常感兴趣，也为该项技艺的传承注入了新生力量。

　　纸包鸡齿颊留香的美好滋味，离不开无数匠人对其制作技艺一个多世纪的潜心守护、传承。新的消费时代已经到来，市场营销新点子、制作工艺新想法等正在拉开梧州纸包鸡制作技艺在新市场环境中的发展大幕。

生产高标准 育人严要求

—访梧州纸包鸡制作技艺自治区级代表性传承人黄永林

"梧州纸包鸡要做得好，原材料必须好，鸡必须是三黄鸡，各种香料的搭配要刚刚合适。"至今，黄永林仍然谨记师傅陈北水传授的秘诀。几十年来，黄永林一直坚持高标准选用原材料，年逾古稀的他还经常到万秀区夏郢镇等地寻找靓鸡。

"要学好梧州纸包鸡制作技艺，必须能吃苦、不计得失，潜心研究。"对于梧州纸包鸡制作技艺的传承，黄永林认为，学艺必须先学好品行。

如今，黄永林走进校园授课，从厨人到师者，角色虽然改变了，但他传承技艺的初心始终如一。他对学生要求很严格，除了要求学生不怕脏、不怕累，还得静得下心。"厨师整天对着火炉，人比较急躁，但急反而会坏事，要想做好就要静下心来。"黄永林说，"做菜如是，做人也如是。"

林颖是梧州纸包鸡制作技艺梧州市级代表性传承人周秀兰的女儿。大学毕业后，林颖回到梧州市，跟着老一辈技艺人学习梧州纸包鸡制作技艺，并立志成为下一代传承人。

现在，林颖学习了传统纸包鸡制作技艺，也学习了礼盒装纸包鸡食品的整个生产制作过程。在她看来，梧州纸包鸡制作技艺活态流变的特征显著，纸包鸡从只能在酒楼餐桌上品尝的菜肴，发展为真空保鲜礼盒装、便携装和锁鲜装的岭南特产，彻底打破了昔日"食在岭南"的地域局限。同时，由纸包鸡衍生出了纸包鸡鸡翅、纸包鸡风味烤卤蛋等系列食品，使得纸包鸡的特产属性越来越明显，产业链条日益延伸。

技艺、产品的创新成效，让林颖感受到梧州纸包鸡制作技艺蓬勃发展的生命力。她希望，借助新一代的想法、力量，将这一项技艺传承和发扬光大。

茶戏粉墨新
曲中韵味长

苍梧县茶文化历史悠久，在劳动与采茶歌舞紧密结合中产生的采茶戏，充分浓缩了当地的事理人情和民众的处世方法，反映了人们的思想感情和愿望

苍梧采茶戏

苍梧采茶戏于2016年被列入自治区级非物质文化遗产代表性项目名录，是苍梧县地方戏曲剧种，在乡镇间普遍流传，具有独特的精神内涵和民族文化底蕴。

采茶戏最早起源于江西赣南一带。清朝中晚期经粤东、粤北传入湖南，又沿桂南这一路线传入广西境内并流行于各个乡镇，与苍梧县当地的生活习惯、劳作、民俗风情和语言融合为独具特色的苍梧采茶戏。

在传承过程中，苍梧采茶戏吸收了一些广东小调，以及特有的白话方言乡音，令苍梧采茶戏的舞台语言与其他地区采茶戏有着本质区别。

苍梧县茶文化历史悠久，劳动与采茶歌舞紧密结合的采茶戏，充分浓缩了当地的人情世故，反映了人们的思想感情和愿望。广泛流传的传统剧目有《十五贯》《二度梅》《拗碎灵芝》《梁山伯与祝英台》等数十个。目前，在苍梧县域内各乡村仍保留着中秋佳节晚上表演采茶戏的风俗习惯，苍梧采茶戏剧团还会受邀去其他乡镇和省市表演，广受欢迎。

从陪伴山民劳作的采茶小调，到被列入自治区级非物质文化遗产代表性项目名录，苍梧采茶戏于时光荏苒中走过了 200 多年的发展历程。近年来，苍梧县对采茶戏的保护与传承取得了初步成果，出演采茶戏的农村民间班社、团队超过 40 支。每逢农闲节庆时，县里就会有一些采茶戏演出，既增加了乡村娱乐节目，又陶冶了人们的生活情操。

经典剧目多次演绎

"娟妹，你在怪小生吗？"

"自从考场遇官人，牵肠挂肚记在心，状元得中是我要，锦囊妙计是爹想……"丽人掩面哭泣，将控诉娓娓道来。

一段对白完后，身后采茶乐队将二胡拉出哀怨婉转的曲调，"咚锵咚锵"……锣、鼓、钹等齐声响起，带领观众进入紧张的剧情。男女主演起舞开唱，两人开始找寻旧日良辰美景。

2023年6月7日，在苍梧县2023年"文化和自然遗产日"非遗展示活动上，各类表演云集。邻里乡亲纷纷前来观赏，拿起手机记录精彩演绎。

采茶戏表演者李一宏是苍梧采茶戏梧州市级非物质文化遗产代表性传承人，来自苍梧县石桥镇泗歧村石梯自然村。据他介绍，一场完整的采茶戏需20多人轮流演绎多幕戏剧，总时长3个小时左右。他们在展示活动中演出的《三拜花堂（选段）》，就曾作为经典选段被演绎多次。

当天，不少摄影爱好者特意从市区驱车前来拍摄。一名摄影爱好者表示："平日里可看不到这些。我对这种传统小众文化特别感兴趣，希望能通过镜头记录下来，传达给更多人。"不少本地村民也感到新奇，一名村民说："在县里这么久，第一次亲眼看到演出，热闹有趣，希望县里每年多举办一些文化活动。"

在李一宏印象中，1980年前后是采茶戏演艺活动的高峰期。他所师从的红光剧团于1979年成立。那时，李一宏刚高中毕业，周末便跟着师傅学习拉二胡、曲调、对白演绎等，此后随剧团在乡镇间巡演。1992年，苍梧采茶戏进入发展低谷，剧团解散。直至2016年，采茶戏剧团才重新成立，更名为苍梧县石桥镇采茶剧协会。李一宏因为领悟能力强，便肩负起剧团第五代传承人的重任。和李一宏常年饰演对手戏的搭档黄锦美是苍梧县石桥镇第二初级中学语文老师，"有一次，听到采茶戏音乐响起，我的心便飞起来了"。说起加入采茶戏剧团的初衷，黄锦美仍能清晰地回忆起与采茶戏结缘的起因。

民间艺人守护非遗

苍梧采茶戏是由山区孕育出来的民间小戏，目前还未具备完整戏曲传承体系，全凭民间艺人的热爱和坚守来传承发展。

苍梧县石桥镇采茶剧协会的工作室设在一位剧团戏友的家中。民房的一

苍梧县级非物质文化遗产代表性传承人黄远明（前排中）是剧团的导演/李鸿荣 摄

苍梧县石桥镇采茶剧协会在组织演员排练/李鸿荣 摄

楼只有 20 多平方米，开设有旅行社、民办诊所等，"苍梧县石桥镇采茶剧协会"的牌匾也与其他招牌放置在一起。

每当组织排练时，只需要一声通知，剧团成员便从邻村赶来会聚一堂。10 多个人挤在一楼的过道，几平方米空间中，敲奏乐器，唱响山茶歌，场面令人震撼。

剧团有成员笑着说："大家聚在哪里，剧团就在哪里。"简单条件练就真本事。这天，李一宏开着摩托车从近 20 公里远的家中前来，车上放着一个纸箱，里面道具备全。只见他一手挤上妆料，一手拿着镜子，手法娴熟地画上戏脸，套上戏服，很快实现"变妆"演出。

"这两年来，我们接到两广一些地区的演出邀约，年均有近 30 场演出。剧团每个月固定 9 天排练，每晚 8 点半排练到 11 点，有演出任务时则每晚都排练。"唐子兴是苍梧县石桥镇采茶剧协会会长，乐器、表演样样精通。面对社团的发展，他认为虽然目前是渐入正轨，但对未来依然有忧虑："目前，剧团成员绝大部分是中老年人，以 60 后为主，85 后已是最年轻的了，部分成员还有本职工作。每场演出费摊下来，分到每个人的手上并不多，有的时候甚至还入不敷出，需要自己掏钱垫付。所以，大伙全靠对采茶戏的热爱来坚持。"

走出困境谋求突破

据了解，苍梧采茶戏的剧本编写都依靠老一辈手写，代代相传。目前，传承人将原剧本根据时代发展需要做了推陈出新。"由于缺少年轻血液，成员职业、所属村组各不相同，文化水平也参差不齐，单靠剧团自身力量，要创作新剧目难度很大。目前，剧团上演的采茶戏剧本仍较为单一，缺少创新。剧本创作若不能及时满足社会需求，采茶戏的受众或许只能停留于此。"在苍梧县石桥镇采茶剧协会工作室里，唐子兴感慨道。

记录与发展已是走出困境的开始。唐子兴拿出为数不多的关于苍梧采茶戏的材料，其中有一本是 1980 年编印的《苍梧文艺民间曲调选集》，里面记录："沙头、石桥等公社的同志做了许多采访、说谱、填词的工作，并收集了走马调、月令调、刘海调、绣花调等 60 多首采茶曲调，供音乐、戏曲工作者和采茶戏爱好者学习参考之用。"

为了将苍梧采茶戏文化重新发扬光大，2007 年，苍梧县人民政府专门成立了非物质文化遗产普查领导小组，进行采茶戏的资料收集整理工作。2010 年，苍梧采茶戏被列入第一批梧州市级非物质文化遗产代表性项目名录。2012 年，苍梧县有关部门积极扶持辅导村级业余团队，派出专员为民间剧团辅导、创作剧本。2013 年，苍梧采茶戏成为苍梧县重点打造的地方特色文化品牌。2015 年，苍梧县建立了县、市两级采茶戏传承人工作责任传承体系，并给予资金扶持。2016 年，苍梧采茶戏被列入第六批自治区级非物质文化遗产代表性项目名录。

"未来，我们希望深入挖掘传统采茶戏相关资料，并整理、造册、存入数据库，形成传统采茶戏传承的有效机制，用来培养传统采茶戏民间艺术人才和团队，逐步推进采茶戏进乡村、进校园、进社区、进景区等惠民演出活动，加深人们对苍梧采茶戏的了解。"苍梧县文化馆是采茶戏的保护单位，据有关负责人介绍，馆内设置了非物质文化遗产保护中心，不定期组织开办采茶戏技艺传承培训班。近年来，苍梧县人民政府据国家对非物质文化遗产的保护政策及保护条例，针对采茶戏制定了五年保护计划，每年财政预算中有 2 万元至 5 万元专项经费用于支持采茶戏的传承、传播活动，以及对乡镇采茶戏排练场所进行修缮。此外，苍梧县还成立了采茶戏研究会，对苍梧采茶戏历史文化、表演艺术等进行深入研究，编写教材。

　　一出茶戏一丘田，春夏秋冬任尔耕。苍梧县百年流转的韵味，留存在曲调音律中，流淌于市井人情里，等待薪火相传。

苍梧采茶戏梧州市级非物质文化遗产代表性传承人李一宏（台上左一）与团队表演采茶戏／欧阳灿　摄

一生情系采茶戏
——访苍梧采茶戏县级非物质文化遗产代表性传承人黄远明

　　在苍梧县石桥镇采茶剧协会的排练现场，或是该协会外出表演的幕后，总能看到有一位专注于指导演员表演和控场的人。大家都笑称她为"导演"。殊不知，这位低调的、默默站在边上为剧团陪练候场的人，就是苍梧县级非物质文化遗产代表性传承人黄远明，与采茶戏有着深深的情缘。

　　"比起自己没有舞台，我更担心采茶戏因后继无人而没落。"黄远明说，自己18岁起便跟随石桥镇的采茶戏团到各县各村巡演，因为身材苗条、样貌端庄，担任过《金玉奴》《香罗带》等戏曲主角。由于采茶戏有很长一段时间被人遗忘，她不得已回到日常生活中，但心里总感觉缺少点什么。

　　2016年，得知戏团重建，黄远明兴奋不已，重新加入剧团一起演出。"以前基本上每个村都有采茶戏班子，现在还在唱的只剩下我们这些老人了。我们那一代人年轻时文化程度都不高，唱戏靠口口相传。现在年轻人都不愿意留在村里，对学采茶戏的兴趣也不大，我愿意教，但没人愿学。"眼里流露出些许落寞，但是她仍抱有信念，在苍梧县石桥镇采茶剧协会中尽心尽力传授采茶戏知识，为每场演出把好关。

好戏总会有观众
——访苍梧采茶戏爱好者黎伟华

黎伟华是一名85后，是苍梧县石桥镇采茶剧协会中最年轻的成员。

"我是被村委会主任介绍进团的。小时候，我经常跟大人一块看戏，现在工作稳定下来，有时间也有兴趣，就想尝试看看，结果慢慢爱上了表演。"黎伟华是苍梧县石桥镇胜利村的一名村干部，还独自经营着一家诊所。一开始，毕业于医学专业的他对表演艺术一窍不通，闲暇时间便跟剧团里的师傅请教乐器、表演等知识。

"我想把这个事情做好。剧团排练时，我坐在师傅旁边看边学，把吹拉弹唱的基础学好。演戏时，遇上肢体僵硬等问题，师傅就亲自演示，手把手地教会我每一个动作。"现在，黎伟华已经可以跟着剧团到各处巡演，他在《选女婿》《三拜花堂》等选段中演绎的书生颇受观众欢迎。

采茶戏巡演受众面较为小众，乡镇间的巡演场地多为只能容纳30人左右的小舞台。黎伟华坦然地说："总会有人看的，我想把这件事情做好，更希望苍梧采茶戏未来能走上更大的舞台。"

竹芒绕指尖
文织展华章

经纬篾片，上下交织，历代岑溪匠人们将竹子的风雅浓缩成一件件做工精致的艺术品，让指尖竹篾"活"起来，记录下一代代人的生活印记

竹芒编手工技艺

竹芒编织手工技艺是流传于岑溪地区的一项传统手工技艺。它源于人民群众的生活习俗、生产劳动，长期传承于民间，重点区域是南渡镇，并分布在大业、梨木、归义、水汶、岑城、筋竹、糯垌、三堡、大隆等镇，有着悠久的历史。

岑溪竹芒编织制品用途广泛，主要制品有竹柄芒扫、工艺扫、竹椅、竹篮等生产、生活用品及工艺品，品种有1800多个。2014年，竹芒编手工技艺被列入第五批自治区级非物质文化遗产代表性项目名录。

吴小华　卢炳天

　　傍晚时分，在南渡镇古朴的街道上，四处飘散着淡淡的烟火味和竹子特有的清香，往深处走，接连几家店铺大门敞开，里面的群众忙着编织竹制品。这门技艺既凝聚着历代手艺人的智慧，也寄托着人们对美好生活的向往。

　　岁月流逝，一代又一代的岑溪人用指尖技艺赋予竹芒更多全新的形态，在穿插编织、经纬交错之间不断谱写竹芒编织技艺的华章。

匠心独运，指尖竹篾"活"起来

　　夏日，行走在岑溪市南渡镇的乡间小道上，可以看到黄华河两岸的竹子青翠修长、枝叶扶疏，一股清雅之感扑面而来。

　　岑溪市有义昌江、黄华河两条江河贯穿境内，自然资源丰富，竹林随处可见，于是孕育和催生了岑溪竹芒

破篾后，竹片被劈分成更薄的薄片／陈凡 摄

将破好的竹篾编织起来／陈凡 摄

编织这一传统手工技艺。

"岑溪的竹芒编手工技艺经历了漫长的自然存在阶段，20世纪70年代后，经济发展促进了该技艺的繁荣。"岑溪市文广体旅局文物和非物质文化遗产保护股负责人欧晓斌说。据《岑溪市志》记载，"岑溪市内竹芒编主产区是南渡镇，有悠久历史"。

"早在民国时期，南渡镇几乎家家户户的村民干完自家地里的农活后，都会上山砍竹，把一捆捆竹子背回家。"欧晓斌说，"竹子可塑性很强，南渡镇群众通过指尖编织让竹编文化走入寻常百姓家。"

选竹、砍竹、破竹……竹芒编手工技艺看起来简单，其实做起来却烦琐复杂。镇上的群众罗芬葵从一捆竹子中选择了一根竹龄合适的竹子，接着用篾刀将长长的竹子劈片、削条、去皮、破篾。

"竹编原料制作过程中，破篾是一项十分考究技术的工序。"罗芬葵指着刚制作好的竹篾说，"破篾需要把去了青皮的竹原料加工成篾丝或者篾片，且在厚薄、粗细上都有严格要求，根根竹丝都要厚薄均匀、粗细一致。"

穿插编织、上下压挑、经纬交错，十几分钟后，一件手工竹编半成品就在罗芬葵手中诞生了。

"一件竹编作品从破篾到成品大体可分起底、编织、锁口等工序，皆为纯手工制作。"岑溪市南渡全兴编织工艺厂（简称全兴编织厂）相关负责人冯一介绍道："编织出成品后，还要经过浸药、配制颜料、晒干等工序后才能交货。"

炊烟袅袅升起，尽是人间烟火气。历代岑溪匠人们将竹子的风雅浓缩成一件件巧夺天工的艺术品，让竹篾"活"了起来。

华丽蜕变，竹编融入"新"材料

竹筐、簸箕、糠筛……夏收时节，在南渡镇田野里，晒谷场内，竹编制品随处可见。

"岑溪传统的竹芒编织材料有竹子、芒、藤等，而南渡镇主要是用竹子作为原材料，竹编制品畅销国内山西省、天津市等省市，还远销东南亚、欧美等国家和地区。"冯一说。

据冯一介绍，南渡镇的竹芒编织产业发展也曾受阻。为了破除这一困境，冯一和其徒弟莫英连不断尝试各种方法。

"传统竹子编织的产品要按照商家的要求定制模具才能编织，并且这项技艺只能纯手工制作，生产效率不高。"莫英连表示，必须找到可以替代竹篾的编织材料。

2009 年的一个契机，让冯一经营的全兴编织厂的产品实现了华丽的蜕变。

"当时我在浙江省一个产品交易会上遇到了专门生产纸布、纸绳的商家。"冯一表示，他们生产的纸绳刚好适合替代竹子用于编织各种产品。

相较于传统的竹芒编织，纸绳编织材料轻便、工序简单、防霉防虫且编织方式灵活多变，非常符合现代人的需求。

2016年，随着梧州六堡茶产业的兴起，色彩斑斓的纸绳编织品大受茶商的欢迎，让莫英连更加坚定了用纸绳替代竹子作为编织材料的信心。

竹篓、提篮等竹芒编织品像一件件精美的艺术品／陈凡　摄

"现在，无论是纸绳编织品还是竹芒编织品，都逐步从全手工编织时代进入了半手工编织时代。"莫英连表示，在编织手工艺品之前，他们都会先用铁线焊好框架，然后在这些框架上进行编织，这样不但可以简化工序，还能让传统的岑溪竹芒编织技艺在创新中发展。

赓续文化，激活产业"增"效益

正值暑假，岑溪市南渡中心小学四年级学生封华耀经常到莫英连所在的编织厂边玩耍边学习竹芒编手工技艺。

"我对竹芒编织技艺很感兴趣，平时我妈妈经常在家编织一些竹制品。我们学校每个星期都会开设两节竹芒编织手工课，我觉得一根竹子能编出那么多东西，很奇妙。"封华耀说。

几年前，竹芒编织技艺开始引入纸带做材料进行编织，以满足市场需求／陈凡 摄

"学校编写了一套完整的竹芒编织教材，并且开设了竹编织校本课程，以兴趣班的形式开展竹编织教学。"南渡中心小学常务副校长陈安锋表示，这样既能培养学生的动手动脑能力，又可以把竹芒编手工技艺这项非物质文化遗产保护好、传承好。

岁月流逝，过去南渡镇竹芒编织的繁盛场景如今在老一辈人的眼里已逐渐变成回忆。没有龙头企业带动、现有的从业者老龄化严重等原因都成为竹芒编织技艺发展中遇到的瓶颈。

"传统手艺想要在快速发展的当下生存，必须突破创新。"岑溪市南渡辉发工艺制品厂的相关负责人黎贵淼表示，作为岑溪竹芒编织产业的龙头企业，他们要创新地结合现代审美，大胆跨界，不断改变编织品外形、结构。

独具民族特色的竹编产品、古色古香的纸绳编织篮、形状各异的竹芒园林挂饰……在岑溪市南渡辉发工艺制品厂产品展示大厅内，展示着上千种编织的样品。"符合时尚潮流的编织产品在国内外大受欢迎，2022年公司的年产值超过600万元。"黎贵淼说。

为了促进竹芒编织规模化、产业化、品牌化发展，岑溪市以南渡镇作为激活竹芒编织产业的试点，通过"企业＋农户"的模式，将全镇农闲时农村8000多个富余劳动力转移到从事竹芒编织生产队伍中，编织工艺生产几乎遍及全镇各村，越来越多年轻人加入竹芒编织队伍。

如今，竹芒编织产业成为南渡镇经济发展中起到积极作用的主力军，竹芒编织产业效益进一步增加，传统技艺逐步回归大众视野，竹芒编手工技艺不断焕发新的生机与活力。

田间地头是讲台
——访竹芒编手工技艺自治区级非物质文化遗产代表性传承人莫英连

"小时候，我妈妈经常手把手地教我基础的竹芒编织技术。"谈起那些逝去的时光，竹芒编手工技艺自治区级非物质文化遗产代表性传承人莫英连声音变得哽咽，"14岁那年，我就已经学会了竹芒编织。"

1980年，16岁的莫英连为了规范地掌握竹芒编手工技艺，先后跟随第四代非物质文化遗产传承人梁富有和第五代非物质文化遗产传承人冯一学习竹芒编手工技艺。经过日复一日的努力，莫英连的竹芒编织手工技艺日趋娴熟，光她自己设计、制作的产品就有450多种。

如今，作为自治区级非物质文化遗产代表性传承人，莫英连要如何传承发展竹芒编手工技艺呢？"要让更多的年轻人接触和掌握这项工艺。"她说。为了更好地推广竹芒编织文化，她经常到岑溪市职业中学开设的职教班讲授竹芒编手工技艺，同时为岑溪市各个中学艺术班的学生讲解竹芒编织的传统文化。"田间地头、乡间小道都是我的讲台。"莫英连说，她还经常到各个工厂、村庄去教授村民编织技术，"只要别人需要我去讲解竹芒编手工技艺，我再忙也会抽空去。"

从2012年开始，莫英连通过各种形式不断推广岑溪南渡竹芒编。2018年，她设计的"苹果篮"进入了第五届中国非物质文化遗产博览会传统工艺比赛决赛，是广西唯一进入决赛的作品。"未来，我会肩负起非遗传承人的这份责任与担当，把岑溪的竹芒编手工技艺代代传承下去。"她坚定地说。

巧手编织为情怀
—— 访竹芒编手工技艺梧州市级代表性传承人罗敏

对于竹芒编手工技艺梧州市级代表性传承人罗敏来说，竹芒编织不但是一项谋生的技艺，更是一种追思和情怀。"从我记事起，亲人们都会在闲暇时间坐在一起一边聊天，一边编织一些竹制品。"罗敏表示，竹芒编织这项技艺几乎贯穿了她的童年和青春。

1995年，20多岁的罗敏开始跟随莫英连学习竹芒编织技艺。由于竹编工艺会伤到手，刚开始学习时的罗敏，手指经常开裂、起倒刺，但她却从未想过放弃。谈及为什么要从事这个行业时，罗敏自豪地说："因为喜欢这个行业，所以就一直坚持做着。"

削竹片时手指被刀划出血；破竹篾时手掌因扎进竹刺而化脓；编织竹芒制品时双腿被竹芒刮伤……罗敏那伤痕累累的双手，是无数条竹篾在她手上留下的伤痕就是最好的证明。

为了更快地掌握这项技艺，罗敏只能私底下一遍一遍地练习。"那时我在工厂里面一边工作，一边跟在莫英连老师身边模仿学习，但在学习的过程中难免受伤。"

俗话说，熟能生巧。从一开始半天都难以编出一个竹篮底盘，到渐渐可以协助编出竹笼、簸箕等多种竹制品，不懈的坚持和努力，让罗敏的技艺不断提高。2023年，她凭借精湛的编织技艺获得了"梧州好工人"的称号。

如今，罗敏和莫英连经常到各个学校、村庄去讲授竹芒编手工技艺，让岑溪竹芒编织文化走得更远。

平腔唱船歌 吟诵动人心

藤县水上船歌的唱腔真挚感人，水上居民用这种独特的艺术形式，为枯燥而劳苦的打鱼生活带来一些欢乐点缀，增添几朵浪漫水花

水上船歌

在藤县，水上船歌具有悠久的历史。这是在藤县的濛江、太平、藤城、南安、赤水等地区沿着浔江、蒙江、北流河一带以打鱼为生的水上居民群体中传唱的民间歌谣，广泛传唱于船家行船和婚嫁等场景，有较为固定的演唱程序，运用藤县的地方白话演唱，采用比拟、夸张、诙谐的方言，朗朗上口。

藤县水上船歌属于平腔民歌，旋律平稳、吟唱性强是其演唱特点。歌谣主要包括《水路歌》和《婚嫁歌》。《水路歌》的内容是整个珠江流域的航道、水文、地理等航行相关情况，用歌谣的形式代代传授，指导航行，在行船中吟唱。《婚嫁歌》在船家嫁娶中尤为盛行，根据婚嫁习俗的进程即兴诵唱，内容主要有感谢父母的《九托花楼歌》、赞美新娘的《十叹新娘歌》，还有《礼船盘歌》《离亲过船歌》《拜堂点烛歌》《敬酒歌》等。

可以说，藤县水上船歌对研究浔江乃至西江流域水上居民的生活习俗和水乡民间音乐具有重要的参考价值。2008年，藤县水上船歌被列入第二批自治区级非物质文化遗产代表性项目名录，目前共有2名自治区级代表性传承人、5名市级传承人。

冼振宇

藤县水资源丰富，聚居了一群世代以打鱼为生的水上居民，孕育出有特色的水文化，其中较为经典的当属藤县曾经居住在船上的群众广泛传唱的水上船歌。

打鱼劳作累了，在宽阔的江面上高歌一曲，把自己对生活的感悟尽情抒发出来；水上居民举行婚嫁仪式时，嫁娶双方家族中各派出歌队来对歌……藤县水上居民用水上船歌这种独特的艺术形式给枯燥而劳苦的打鱼生活带来一些欢乐，为简朴而单调的船上生活增添几朵浪漫水花。

然而，随着时代发展和生活方式改变，水上船歌也面临着传承难的考验。近年来，几代水上船歌非物质文化遗产代表性传承人与藤县文化馆经过多番探索，让水上船歌以符合现代观赏的舞台形式来演绎，使这种独特的传统文化传承得以延续，并继续散发其文化魅力。

地方特色浓郁

端午节前后，恰逢藤县水上船歌表演旺季，水上船歌自治区级代表性传承人岑月凤带着一支约 60 人的歌队，活跃在当地乡镇、社区舞台。

"亚爹又亚嫂，你吃粥点盐养大女，今日养娇长大去侍他人……"岑月凤对于船歌张口就来。她说这首歌叫《叹父母》，一般在水上婚嫁仪式上，娘家人即将送新娘子出门时所唱，用哭嫁歌调表达娘家人对新娘子离家的依依不舍之情。

岑月凤介绍说，古时候水上人家用一艘稍大的船作为住家船，然后派出一艘小船去接新娘。前来接亲的小船与嫁女儿的住家船双方要对歌，以一唱一和、一问一答的方式摸清对方家庭情况和为人处世的态度。

"水上船歌所唱的内容都与老百姓生活密切相关。"岑月凤说，在她幼年时，水上人家嫁娶双方的对歌从第一天晚上 7 时开唱，一直唱到次日上午 10 时许，其间会把感谢父母养育之恩、感谢亲戚朋友前来祝贺的好意，以及祈祷婚礼举办时天气晴好、祝愿新婚生活如意等各种心情一一唱遍。在对歌中，双方增进了情感交流，能更好地结为一家人。

岑月凤说，渔民在劳作过程中，也会唱《水路歌》《打渔歌》等作为休息时的娱乐；在节假日举行对歌活动时，他们也会以《叹船家特色饮食》《船家蒸粉歌》等歌曲向社会公众介绍水上居民的特色生活。到了现代，尤其是近年来，水上船歌又增加一些与时代紧密相连的内容，如规劝世人不要赌博，以及宣讲党和政府的有关政策等。

从藤县文化馆提供的有关史料可知，藤县水上船歌的唱词结构一般为两句式，通俗流畅、娓娓动人，有时也不失幽

岑月凤讲述水上船歌的特色／何鎏　摄

默。唱法主要表现为音调顺畅、节奏平稳，音域不宽、情感起伏不大、音色自然。在声腔运用上，不强调以技巧来展示腔调，多以情感来展示唱词，唱歌的人还能将船家人口语中特有的音律与吐字方式巧妙结合，因而唱腔凄婉、真挚感人，具有浓郁的地方特色和独有的水上民俗韵味。而且，原生态的藤县水上船歌全程无音乐锣鼓伴奏，显得朴实自然。

船歌传承失去环境载体

从 21 世纪初期起，原先居住在船上的群众陆续上岸定居。藤县水上船歌这种群众艺术创作形式，逐渐失去赖以传承的环境载体。

岑月凤介绍，水上船歌没有文字记载，唱词大多是根据当时场景即兴创作，以口口相传方式，由老一代传授给下一代。藤县水上船歌第一代传承人何月桂已是 80 多岁的高龄，不会使用电子设备。而水上船歌一众歌队成员正是看中岑月凤会使用电脑打字，使用智能手机拍照、录视频等，才一致推荐她作为领队的。岑月凤退休后，把记忆中的歌词录入电脑保存为电子文档，再打印出来给歌队成员们参考学习，这才使水上船歌有了一些纸质记载。

水上船歌用当地水上人家独有的白话来吟唱。可是，原水上居民在融入县城生活和现代生活之后，日常口音有了变化，其儿孙辈有的已经不讲白话。"缺乏水上生活的体验和从小的耳濡目染，很多儿孙辈渐渐无法理解水上船歌中吟唱的内容。"岑月凤举例说，上岸定居后，儿孙辈无法理解以前水上人家的生活，也就难理解打鱼人苦中作乐的水上船歌创作灵感。还有，以前水上人家的新娘出嫁后，很难有机会再回到娘家的船上，水上船歌的哭嫁习俗就要表现其依依惜别的悲伤情调，但如今讲究自由恋爱、男女平等，年轻人也没有了哭嫁的经历。

藤县水上船歌歌队队员苏文姬也出生在水上人家。她认为，水上生活方式日渐式微是水上船歌不再流行的主要原因，加上现代生活中娱乐休闲活动丰富多彩，像她女儿那一辈就很少有人愿意学唱这种艺术形式古老的船歌了。而她如今年事渐高，也无法像年轻时那样船头对歌张口就来，在广西"三月三"、端午节、龙母诞等传统节日参与水上船歌表演时，她也要向传承人岑月凤取来歌词，再加以排练。

舞台表演成为展现形式

"舞台表演形式可能是藤县水上船歌在当代最为合适的展现形式。"经过近 10 年的传唱和表演，岑月凤总结出这一传承经验。

无独有偶，藤县文化部门与传承人岑月凤有着同样的想法。藤县文化馆很早就关注到了藤县水上船歌。20 世纪 60 年代，该馆音乐辅导员黄子光整理后创作出白话小歌舞《撑的歌》，在梧州地区文艺会演中表演并引起轰动，使藤县水上船歌开始受到社会关注。这也是梧州市首次把藤县水上船歌通过表演艺术形式在舞台上展现。

据藤县文化馆史料记载，由藤县文化骨干力量创作并演出的藤县水上船歌系列曲目，近年来在各级比赛中都获过奖项。2011 年，歌曲《水上民歌》在"2011 畅享民歌"活动中获自治区级优秀奖。2012 年，音乐作品《原生态疍家歌》在中国民间文艺家协会与广东省文联联合举办的中国首届水上民歌大赛中获金奖。这也是藤县水上船歌在全国性民间艺术演出中获得的最高奖项。2015 年，藤县创作的《疍家歌》获得第十七届"八桂群星奖"银奖。2017 年，水上船歌作品《疍家谣》亮相广西卫视元宵晚会，并在 2018 年的"八桂民俗盛典——广西优秀民间艺术表演"评选活动中获得"十佳作品奖"。2019 年，《原生态疍家歌》的表演团队应邀参加北京市庆祝中华人民共和国成立 70 周年系列表演活动。

《婚嫁歌》在船家嫁娶中尤为盛行，根据婚嫁习俗的进程即兴诵唱，内容主要有感谢父母和赞美新娘等/朱斌发　供图

　　据藤县文化部门统计，如今全县拥有相对固定的水上船歌演唱队5支，共有120多人。苏文姬说，在文化部门的大力宣传推广下，近10年来，水上船歌表演一直活跃在民间传统节日的展演舞台上，平均每年有10场演出。

　　近年来，梧州市大力开展戏曲进校园活动，藤县县委、县人民政府把藤县水上船歌作为一种地方特色戏曲艺术，培训藤县中小学教师和学生传唱。在藤县文广体旅局、藤县文联组织举办的戏曲艺术人才（骨干）培训班上，也把藤县水上船歌作为其中一项培训课程，从而使水上船歌这一民间艺术的社会知晓率得到进一步提高。

　　一首船歌一段情，山悠悠，水也悠悠。未来，我们期待藤县水上船歌登上更大的展演舞台，走向山那头、水那边的广阔天地……

自制道具　谋求演出好效果
——访水上船歌自治区级非物质文化遗产代表性传承人岑月凤

岑月凤 50 多岁，外表瘦弱，谁料一开嗓，歌声清脆嘹亮，余音绕梁。她说，尽管水上船歌一直是水上人家的一项休闲娱乐活动，但到了 20 世纪 70 年代，由于生活环境的改变，曾一度中断，到 2000 年后才重新以群众艺术的形式恢复表演。如今尚存的水上船歌大多数是由藤县当地曾经生活在水上人家的妇女凭记忆总结、提炼而成。

退休后，岑月凤与曾经在水上生活过的妇女一起回忆水上船歌的歌词，完善曲调韵律，将不同内容的歌词整理成相对统一的格式，努力传承和发扬这种民间艺术。为了向观众呈现水上船歌的经典场景，她借鉴舞台表演艺术采莲船的演绎形式，自筹资金制作舞台木船、展现水上生活的表演戏服以及相关道具，务求让观众感受到亲临水上人家欢乐吟唱、欢快对唱的生活场景。

"虽然藤县水上船歌已经失去水上生活的环境载体，但是，群众艺术舞台给了它第二次生命。舞台表演形式让藤县水上船歌得以传承下去，希望更多的观众能通过观看表演感受其艺术魅力，了解水上船歌这项自治区级非物质文化遗产。"岑月凤说。

坚持演出乐传承

——访藤县水上船歌演员苏文姬

2023 年 6 月下旬，刚参加完端午节藤县水上船歌表演的苏文姬，对台下观众认真倾听的情景印象深刻，这也增加了她要把水上船歌传唱和传承下去的信心。

苏文姬与岑月凤在同一个文艺社团。文艺社团成员里，多是原来水上人家的妇女，大家一起唱歌，格外有亲切感，对歌词展现的水上生活情景也非常熟悉，传唱起来更是得心应手。苏文姬说，近几年来，大家会选择传统节日，以舞台表演的形式展现水上船歌的艺术魅力。每次接到表演任务，大家都非常高兴，集思广益完善唱词，围坐在一起排练唱歌。在这种积极传承的氛围中，令她大受启发和感染。

对于吟唱水上船歌，苏文姬大多能做到即兴创作。如今，她膝下已有女儿和外孙女，平时在家练习唱水上船歌，女儿和外孙女也会在一旁倾听，但她们还做不到跟着吟唱。"女儿忙着工作，没有时间跟我学，外孙女连藤县白话也不太会说。"苏文姬说，像她以前那样跟女性长辈学唱船歌的家族传承方式，不太可能在女儿和外孙女这些后辈身上继续传下去。但是，她认为，只要大家坚持练习，通过舞台表演进行传播，就能吸引到懂得欣赏这项民间传统艺术的知音。

竞技拔头筹
场中数英豪

从明朝后期至今，每年农历三月初三，苍梧人民

都会在石桥镇龙岩举行抢花炮活动，祈求新的一年

五谷丰登、风调雨顺、国泰民安

苍梧抢花炮习俗

抢花炮是流传于广西梧州市苍梧县、岑溪市，柳州市三江侗族自治县、融安县等以及周边地区的一项民间传统活动。从明朝后期至今，每年农历三月初三，苍梧人民都会在石桥镇龙岩举办抢花炮活动。这项活动逐渐成为深受当地群众喜爱的民俗活动项目。苍梧抢花炮于2016年被列入第六批自治区级非物质文化遗产代表性项目名录。

苍梧抢花炮历史悠久，是一项规模宏大、颇具特色、群众喜闻乐见的大型民间民俗活动。苍梧县民间举行抢花炮活动，目的是祈求新的一年五谷丰登、风调雨顺、国泰民安，在活动中抢到花炮，寓意新的一年添福禄寿、丁财贵旺样样齐全。

抢花炮始于明末

传递、掩护、假运动、搂抱（合理部位）、抢截……为备战苍梧县第十四届抢花炮比赛，苍梧县石桥镇石桥村的队员们正在训练场上苦练"抢"技，全力以赴投入集中训练。

"抢花炮是老祖宗留下来的传统，大家祈祷风调雨顺、五谷丰登、丁财两旺，是对美好幸福生活的一种渴望。"已过耄耋之年的石桥村村民陈传道从小就开始跟着父母学习抢花炮。他介绍，从 1988 年至今，当地举行了 13 届抢花炮比赛。30 多年间,抢花炮活动从组织形式、比赛模式,到花炮样式,都伴随着时代发展而不断发生变化。

据《苍梧县志》记载,明末穆宗年间,石桥龙岩就举行炮会。传说真武玄天大帝——北帝(俗称帝爷公)曾显灵于龙岩,驱邪辟妖,荫福黎庶。苍梧县百姓为祈福而奉祀北帝,于明末穆宗年间,在龙岩建造了一座北帝神殿,并于北帝诞辰日(农历三月初三的上巳节)举行祭典。

"抢花炮活动每三年举办一届。2010 年以前举办的抢花炮活动都是群众自发组织的。2013 年起,石桥镇人民政府参与举办活动,这届抢花炮活动也成为苍梧县历届活动中最为鼎盛的一届,活动辐射至周边木双、梨埠、沙头、旺甫等镇,吸引了 3 万多名群众参加。"苍梧县文化馆馆长覃国华说,由于活动规模大,群众参与性强,一届比一届内容丰富,参与人数不断增加,这项活动成为当地群众不可缺少的风俗文化活动。

陈传道还记得,第一、第二届抢花炮是通过舞狮的形式争夺花朵和柚子,从第三届起,花炮则成了直径 6 厘米、用红色布条缠绕扎紧的铜铸圆形炮箍,主办方把花炮放进火药铁炮中,再把花炮射向近 10 米的高空,供人抢夺。此举不但增加了抢花炮的难度,也使得比赛更具观赏性。近年来,抢花炮比赛借鉴了足球、篮球、橄榄球等比赛的规则,逐步形成如今更加完善的比赛模式。

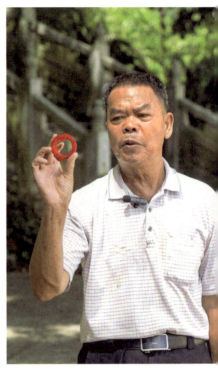

苍梧抢花炮自治区级非物质文化遗产代表性传承人林革新展示比赛使用的花炮/陈凡 摄

抢花炮开始前,将用红布条包裹的铜铸圆形炮箍放在铁炮上,准备发射花炮/陈凡 摄

抢花炮讲究技巧

据了解，在龙岩景区里，抢花炮是在直径为 20 米的圆形场地内进行比赛的。参加比赛者以村为单位报名，平均一支队伍有 10 至 15 个人，只有 18 岁以上的成年人才能参加。整场比赛进行约 30 分钟，活动当天还会有采茶戏、鹿儿戏、舞狮、麒麟白马舞等文艺演出，以及彩车游行等各种各样的表演。其间，数万人自愿参与、连绵数公里的彩车队伍蔚为壮观。

石桥村村民卢伟波从小就受到父母的影响，活跃在抢花炮比赛的文艺演出队伍中。如今，30 多岁的他也是抢花炮的一员。他说："经过一系列科学的训练，体能上我不输其他队员。只要我还能抢，我就会一直抢下去。"

按照苍梧县当地习惯，花炮被抢后，按"丁、财、贵、寿"不同主题分别供奉祈福 / 陈凡 摄

抢花炮比赛不但强调体能，更讲究技巧。石桥村村民袁翠松是苍梧抢花炮县级非物质文化遗产代表性传承人。如今已从参赛队员转成裁判员的他，一边模拟动作，一边介绍自己多年抢花炮的心得："花炮传递越多越快，越能迷惑对方，因为对方不知道花炮在谁的手里。"

目前，苍梧抢花炮各级代表性传承人共3人，其中，年龄最大的已经70多岁，抢花炮传承方面正面临严重的断代问题。"目前实力较强的选手依然是老一辈运动员，而年轻一代人数、技能等跟不上，让这个项目难以更新换代。"覃国华说，希望有关部门能加大传承和保护民族传统体育文化的力度，将相关项目列入学校日常体育教学课程中，甚至可以在中小学中开展"非接触式抢花炮"教学，培养学生的灵敏性、协调性、观察力，以及团队配合的能力，在传承少数民族传统体育项目的同时，全面提高中小学生的身体素质。

传承人走进校园

2023年4月19日，苍梧县第一届民族团结进步体育运动会在石桥镇第二初级中学举行，其中，抢花炮也是运动会的子项目。在活动现场，当炮圈冲上天空，学生们一拥而上，奋力抢夺。

近年来，苍梧县委、县人民政府积极采取措施对石桥"三月三"抢花炮活动的生态环境进行保护，并组织相关专家、学者，成立相关研究会，对抢花炮活动进行深入研究，出版研究成果，对这一非物质文化遗产进行真实、全面、系统地记录。

同时，苍梧县通过邀请非遗传承人进校园开讲座、建设非遗学生社团、开设非遗公选课等多种形式，为学生搭建了解非遗文化、学习非遗技艺的平台，推进非遗进校园活动常态化开展，让传统文化薪火相传。

抢花炮考验体力与策略，是一项"勇敢者的运动"/潘绍珊 摄

　　"希望民族体育项目能够像篮球、足球等常规体育项目一样被纳入学校体育教程中，为民族体育项目培养更多种子选手和专业教练。"苍梧抢花炮自治区级非物质文化遗产代表性传承人林革新建议，希望通过多举办相关赛事，让更多群众关注并爱上抢花炮这项民族体育项目。

　　在社会各界的支持下，抢花炮作为苍梧县的特色民间民俗活动，将越来越受到广大群众的喜爱。

走进校园传技艺
——访苍梧抢花炮习俗自治区级非物质文化遗产代表性传承人林革新

从 1988 年举办第一届苍梧抢花炮比赛起，林革新就担任抢花炮节筹委会会长、抢花炮队队长和顾问，是每届抢花炮活动的主要策划和组织者之一。如今年逾古稀的他，依旧在为传承和发展"壮族三月三"民俗活动而努力工作，为打造龙岩旅游文化和活跃人民群众的精神文化生活而默默奉献。

除此之外，林革新不仅在队伍里承担着以老带新的责任，还在校园里组织民族传统体育运动。在他看来，传承民族传统体育运动，就是要让一代又一代的人能爱上并参与其中。"抢花炮是勇敢者的运动，是特别具有男子汉气概的一种比拼，我们要以德抢炮，技巧夺魁。"他说，"抢花炮那种拼抢的对抗感比其他运动更激烈，特别是'团魂'被点燃时，为了队友、兄弟战斗到最后一秒的感觉令人很感动。"

如今，当地政府部门已大力推动非遗活动进景区、进校园等活动。作为组织者以及裁判员中的一员，林革新希望能把自己的经验传承下去。

拼尽全力方取胜
——访苍梧抢花炮习俗县级非物质文化遗产代表性传承人朱卓锦

"为了保证能在比赛中发挥出最佳水平，我每天除了和队友们一起训练，还会额外增加一些力量和耐力的训练。"从2003年开始参加抢花炮活动的朱卓锦，谈起以前的比赛仍历历在目。他从小看着父亲在村里抢花炮，作为资深"主攻"，在赛场上奋战了10多年。如今，朱卓锦也担任了裁判员。近两年，他受到广东佛山市狮山镇的邀请去参加抢花炮大赛，相互交流学习。

朱卓锦说："抢花炮对抗性很强，上了赛场，就必须拼尽全力、团结协作才能战胜对手。"他表示，抢花炮不仅是一项非物质文化遗产，也是一种精神财富和文化符号，我们要重视发挥它的内在价值，通过大家共同参与非遗项目的实践，促进文化传统与民族习俗的和谐共融。

看到家乡人对抢花炮热情不减，朱卓锦表示，作为抢花炮活动中的年轻一代，他希望通过大家共同努力，让更多的人了解并喜欢这项独特的民族传统体育运动。

滴珠浓甜香 冰泉负盛名

制作梧州冰泉豆浆要经历原材料的选择、洗豆、磨浆、熬制等工序，制作出的豆浆醇滑过舌而不黏，香甜留于唇齿间，具有较高的营养价值

梧州冰泉豆浆制作技艺

梧州冰泉豆浆制作技艺始于民间。据史料记载，它最早见于明代永乐年间，至今已有600多年历史，因取梧州历史名井——"冰泉"之水制作而得名。

梧州冰泉豆浆以黄豆为主要原材料，多年来坚持使用人工扯布筛浆技法和柴火炖煮方式制作，口感醇浓、甘甜、香滑，它的浓度是普通豆浆的3倍，故冰泉豆浆素有"冰井泉香"之美誉。"冰井泉香"是梧州古八景之一，更因唐代著名诗人、容州刺史（曾驻节梧州）元结所作的《冰泉铭》而闻名。《梧州府志》记载："梧州城东有井出冰泉，井水甘凉清冽。"

梧州冰泉豆浆制作技艺具有较高的工艺、文化、历史价值，2007年被收录于《中国非物质文化遗产荟萃》一书中。2018年，梧州冰泉豆浆制作技艺被列入第七批自治区级非物质文化遗产代表性项目名录。

目前，梧州冰泉豆浆制作技艺有自治区级代表性传承人1名、市级代表性传承人2名。

豆浆是中华民族的一大创造，具有特殊的保健作用。据《本草纲目》记载，"豆浆，利水下气，制诸风热，解诸毒"。其具有平肝补肾、润肤减脂等功效，是肥胖以及患有高血压、肿瘤等人群的理想食品。

相传，利用冰井泉水制作豆浆的技艺早在明朝永乐年间就已经出现。从原材料的选择，到洗豆、磨浆、熬制等，传统梧州冰泉豆浆皆为纯手工操作，在民间使用言传身教的方式代代相传。豆浆醇滑过舌而不黏，香甜留于唇齿间，具有较高的营养价值。

滴珠豆浆享誉全国

2023 年 7 月 11 日，笔者来到位于白云山下的梧州冰泉豆浆馆。一进入馆内，假山上刻着的"冰井泉香"4 个字就马上映入眼帘。经过多次翻新装饰后，这里也呈现新的面貌。馆内保留了传统的装修，一张木桌子搭配

人们在冰泉豆浆馆品尝豆浆和美食 / 李鸿荣　摄

四张木椅子，桌面上铺着白色桌布。而取餐模式则保留了自助的方式，客人点餐后自己取用勺子、筷子，然后将豆浆、油条等放在托盘上，端到自己的座位后开始享用。墙上还挂着古法制作的梧州冰泉豆浆工艺流程图，食客们可以一边就餐一边了解冰泉豆浆的由来。

"冰泉豆浆馆坐落的地方以前叫冰泉冲。20 世纪 30 年代，藤县人黄彩洲在这里搭建木屋开店。他用冰泉水制作出的豆浆飘香浓郁、质优价廉，虽然店小、偏僻，仍招引八方食客。"梧州冰泉豆浆馆有限责任公司市场部经理徐诚聪说，20 世纪 50 年代，冰泉饮食店在小店原址上组建，后改名为冰泉豆浆馆，传承了冰泉豆浆的传统技艺。

改革开放后，《人民日报》等媒体曾对冰泉豆浆做过专题报道。著名作家秦牧在品尝冰泉滴珠豆浆后，在《中国烹饪》撰文《赞梧州豆浆》，给予冰泉豆浆高度的赞赏。

"梧州市对包括冰泉冲在内的地域实施"三冲"整治工程后，这一带很多老房子都被拆除了，但我们的店还是被保留了下来。我们保留传统的制作工艺，保留原店址，保留原有的装修风格，就是希望游客们无论什么时候到这里都能尝到冰泉豆浆传统的风味。"梧州冰泉豆浆制作技艺市级代表性传承人姚荣说。

古法制作　技术精湛

2003 年，姚荣来到梧州冰泉豆浆馆工作。之前他是一名点心师傅，来到豆浆馆后开始跟随梧州冰泉豆浆制作技艺自治区级代表性传承人邓钊波学习豆浆的制作方法。

梧州冰泉豆浆选用东北大豆，经过选豆、去皮、泡豆、磨浆、滤浆、煮浆等工序制作而成。虽然原材料只有黄豆、冰泉水和糖三种，但制作工艺非常讲究，每一道工序环环相扣，每一步都不能掉以轻心。

姚荣每一天的烹制工作，从细筛出变质或干瘪的豆粒开始，然后将筛选好的黄豆放入提前取好的冰泉水中，浸泡三至四个小时，待黄豆膨胀后脱壳去皮，研磨豆浆时需要控制好黄豆与水的比例。研磨出来的豆浆还不能马上熬煮，为了让豆浆口感更醇滑，还需要筛浆，用隔纱过滤。

"梧州冰泉豆浆制作技艺的精髓，也就是整个流程中最难的一道工序，是火候的控制。锅中的豆浆用大火烧开后转小火熬煮，放糖并充分搅拌，再用大火熬煮，煮开后再用小火慢熬，即'文武火'三滚三撇。"姚荣说。为了让早上的第一拨顾客能喝到新鲜豆浆，姚荣与徒弟们每天凌晨 4 点左右就要投入工作了。

从第一代传承人黄彩洲至今已有 80 多年了，梧州冰泉豆浆的制作一直秉承柴火熬煮的传统方式，豆浆在慢慢熬煮的过程中不断把里面的水分蒸发掉，直至色泽微黄，乳化变稠。这样煮出的豆浆，不仅保留了黄豆的鲜味，还带有独特的焦香味。"我们1公斤黄豆只能磨出7公斤豆浆，所以冰泉豆浆的浓度是普通豆浆的3倍。"梧州冰泉豆浆制作技艺传承人郭锋用汤匙舀起豆浆，滴落时宛如一串断线的珍珠，因此冰泉豆浆又被称为"滴珠豆浆"。

柴火烧煮、师傅正在煮制豆浆／李鸿荣　摄

扩大宣传　切中需求

　　民以食为天，地方特色美食与旅游经济关系是相辅相成的。许多游客来梧州旅游的目的就是为了品尝梧州特色美食。冰泉豆浆作为梧州的城市名片之一，正是梧州非遗美食项目中的代表之作。

　　多年来，梧州冰泉豆浆制作技艺多次出现在中央广播电视台、湖南卫视和广西卫视的节目中，依托众多媒体对冰泉豆浆的宣传，也让全国各地游客更深入了解梧州文化，让喜欢吃、喜欢旅游的人来梧州打卡。"据不完全统计，全市冰泉豆浆馆在工作日时段每天销量约为3000碗，节假日增加至5000碗，消费群体亦逐渐趋于年轻化。"徐诚聪说，这些年轻人都是三五成团来就餐，而且他们喜欢拍照或制作抖音短视频并发布在朋友圈、小红书等网络媒体上，以多种方式为梧州冰泉豆浆做了许多宣传。

姚荣（中）带领徒弟们在精心挑选黄豆/李鸿荣 摄

　　近年来，许多年轻人开始注重养生，具有丰富营养价值的豆浆也因此成为他们的喜爱。梧州冰泉豆浆制作技艺的几代传承人都曾考虑在保持古法工艺的基础上，将冰泉豆浆以液体形式进行包装销售，希望以此打开国内外市场，但限于技术原因，至今仍未能实现。郭锋表示，下一步他们还将继续加大梧州冰泉豆浆制作技艺的宣传力度，并在营销中注入现代化、时尚化的活力，给顾客以更多的参与感、体验感，使产品更契合消费者特别是年轻人渴望从快节奏的生活工作中"偷得浮生半日闲"的需求，进而让更多人爱上冰泉豆浆。

柴木熬煮为焦香
——访梧州冰泉豆浆制作技艺市级代表性传承人姚荣

梧州冰泉豆浆之所以能驰名两广，吸引全国各地游客来梧州品尝，就是因为几代传承人一直坚持用古法熬煮豆浆，即柴火熬煮。这也是梧州冰泉豆浆制作技艺的精髓所在。

"这20年来，不分周末、节假日，我都是凌晨4点起床，简单洗漱后便开始烧柴火，熬煮豆浆。每天都重复同样的步骤，做重复的事情，煮同样的豆浆，就为了保留那一股浓郁、焦香的味道。"姚荣说，简单的事情重复做，要想做好并不容易。

"师徒制"是非遗传承的一种重要方式。多年来，在言传身教下，姚荣已经收有3名徒弟。他对徒弟的要求很严格，"梧州冰泉豆浆制作技艺只能进步，不能退步。"他要求徒弟们坚持纯手工操作，并要静得下心来学习研究制作方法。精益求精，这也是冰泉豆浆一直深受广大消费者喜爱的主要原因。

40出头的郭锋，跟随师傅姚荣学习梧州冰泉豆浆制作技艺已经有14年了。"冰泉豆浆的原材料和制作工具看似简单，但要熬煮出一锅师傅认为合格的豆浆，我却用了两年时间。"郭锋说，在这两年时间里，他日复一日地站在柴火灶前，点火、翻柴、加火、退火……但"文武火"三滚三撇却一直掌握不到位。

如果用煤气熬煮，不但省了烧柴的时间，而且"文武火"的控制也变得容易很多。虽然曾经有这个想法，但郭锋很快就断绝了这个念想，因为他心中谨记师傅姚荣多年来的教导和坚持——柴火熬煮。

不断失败、总结，再失败、再总结，两年后，郭锋才开始较熟练地掌握熬煮豆浆的全部工序。慢慢地，姚荣开始放手让他独立操作了。如今，郭锋也成为一名师傅，他也像当年姚荣一样带着徒弟边教边做。

"看到如今豆浆馆内食客满堂，食客们喝得开心、吃得放心，冰泉豆浆成为家喻户晓、有口皆碑的小吃，我们作为传承人也感到无比高兴和自豪。毕竟，这么多年的辛苦没有白费。"郭锋说，他的心愿是将冰泉豆浆带出梧州，带到全国各地，让更多人都能喝到冰泉豆浆。

龙母是古代西江流域百越人的保护神，龙母文化铸就的精神信仰在西江流域经历了2000多年的传承，在百姓心中极具魅力

龙母传说

龙母传说在西江流域一带广为流传，至今有 2000 多年历史。据记载，龙母是古代西江流域百越人的保护神，她为西江流域百姓亲试草木研方、医治疾病，带领广大群众开荒耕地、种谷养鱼、治理洪水，赢得了百姓的爱戴。在 2000 多年的流传时间里，龙母传说因地域不同又演化出多种版本，形成了民间信仰。

梧州地区的龙母庙大多建于河流之畔或两河交汇之处，藤县龙母始庙就位于藤县藤州镇胜西村的浔江南畔。相传，藤县龙母始庙所在地便是龙母肉身诞生之地。藤县龙母传说起源于何时今已经无法考证，但史料显示藤县龙母始庙在唐代之前就已经存在，距今已有 1000 多年。现存的藤县龙母始庙建筑是 20 世纪 90 年代初由遗址周边村民在原龙母始庙遗址上自发重建的，群众还自发恢复了纪念龙母的良俗诞祀之礼。

　　藤县龙母始庙遗址历史悠久，具有重要的历史文化价值。2001 年，龙母始庙遗址成为藤县重点文物保护单位。2016 年，藤县龙母诞相关系列活动"龙母出巡"被列入第三批县级非物质文化遗产代表性项目名录，同年被列入第四批梧州市级非物质文化遗产代表性项目名录。2016 年，龙母传说作为民间文学类被列入第四批梧州市级非物质文化遗产代表性项目名录，2018 年被列入第七批自治区级非物质文化遗产代表性项目名录。

　　相传，藤县龙母始庙所在地是龙母肉身诞生之地。千百年间，藤县龙母传说以龙母始庙为原点，持续向周边地区流传。如今，藤县西江两岸的水上居民谈起龙母传说依然如数家珍。

龙母传说广为流传

　　民间关于龙母的传说有多个版本。据现藤县龙母始庙的碑文记载，龙母诞生于楚怀王八年（前321年）五月初八，为藤县一都水东街孝通坊人，姓温。她的父亲是广西藤县人，母亲是广东德庆县悦城人。据说龙母出生时头发就有一尺长，面容丰颐，灵慧异常；成年后能观星罗预测天文福祸；年长后被人称为温媪。

　　一天，温媪到江边去洗衣服，突然看见水中熠熠发光，觉得好奇，便慢慢地走过去查看，只见水中沉着一颗巨型石蛋，于是把它抱起来带回家里，当作宝贝一样珍藏起来。经过7个月又27天，那颗石蛋忽然裂开，5条蛇状物种从中蹿出。温媪就像母亲对待自己的孩子一样细心喂养它们。它们长大后，温媪惊讶地发

藤县举办龙母诞龙母出巡活动／陈凡　摄

藤县龙母始庙／陈凡　摄

龙母传说自治区级代表性
传承人李明远/陈凡 摄

现它们原来竟是 5 条活灵活现的小龙。5 条小龙感谢温媪的养育之恩，衔鱼孝敬温媪，不断帮助温媪与水灾、旱灾、虫灾作斗争，造福黎民百姓。

于是，温媪被西江流域的百姓尊称为"龙母娘娘"，成为造福百姓、护佑平安的"慈母圣女"。龙母在广东德庆悦城升天后，藤县百姓为了纪念她，就在藤县西江边上建起了龙母始庙。

藤县龙母传说在民间世代流传，史料也有相关记载。龙母文化在西江流域经历了 2000 多年的传承，已在百姓心中扎根。

敬奉龙母祈求福泽

农历五月初八是龙母诞辰。作为龙母的诞生之地，藤县有年年做诞礼敬奉龙母的习俗，每三年还举办一次龙母出巡活动。龙母出巡时，不仅有龙狮助阵，还有一些非遗节目一同展示，热闹非凡、盛况空前。

2023年6月23日至24日，藤县藤州镇及胜西村、龙母始庙管理机构等组织开展了为期两天的龙母文化宣传巡游活动，隆重庆祝龙母诞辰2313年。龙母出巡队伍途经县城的多个街道乃至社区，所到之处都吸引不少群众驻足观看。

在出巡过程中，彩旗队伍走在巡游队伍最前面，龙母圣像身披紫红绸缎，头戴大红凤冠，以端坐姿态由数名工作人员担抬于队伍中间，龙舞、狮舞和八音队伍跟随其后，吸引大批群众驻足围观。出巡队伍每到一处，都会有简单的礼拜仪式，先是龙狮齐舞、上刀山、过火海等民俗活动，然后是信众烧香敬拜，祈求龙母赐福泽，风调雨顺、国泰民安，最后举行一系列仪式。

举办龙母巡游活动，既表达了当地群众对平安吉祥生活的憧憬之情，也是对藤县非遗文化的传承发扬。

龙母精神生生不息

藤县龙母始庙是藤县龙母传说的传承载体。这座庙宇面向浔江，门前的大榕树枝繁叶茂，像绿色大伞荫庇着这块福地。树上系扎着密密麻麻的红色绸带，绸带上的句句祈福话语，寄托着群众心中的美好期盼。

现存的藤县龙母始庙是三进式庙宇，雕梁画栋，方正威严，门前除左右各有一尊石狮子外，还有一尊蛇身狮面神兽，憨态可掬。庙内主殿正中间供奉着龙母圣像，两侧是关羽、岳飞、刘猛、刘三姐等历史人物的木质雕像。圣像前面的桌子上，摆放有时令供品和檀香炉、油灯、花瓶等。庙宇首进堂井还有用于供香呈烛的炉子，不少信众自发前来烧香祭拜，祈求龙母保佑平安顺遂。

多年来，藤县龙母传说自治区级代表性传承人、曾在藤县文化部门工作的李明远一直致力于向社会传播龙母历史文化和传承龙母精神内核，让龙母传说家喻户晓。

藤县龙母传说带着神话般的瑰丽色彩从历史走来，其向善向上的精神内核在今天依然焕发着熠熠光辉。

藤县龙母始庙内的浮雕／陈凡　摄

出巡活动来传承

—— 访藤县龙母出巡梧州市级代表性传承人、藤县龙母始庙管理人员唐孔文

"今年农历五月初八龙母诞前夕，我们庙连同藤州镇、藤州镇胜西村等部门的工作人员共同策划组织了热闹喜庆的龙母出巡活动。虽连日逢雨，但大批群众参与热情不减，很好地达到了宣传龙母文化的效果。"说起这场龙母出巡活动，唐孔文既有成就感，又深感传承发扬龙母文化使命光荣、责任重大。

作为龙母始庙的管理人员，唐孔文既用心维护好庙宇的设施和秩序，也热忱接待每一位信众。"龙母文化属于全社会，希望更多人一起将龙母文化宣传好、传播好。"他表示，包括藤县龙母传说在内的一系列龙母文化的传承，不能单靠各级代表性传承人来做，希望通过举办系列龙母文化活动，扩大龙母文化的影响力和感召力，从而更好地达到传播和发扬的目的。

龙母诞期间，除举行龙母巡游活动外，藤县当地还有不少关于龙母文化的民间传统信仰活动在藤县龙母始庙庙区内举行，如挂全家福祈福灯笼、摸龙母床、饮龙母茶、买龙碗作纪念等，以此赓续龙母文化。

李明远，1949 年 10 月出生于藤县象棋镇石龟湾村，是龙母传说的第二代自治区级代表性传承人。无论是在文化部门工作期间还是退休之后，他一直坚守一个信念：以传播龙母文化为己任，将藤县龙母传说传承下去，让龙母文化生生不息，教育后人积德行善。

"我从小就听父亲讲述藤县龙母广施善德的传说故事，那时候就对龙母文化产生了敬仰之心。后来，读书和工作期间，我接触了更多关于龙母的历史文献纪录，进一步了解到其珍贵的精神价值，从此激发出不遗余力向同学、同事、子女传播藤县龙母传说的动力。"李明远说。他的父亲李七贤与当地的李楚浣、彭桂英作为龙母传说第一代自治区级代表性传承人，将龙母传说故事口口相传保存下来。李明远不负父亲嘱托，积极向身边亲朋及社会大众传播龙母文化。

李明远介绍，藤县博物馆原馆长、塘步镇律村村民李炎明和藤州镇潭东村的李先明同为藤县龙母传说第二代自治区级传承人。李炎明不仅传播龙母传说，还从 1999 年开始，应悦城龙母庙的邀请，于每年农历五月初八和八月初一组织代表团到广东德庆悦城参加龙母沐浴更冠戴活动。近 20 年来，李炎明利用在文物管理部门工作的优势，主动传承龙母文化，积极接待海内外团体，还通过家族和师徒传承的方式，将龙母文化传播给藤县龙母传说第三代自治区级代表性传承人及后人。

"龙母诞于藤县，卒于悦城，因此悦城龙母庙旁有一座龙母古墓。"李明远说，龙母是一个文化符号，也是一种精神象征，粤桂两地民众互访交流，将龙母文化作为共同的精神信仰，正是这个非物质文化遗产传承的生动体现。

悠悠下俚调 长长古楚音

下俚歌曲调简单而情调婉转，歌词蕴含着重情、尚美的精神内涵，承载着泗洲人民尊重自然、感恩大地的淳朴情感，成为当地传播新时代文化、凝聚人心、展示风采的有效载体

下俚歌

　　下俚歌是长洲区长洲镇泗洲村特有的一种乡间民谣。相传，泗洲村的祖先大多数是从湖南迁来，他们带来的楚风从明朝开始便在当地形成独具特色的下俚歌，是古代楚国"下里巴人"文化的活化石。

　　下俚歌词都是通俗易懂的七言诗，演唱时须按照特定的"工尺合士上"曲韵，每四句为一首或一节，歌词内容多为歌功颂德、讲述日常生活、宣扬家庭和睦、祈求国泰民安等，再加上句句都有"下俚"的尾音，尾音一落，清脆的锣声便敲响，通俗的歌词与古老的曲韵相和，别具韵味。2007年，下俚歌入选第一批梧州市级非物质文化遗产代表性项目名录，2014年被列入第五批自治区级非物质文化遗产代表性项目名录。

蒙敏莹　袁　欣　韦宇轩

"国家振兴喜庆多，家庭和谐唱欢歌；富裕生活勤劳创，强盛奋斗靠你我……"时值盛夏，蝉鸣声不绝于耳，悠扬的下俚歌《国家富强　人民幸福》在长洲区长洲镇泗洲村同心文化广场响起，村里的文艺爱好者以饱满的激情，歌颂着祖国翻天覆地的新变化，传播社会文明新风尚，赢得现场观众的热烈掌声。

在泗洲村，最令村民引以为傲的地方传统文化，便是下俚歌。

楚韵经久不衰

"上蒙蒙，下蒙蒙，泗化洲灯笼。"这句在当地流传的谚语，是用来形容泗洲村下俚文化艺术节盛况的。每年正月十四至十六，泗洲村的青山庙都会迎来一场元宵节庙会，摆逛圣、演旋兵、舞龙舞狮、踩高跷等环节精彩纷呈。其中，下俚歌是庙会必不可少的元素。

"下俚歌与泗洲村青山庙密切相关。明代，泗洲村的先贤规范青山庙会的举办规则后，从众多古楚歌谣'下里巴人'的曲谱中，选定一支适合唱七言歌词的曲谱，称为'下俚曲谱'，于是'下里巴人'就发展成了'下俚歌'，并成为青山庙的庙歌。"如今，年过古稀的苏文龙是下俚歌自治区级代表性传承人。他一边翻阅自己编写的《下俚歌史话》，一边讲述下俚歌的历史故事。他说，泗洲村先人多从湖南迁来，他们带来的古老民歌在这里生根发芽，从明代中叶起，逐渐发展成为当地群众喜闻乐见的下俚歌。

下俚歌曲调简单而情调婉转，歌词蕴含着重情、尚美的精神内涵，承载着泗洲人民尊重自然、感恩大地的淳朴情感，是当地喜闻乐见的民俗文化，随着时代的演变，逐步发展成为生产生活中的娱乐闲歌。因为泗洲村文化底蕴深厚、自然环境得天独厚且从未发生过人口大迁移等优势，下俚歌得以在泗洲村传唱并经久不衰。

进入新时代后，下俚歌与时俱进，村民争唱"太平下俚"，宣传党和政府的中心工作成了下俚歌的时代主题。

新词璀璨出圈

2003 年以前，下俚歌还鲜为人知。为充分利用下俚歌丰富、深厚的文化内涵，苏文龙等有识之士深入挖掘下俚歌文化的历史渊源，在各类媒体发表了大量文章，积极带动筹委会筹集资金，大力推进下俚歌文化活动的开展，把下俚歌从历史长河的沉沙中"打捞"出来。同时，泗洲村在上级部门的支持下，也通过戏曲特色旅游建设、下俚歌进校园、送戏下乡等方式，不断巩固下俚歌的戏曲基础，并将其与旅游、经济发展结合起来，打破仅在舞台演唱的单一形式，创新传唱载体，使其影响力和传承度实现"破圈"。最终，下俚歌成为泗洲村打造文化旅游名村的一张亮丽名片。

"如果大家不嫌弃，我就献丑了。振兴国家斗志昂，俚；改革深化更开放，下俚……"在长洲区政协文史馆的法治宣传下俚歌演唱专辑的墙垣，泗洲村的讲解员李翠榕在接待游客时，悠扬地唱起下俚歌，赢得阵阵掌声。

近年来，在保留原有腔调的情况下，下俚歌的传承人对歌词内容不断进行创新，把党的方针政策和群众对美好生活的向往唱进下俚歌。在这些传承人中，就有下俚歌自治区级代表性传承人陈明仲。

泗洲村村道墙垣上展出的以法治为主题的下俚歌歌词 / 陈凡 摄

"要让党的各项方针政策'飞入寻常百姓家'，关键是歌词要接地气。"陈明仲说，在日常创作中，自己会把党的方针政策，创作成通俗易懂的下俚歌词，并与文艺表演进行有效融合，创作了《紧跟领航人》《乡村振兴党领航》《国泰民安》《初心为民》《同心同德》等作品，让党的声音能够更好地"唱"出来，传唱好、落实好。

新词颂新意，下俚歌迎来了一个新发展机遇。

古调亟待传承

数百年来，下俚歌作为青山庙会的一项传统文化活动，正是由于当地民众的自发参与，才得以传承至今。但由于主观和客观等方面的原因，其传承中仍存在诸多亟待解决的困难。

围绕下俚歌的发展，长洲区曾多次召开专题研讨会，组织各方专家学者从传承人培养、演出队伍建设、理论研究、艺术创作与实践等方面进行探讨，希望探索出保护传承下俚歌的有效途径。

2019年4月8日，泗洲村下俚歌文艺组表演下俚歌舞节目《下俚歌欢歌》/陈凡 摄

2022年4月29日，泗洲村下俚歌文艺队表演下俚歌舞《绣球抛给撑船郎》/陈凡 摄

下俚歌自治区级代表性传承人陈明仲在教学生们唱下俚歌 / 陈凡　摄

"只有重视经典下俚歌，世代相传的下俚歌才能永葆青春。"苏文龙表示，经典下俚歌大多口耳相传，但要保护下俚歌的历史文化记忆，保留其真正价值，不能只靠人们口口相传，更需要用文字记述，对下俚歌实施抢救性保护。

"引导、保护、传承和发展下俚歌，挖掘其文化精华，对丰富群众的文化生活，构建和谐社会有着积极的作用。"长洲区史志办负责人认为，传承下俚歌，不仅需要传承人坚守初心，也需要广大群众去共同守护、团结一心，将优秀的下俚歌文化传承下去并发扬光大。他建议，通过开展专题研讨会，尽可能地把社会各界的智慧和力量汇聚起来，厘清下俚歌的前世今生，在抢救性记录中留住非遗，在演出实践中传承非遗，在研究交流中弘扬非遗，进一步提升创作质量，让下俚歌在新时代焕发新的生机。

创作歌词上千首
——访下俚歌自治区级代表性传承人陈明仲

"牛儿啊好，牛儿只吃青青草，做人要学牛儿样，勤劳朴实风格高……"已近耄耋之年的陈明仲，一边有节奏地打着拍子，一边哼唱着这首影响他一生的下俚歌。

陈明仲说，少年学习记得深，好比石上刻道印。从5岁起，他就常常跟着父亲去放牛，而这支下俚歌就是父亲放牛时最爱唱的。在父亲的言传身教下，他对下俚歌也产生了深厚的情感，成年后长期致力于传承下俚歌。

陈明仲曾是一名中学语文老师。为了让学生们更好地学好古诗词，他在课堂上大胆创新，把一些古典诗词和名著改编为通俗易懂的下俚歌，帮助学生理解和熟记。由于教学成果显著，1998年他获得了"特级教师"称号。

退休后，陈明仲把更多的时间用于下俚歌词的创作，至今已创作了过千首，内容多为歌唱美好生活、党的方针政策等。10多年里，他不仅积极指导村里的下俚歌文艺组唱诵下俚歌，还深入推进下俚歌进校园活动，教学生们唱下俚歌。"我希望人人都能成为下俚歌的传唱者，更好地传承下俚歌。"陈明仲如是说。

有空就唱下俚歌

——访泗洲村下俚歌文艺六组组长蒙雪莲

"乡村振兴看得见，村路硬化到门前；绿化美化村貌美，衣食住行大改善……"周末，长洲区长洲镇泗洲村青山庙的舞台上，泗洲村下俚歌文艺组的组员们正用下俚歌唱响乡村振兴的赞歌，悠扬的歌声萦绕在村子上空，吸引了不少游客驻足观看。

"小时候，我总能听到父亲在唱一些悠扬的曲调却不知道那是什么歌。在父亲的讲解下，我才知道这是我们泗洲村的骄傲——下俚歌。"蒙雪莲说，那时她才10多岁，不知不觉就跟着唱起来，也不管唱得对不对。

近年来，随着泗洲村农文旅产业的加快发展，村里也组建了下俚文艺组，一来丰富群众文化生活，二来不断壮大下俚歌的传承队伍。正是借着这样的契机，蒙雪莲加入了下俚歌文艺六组并成为组长。"晚上只要有空，大家都会聚在一起讨论如何唱好下俚歌，排练下俚歌节目。"蒙雪莲说，接下来，她会继续当好下俚歌的传唱者，用歌声与表演把保护非遗的意识传入千家万户，让泗洲村的下俚歌传得更远，走向更大的舞台。

米香抚人心
粉细情意浓

千百年来，富有智慧的京南劳动人民将金黄的稻谷转化为米香袅袅的米粉，娓娓道来『只为做好一碗米粉』的传承故事

京南米粉制作技艺

在京南米粉的制作过程中，从大米到成品的工序皆为纯手工操作。如今，在苍梧县京南镇纯冲村、旺安村、古榄村、思蓬村、糯垌村、城同村、太平村、大岸村、古参村等村落，仍然保持着传统手工制作米粉的方法。传统手工艺制作的京南米粉具有色泽光亮、柔韧耐煮、细滑爽口、口感鲜美等特点。2020年，京南米粉制作技艺被列入第八批自治区级非物质文化遗产代表性项目名录。

清晨，京南米粉店的闸门缓缓拉开，老板仿佛掐着时间点似的，总能在第一位顾客抵达之前，把晒干、包装好的京南米粉摆在货物的展示架上，供顾客挑选。

人间烟火气，最抚凡人心。一碗京南米粉不但盛满了苍梧人对故乡的眷恋，而且还烙刻着这种传统小吃的发展印记。千百年来，富有智慧的京南劳动人民将金黄的稻谷转化为米香袅袅的米粉，娓娓道来"只为做好一碗米粉"的传承故事。

守住风味，小米粉串起大乡愁

早上 7 点，和煦的阳光照在古朴的街道上。家住苍梧县京南镇的易雪芳已经早早起床，煮水、下粉，再加一个荷包蛋，一碗香喷喷的京南米粉就可以唤醒她沉睡一夜的食欲。

"即使在外漂泊 10 多年，也忘不了京南米粉嫩滑

制作成型的米粉正在进行晾晒／杨扬　摄

爽口的味道。"几年前回乡工作的易雪芳说，"在我记忆最深处，米粉是最美
的乡愁，这份味蕾的羁绊给我带来了强烈的归属感。"

京南米粉以当地每年新收的早稻米和高山泉水为原料，因与其他的米粉选材不同，造就了京南米粉嫩滑爽口的独特口感。这种口感，总能勾起苍梧游子对家乡的美好记忆。

"从明朝开始，居住在苍梧地区的群众就有把米泡软磨成浆、蒸后食用的习惯，也由此产生了当地民间的米粉制作工艺。"京南镇人民政府宣传干事林润表示，据传在清朝晚期的纯冲村，有一位罗姓村民，无意中把自己吃剩的蒸粉拿去晾干，此后煮来吃时发现口感特别嫩滑鲜美，这种制作方法很快就在苍梧县京南镇纯冲村及周边村传播开来。后来纯冲村家家户户都用此方法来制作米粉，一直沿用至今。

一城一俗，一城一味。一碗营养丰富的米粉，其制作工艺尤为关键。

洗米、浸泡、磨浆……一大早，京南米粉制作技艺自治区级代表性传承人罗年就异常忙碌。他将浸泡好的大米倒入石磨中，细细研磨，等浸泡充足的米粒转化为平顺柔滑的米浆后，再把适量的米浆舀入簸箕里，待锅中水烧至微沸，将其放在锅里蒸。

"等簸箕里的米浆变成透明乳白色时，就可以出锅了。"罗年一边说，一边掀开锅盖，经过锅中热气的熏蒸，乳白色的米浆转化为晶莹剔透的粉片。"之后再经过晾晒、切丝条、再晒干、扎粉团等工序后，洁白如雪的京南米粉就做好了。"罗年说。

一碗米粉，线短情长。京南米粉在悠悠岁月中杂糅着故乡的记忆，它是苍梧游子捧在手心里、念念不忘的一碗乡愁。

京南米粉制作技艺自治区级代表性传承人罗年（左）正在指导米粉生产／杨扬　摄

京南米粉厂的师傅正在生产线上工作／杨扬　摄

带富百姓，小商品撬动大产业

仲夏时节，在苍梧县京南米粉厂的生产车间内，高速作业的生产线在不停地运转，工人们正忙着给米线打包、装箱。一箱箱京南米粉被装上货车，然后又被运往全国各地。

"随着订单的不断增加，从 2022 年开始，京南米粉厂实施对原有生产线易地扩建及技术改造项目，并引进 3 条米粉生产线，生产能力不断提升。"苍梧县京南米粉厂总经理罗青云表示，公司对原有生产线进行技术改造后，预计每年销售 1000 吨京南米粉，年总销售收入为 1000 万元。

小小米粉，不仅铺就了京南镇特色产业的兴旺之路，也盛满了群众的致富梦。苍梧县京南米粉厂作为粮食深加工企业，要怎样融合京南镇水稻产业，推动企业和农民双赢？

确立"党建领航 + 合作社 + 村集体经济 + 公司"的发展模式、成立苍梧县京南镇珍桂水稻专业合作社、组织村民种植适宜米粉加工的优质水稻1000 亩……桩桩件件都紧紧围绕"农民增收、企业增效"的双赢理念。

"家里土地流转给了合作社，我又在米粉厂上班，在家门口实现就业。"陆志英是土生土长的京南镇人，这几年她的收入稳步增加。陆志英表示，在米粉厂上班的同时还能照顾家里，实在太方便了。

像陆志英这样的当地人还有很多。近年来，苍梧县京南米粉厂联合京南镇人民政府带动贫困户 100 多户，每户年均增收 5000 元，解决了农村富余劳动力的就业问题，助力京南镇"三农"发展壮大。

"我们还建立了稻米、艾叶基地，与其他乡镇的六堡茶园合作，创新开发出螺蛳京南米粉、六堡茶米粉、艾叶米粉等产品，不断以产业兴旺带动村集体经济壮大。"林润说。

小小一碗米粉，连接大田野，承载大产业。从田间地头的水稻基地，到不同地区的食客餐桌，京南米粉串起了一条生机勃勃的产业链条，为乡村振兴添彩赋能。

延续工艺，老特产激发新动能

"20世纪50年代前后，京南镇从事米粉生产的人家有上百户。每逢晴好天气，处处可见繁忙的生产景象。"苍梧县文化馆馆长覃国华说。

然而，随着时间的推移和市场的变化，有米粉制作手艺的村民纷纷外出务工，京南米粉制作工艺也逐渐没落，这样的情况让当地人民政府忧虑不已。

建立京南米粉制作技艺保护领导小组，鼓励京南米粉制作技艺代表性传承人收徒授艺；完善非物质文化遗产京南米粉制作技艺生产性保护示范基地建设；派出专人长期指导开展京南米粉制作技艺的传承、传播、展示及宣传工作……京南镇推动米粉产业发展的措施一一落到实处。

"我们大力推进京南米粉制作技艺人才队伍建设，并通过多种方式增加非遗传承人队伍的规模，尽可能地把京南米粉制作技艺保护好，传承好。"覃国华说。

"要把京南米粉制作技艺传承好，创新发展是硬道理。"罗年说。当前，苍梧县京南米粉厂依托互联网技术和新媒体平台，让非遗美食搭乘电商快车，不断满足新时代人们对食品销售渠道多样化的要求。

"以前，我总要托亲戚朋友寄一些京南米粉，现在我通过电商平台就能直接买到米粉了，方便很多。"黄烨玲是土生土长的苍梧县梨埠镇人，前几年刚到广州工作的她一直惦念那一碗充满故乡气息的米粉。"现在打开京南米粉的抖音直播间还能选择不同口味的米粉。"她高兴地说。

罗年认为京南米粉只通过电商渠道销售还远远不够,必须借助展会等平台不断提升品牌知名度和影响力,才能使"京南米粉"品牌历久弥新。

近年来,京南米粉在中国—东盟博览会、广西食品加工产业链招商推介会等多个展会上展出,荣获梧州市行业首家国家质量安全 QS 生产许可证并被纳入中国产品质量电子监管网监控系统;经农业农村部农产品质量安全中心审定,获得无公害农产品认证。"绿色安全的京南米粉深受广大消费者喜爱,产品远销粤港澳等地。"罗年表示,今后他将会致力于进一步打响品牌,让地方老特产不断激发新动能,在创新中重塑品牌魅力。

京南米粉厂的师傅正在将米粉制作成型 / 杨扬　摄

工艺改革味不变

——访京南米粉制作技艺自治区级代表性传承人罗年

"传统手工艺不能丢呀！"罗年感叹，"哪怕现在米粉厂的机械已经代替传统手工，我还是会时常练习传统手工技艺。"

罗年出生于苍梧县京南镇纯冲村米粉制作坊的一户农民家庭。1974年高中毕业后，他跟随祖父、父亲边做农活边学习米粉制作技术。1986年，他在家乡纯冲村创办了京南米粉制作工坊。

1995年，罗年开始尝试用机器代替传统手工制作。"厂里开始时只有两台米粉机，没有打浆机，只能靠人工搅拌，劳动强度很大。"他表示，后来随着米粉厂的生产规模逐渐扩大，米粉机增加到十几台，打浆机、烘干机等机械一应俱全。

"虽然现在产量提高了，但在每一道工序制作上，我始终坚守'味道不变'的初心。"罗年表示，平时在工厂和培训班教授学生京南米粉制作技艺时，他都会把这一理念告诉学生。

为了把京南米粉的传统手工制作技艺代代传承下去，罗年经常在苍梧县各乡镇开展非遗技艺培训班，采取以训带传、以点带面的培训方式，吸纳更多年轻人加入，储备更多手工从业者，为京南米粉制作技艺培养更多新生力量。

提升米粉附加值
—— 访京南米粉制作技艺县级代表性传承人罗青云

盛夏时节，浓郁的稻香里面弥漫着丰收的喜悦，田里尽是压弯了腰的稻禾。每年这个时候，都是罗青云最为忙碌的时刻。

"学习京南米粉制作技艺，是从选米开始的。"罗青云表示，为了保证京南米粉的口感，必须选用当年收割的新米。

有了好的材料，还要有好的加工工艺。

从十几岁开始，罗青云就跟着父亲罗年学习京南米粉制作技艺。"我父亲一直坚持让我用传统的手工艺来制作京南米粉。刚开始学的时候，我连磨出来的米浆都是不合格的。"罗青云无奈地说。

磨浆、蒸粉、晾晒……"别看只是简简单单的十几道工序，要做出合格的京南米粉很难。"罗青云说。为了掌握一整套传统的京南米粉制作方法，他只能一遍一遍地练习。经过无数次摸索，他终于做出了柔韧耐煮、软滑可口的京南米粉。

掌握了传统米粉制作工艺的罗青云认为，要把京南米粉传承好，必须创新米粉的商品品种，提升京南米粉的产业价值。在他的研发下，苍梧县京南米粉厂陆续推出艾叶米粉、六堡茶米粉等20多种新产品。

月是故乡明 饼是梧州靓

梧州月饼焦香金黄、皮薄馅丰，承载着一代代月饼制作匠人深厚的故乡情怀，以及用心守护的家乡味道

梧州月饼制作技艺

梧州月饼属广式月饼，得益于梧州特殊的地理位置，制作月饼所需的橘子、芝麻、核桃等馅料原材料充足，梧州月饼成为传统节日食品，其制作技艺项目也得以稳定传承与发展。梧州月饼随着人员的往来而畅销两广，成为岭南饮食文化的重要元素之一。梧州月饼生产集中于酒楼、饼店、食品加工厂等，其制作技艺以师传徒形式代代传承。2020年，梧州月饼制作技艺被列入第八批自治区级非物质文化遗产代表性项目名录。

"小饼如嚼月，中有酥和饴。"

月饼是我国人民欢度中秋的节俗糕点，在中秋节这天享用，是千家万户对团圆的美好诠释。由此，月饼更像是一种文化认同，寄托着无数人对故乡、亲人的思念与祈愿。

梧州月饼按馅料分为蓉馅（莲蓉、豆沙等）与杂馅（伍仁、叉烧等）两大系列，饼皮焦香金黄、皮薄馅丰。一个个梧州月饼，承载着一代代月饼制作匠人深厚的故乡情怀，以及用心守护的家乡味道。

甘心守拙制好饼

曾经，梧州月饼制作权由梧州市糖业烟酒副食品总公司独有，该公司旗下有"鸳鸯江""德香"等知名月饼品牌。1985年，梧州市饮食公司（简称饮食公司）申请到月饼制作权后，衍生出大东大酒家、鸿运酒家、粤

欧秉乐（右一）和技术人员一起制作月饼／杨扬　摄　　　欧秉乐将月饼放入烤箱准备烤制／杨扬　摄

西楼、中山酒家等知名月饼制造商品牌。

20世纪80年代至90年代，梧州月饼制作进入发展鼎盛期。全市50多家月饼作坊、厂商林立，甚至有广东商家进入梧州月饼市场，市场竞争日趋激烈。

这时，要成为市场的赢家，往往就需要用品质说话。

"当年饮食公司与广州传统酒楼交流较多，坚持用好油、好原料，坚持做正宗广式月饼。我们旗下的月饼品牌很快就把对手给比下去了。"梧州月饼制作技艺市级代表性传承人陈荫声说，"有一次，一个商家供应的部分制饼原材料质量不好，我全部退了。"

陈荫声是原梧州市大东食品厂创始人之一，从事月饼制作近40年，见证了梧州月饼的发展史。每年制作月饼前，他不怕麻烦，即使再忙也要亲自去一趟广州等地考察，仔细挑选有品质保证的原材料，选定讲究诚信的原材料供应商，年年如是。"没有品质，梧州月饼的信誉就没有了。"这是陈荫声制作月饼的首要秘诀，他与团队一起打造出的"大东月"品牌月饼，走进了千家万户。

甘心守拙，制作高质量好饼，使梧州月饼得以在激烈的市场竞争中存活、壮大。辉煌时期，部分酒家一天能收到近 200 万元的月饼订单。

手工包馅锁原味

每年 7 月至 8 月，进入月饼制作旺季，制造商开始备战一年一度的中秋月饼市场。

梧州大东食品有限公司每年中秋节至少制作 100 万只月饼，而梧州月饼制作技艺自治区级代表性传承人欧秉乐正是这家公司的技术担当。

从 1988 年学艺算起，欧秉乐学习月饼制作技艺有 30 多年了。多年来，他坚持传习最传统的梧州月饼制作技艺，最大限度保留手工月饼制作精髓。

一个五仁月饼重 180 克，饼皮占 40 克，馅料和工艺的细小差别，都能让月饼口味、口感千差万别。欧秉乐制作月饼的手法纯熟，只见他将糯米粉揉搓成团，切分为匀称面团，揉擀成饼皮备用，将杏仁、橄榄、核桃、瓜子、芝麻、柑橘、肉丝等特色配料混合翻炒，再放入点睛之笔的冰肉和特制酱汁，空气中瞬间溢满浓郁香味。

"包馅料是一门学问。"欧秉乐说，许多月饼制作的手工流程已被器械所替代，但手工包馅的传统仍保留下来。新手裹馅时，手艺不够熟练，手速较慢，馅料中的油汁会溢出，整个饼皮满是油光。欧秉乐所制作的月饼，无油溢出，饼馅完好被包裹在饼皮内。如此一来，在烤制过程中能更好地锁住原材料的味道。

包裹好馅料的面球放入由陈年果木制成的糕饼模具中压实敲打，一个雕刻着寓意吉祥图案的月饼就成型了。随后，初步成型的月饼被刷上蛋液，送进烤箱。不一会儿，金灿灿、香味诱人的月饼新鲜出炉了。

"馅料比例、火候、温度、时间等变量控制都有讲究，想要精准掌控则需要制饼师傅长年累月地积攒经验，每一个月饼都蕴含着精益求精的工匠精神。"欧秉乐介绍说，伍仁叉烧、莲蓉蛋黄等传统口味的月饼最受顾客欢迎，

初步成型的月饼被刷上蛋液后，即将被送进烤箱／杨扬　摄

大东叉烧月饼还荣获了"2023首届全国民俗美食大赛"特金奖。

匠心传承出新品

"梧州的老牌月饼，我吃了30多年。"80多岁的市民王先生说。每年，他都要买几盒梧州传统月饼寄给北方的亲朋好友，让他们分享家乡的味道。

传统口味、样式是消费者对梧州月饼的印象。梧州月饼因为传统而打开市场并赖以生存，但发展也受困于传统。

"梧州月饼发展辉煌期，老厂长们秉持'酒香不怕巷子深'的传统经营理念，一心只想把月饼做好，没有向外拓展市场、研发新品，也就错过了最佳发展时机。"梧州大东食品有限公司董事长覃龙剑说，"近年来，随着冰皮月饼、流心月饼等新口味、新品种月饼的出现，我们依旧主打传统口味，市场份额变得更小。"覃龙剑坦言，目前，梧州月饼销售主要通过熟客口口相传、经销商等线下渠道，销至两广地区。在互联网迅速发展的时代，梧州月饼的市场宣传手段不多、营销渠道偏窄。

梧州月饼制作技艺是梧州月饼品质的保证，如何将传统技艺融入新品种、新口味月饼的研发当中，成了摆在传承人面前的一道难题。在这方面，欧秉乐做出了积极尝试。近年来，他研发了六堡茶伍仁、宫廷鲍汁、藤椒牛肉等新口味月饼，传统技艺与新式口味的碰撞，让老手艺有了新味道。

2020 年，梧州月饼制作技艺被列入第八批自治区级非物质文化遗产代表性项目名录，这既意味着老手艺获得市场认可，也肯定了一代代月饼手艺人的匠心传承。抓住梧州月饼制作技艺成功申遗的东风，覃龙剑扩大公司生产线，在南宁市设立销售运营点，尝试拓宽梧州月饼销售圈，为梧州月饼打响广西非遗美食名号。

匠人们的努力，经年岁淬炼，终将有回响。"每逢中秋节，我特别想念传统月饼的味道。"这是时下一些 90 后、00 后年轻人对于月饼的感受。而这一感受，也是月饼制作匠人坚守匠心后，获得的最珍贵的回馈。

一轮明月遥挂深邃苍穹，见证人间团圆；一个月饼包裹鲜香滋味，厚载故乡情谊。以梧州月饼为载体，梧州月饼制作技艺也有了百般滋味，这既是馅料的原有味道，也是醇厚的文化味道，更是令人回味的家乡味道……

从1973年起，陈荫声师从梧州月饼制作技艺第二代传承人黄禧学习制作月饼技艺。如今已过古稀之年的他，仍在梧州大东食品有限公司担任月饼制作技艺技术顾问。

"1991年时，我还在原梧州市大东食品厂从事管理工作，凡事亲力亲为，月饼制作的每个流程都参与。一眨眼，我就在厂里做了几十年的月饼。"陈荫声说。他因制饼手艺了得，深受工人们信任，于2004年任厂长，将梧州月饼制作技艺传授给徒弟。现在，厂里仍保留着陈荫声当年使用过的打粉机、炒米机、烤饼机、印模等器具。

"以前师傅手把手教会我制作月饼，手工月饼里饱含着朴实情感，我希望能把传统延续下去，这是我们手工艺者对于传统技艺的尊崇，即便月饼生产已实现机械化，古老韵味、传统技艺也不能丢失。"陈荫声坚持亲自传授技艺，先后培养出欧秉乐、覃龙剑等一批传承人。

沉醉于月饼制作几十年，2018年，陈荫声因身体抱恙，把公司交给弟子覃龙剑管理。2019年，陈荫声成为梧州月饼制作技艺市级代表性传承人后，坚持整理梧州月饼制作技艺的影音资料，参与市内外的非物质文化遗产展演，推广梧州月饼制作技艺。

展区成为『打卡』点

——访梧州大东食品有限公司董事长覃龙剑

覃龙剑从小吃梧州月饼长大，对梧州月饼有着难以割舍的乡土情怀。2018 年接管公司经营业务后，让更多人了解梧州月饼、爱上梧州月饼，是他一直努力做的事情。

"我近几年才开始学习制作月饼。为了做好销售，我常常到后厨和师傅们了解沟通制作月饼的细节。多看多学多问，也就逐渐上手了。我认为，想让别人爱上梧州月饼，我自己首先应该爱上制作月饼、懂得制作月饼，才能让梧州月饼的味道飘得更香更远。"凭借一股热情，覃龙剑不断练习梧州月饼制作技艺，目前正在申请梧州月饼制作技艺代表性传承人资格。

现在，覃龙剑将月饼制作加工厂房升级改造，扩大生产规模，培养 20 多位月饼制作师傅，壮大了梧州月饼制作技艺传承人队伍，"希望未来能将梧州月饼制作技艺发扬光大"。

作为梧州月饼制作技艺项目保护单位，梧州大东食品有限公司内开设了非物质文化遗产展示区，布置怀旧饼店场景、手工制作月饼工具展示等，传承人还在这里展示梧州月饼制作技艺。很快，不少学校和单位都来此地参观学习，这里也成为梧州市工业旅游热门"打卡"点。

饴糖名四海 复刻现经典

梧州麦芽糖有着传统的麦香，色泽金黄，清甜舒润，在岭南特色饮食文化中几乎不可或缺，是老少皆宜的食品

梧州麦芽糖制作技艺

麦芽糖也称饴糖或糖饴，是碳水化合物的一种，是生产历史最为悠久的糖类。2000多年前，充满智慧的中国人民发现了麦芽与米饭发酵后变成饴糖的秘密，自此，中国民间就一直有麦芽糖手工作坊。麦芽糖由米、大麦、小麦、粟等粮食经麦芽发酵糖化后制成。后来，人们还将麦芽糖当作料或主料，应用于叉烧等中式餐品当中。

2018年，梧州麦芽糖制作技艺被列入梧州市级非物质文化遗产代表性项目名录；2020年，梧州麦芽糖制作技艺被列入第八批自治区级非物质文化遗产代表性项目名录。

梧州麦芽糖有着传统的麦香，色泽金黄，清甜舒润，在岭南特色饮食文化中，几乎不可或缺，是老少皆宜的食品。

1944年至今，梧州麦芽糖制作的企业历经了歇业、重新开店、企业改制、技术改革等多重考验，几代传承人始终不忘初心，在保持传统工艺的同时不断更新设备、创新产品，在复刻梧州麦芽糖制作技艺的基础上不断提高麦芽糖品质。

畅销国内外市场

"这些都是梧州麦芽糖制作技艺近80年的发展过程中，几代传承人使用过的工具，有手摇钻机、气阀、竹篓、木浆、铁秤、电光分析天平等。"在广西梧州乐哈哈食品工业有限公司（简称乐哈哈公司）展览馆内，梧州麦芽糖制作技艺自治区级代表性传承人、乐哈哈公司董事长莫显科正在向来访者介绍许多年前曾经用于制作麦芽糖的工具。

转眼看向另一侧展示柜，首先映入眼帘的就是梧州人非常熟悉的红盖白瓶包装的"蜜蜂"牌麦芽糖。这个包装至今已经有近80多年历史了，承载着许多80后、90后美好的童年回忆。拿起一罐红盖白瓶的"蜜蜂"牌麦芽糖，莫显科把梧州麦芽糖制作技艺的发展故事娓娓道来。

1944年初，梧州麦芽糖初始生产商号"合和号"成立，主要业务是熬制、出售麦芽糖，同年8月被迫歇业；直至1945年7月，"合和号"重新开门迎客，但受当时客观条件所限，"合和号"只开至1949年初。新中国成立

广西梧州乐哈哈食品工业有限公司早年使用的麦芽糖生产辅助设备／陈凡　摄

后，百废待兴，手工业合作化运动开始蓬勃发展，广西第一家生产麦芽糖的手工业生产合作社——梧州市酱料凉果生产合作社于 1956 年 2 月组建成立，不久，麦芽糖就成为出口国外的热销产品。

1993 年，莫显科本科毕业后来到广西梧州市凉果蜜饯厂（乐哈哈公司前身）工作，被分配到麦芽糖车间，开始跟随梧州麦芽糖传统制作技艺第三代传承人霍洁雄师傅学习。后来，在莫显科的带领下，"蜜蜂"牌麦芽糖从最初仅在华南地区的局部流行，到畅销全国。"哪里有华人，哪里就有梧州麦芽糖。"随着改革开放，华人在海外开设中餐馆，他们制作叉烧、烧鸭及甜点时必然使用"蜜蜂"牌麦芽糖。从此，红盖白瓶的"蜜蜂"牌麦芽糖进入了海外超市。

工艺提升获好评

在原辅料车间内，工人将一袋袋大米拆开后倒进机器内，大米随着扇叶的转动"飞"到二楼车间漏斗形的大锅里。在锅中浸泡大约 3 个小时后，大米随着水流到磨浆机，随着弯弯曲曲的管道流到其他机器内与麦芽糖汁混合。经过 10 多个小时混合发酵，并经液化、保温、高温灭酶，冷却后糖化，再经过分离过滤、杀菌、低温真空浓缩等过程，最终成为麦芽糖。

"在检测技术方面，以前我们全部依靠手感，这得有多烫啊！用手去抓起一小撮接近 100 摄氏度的麦芽糖然后感知、估测温度，然后还要观察它掉下来时的拉丝程度，通过拉丝的粗细、流动的状态来判断锅中麦芽糖的温度，这都得依靠多年的总结经验。"莫显科说。后来公司引入了新的技术装备折光仪、数字化检测设备，一检测，马上就知道浓度是多少，非常准确。

从以前的烧柴火、用大铁锅煮饭到如今的机器磨浆，从用豆腐布过滤麦芽渣到机器过滤，从用长龙灶浓缩到真空浓缩，从靠手感测试麦芽糖温度到数字化检测设备……随着时代的进步，梧州麦芽糖制作技艺一代代工匠们在不改变传统工艺的基础上，引入了很多新技术来辅助传统的梧州麦芽糖制作工艺，提高生产效率，提高产品品质，使得梧州麦芽糖始终保留了传统的麦香、金黄的色泽、醇厚的口味，近 80 年来，赢得了一代又一代海内外消费者的赞赏和喜爱。

如今，梧州麦芽糖制作技艺已经发展得非常纯熟了，但工匠们并没有停下创新的脚步，继而向节能降耗方向发展。2001 年，根据传统工艺麦芽糖的生产特点，莫显科带领团队成功将麦芽糖的生产水耗降至原来的十分之一，将麦芽糖生产能耗降低一半，不但为公司节省大量成本，而且以环境友好型生产方式赢得了全世界客户的好评。

产品实现定制化

梧州麦芽糖制作技艺在多年的传承与发展中，注入了不少新鲜血液。莫显科培养了 5 名专业技术精英、11 支传统产业工人队伍，还积极拓展企业业务和产品。在传统麦芽糖生产基础上，开发推出了烘焙糖浆、月饼糖浆、葡萄糖浆、果葡糖浆、药用饴糖等产品，与公司传统麦芽糖产品、传统冰糖、红糖等糖类产品相得益彰，获得了新老客户的一致好评。

随着社会发展步伐的加快，人们的健康意识逐步增强，客商们对麦芽糖品质的要求也越来越高，从而逐渐出现了定制化需求。他们除了信任"蜜蜂"牌传统工艺麦芽糖的品质外，还在感官上、营养价值及口感上提出了更高的要求。

工作人员将大米倒入生产设备 / 陈凡 摄

麦芽糖生产车间内设备齐全，已实现自动化生产 / 陈凡 摄

"蜜蜂"牌麦芽糖 / 陈凡 摄

"之前有一个老客户（月饼商家）提出在视觉上要进一步的提升，要求月饼颜色呈金黄色，我们就反复调整麦芽糖中的各种成分比例，做出了十几个样品给对方尝试效果。"乐哈哈公司品质管理部经理、梧州麦芽糖制作技艺传承人杨妙婷说。

如今，乐哈哈公司与多个国内外知名品牌进行了深度合作，并出口到美国、澳大利亚、加拿大、英国等国家，赢得了海内外客户的青睐和高度赞誉。

磨炼心智换来甜

——访梧州麦芽糖制作技艺自治区级代表性传承人莫显科

　　莫显科大学毕业后就来到乐哈哈公司，师从霍洁雄。但师傅认为他年轻气盛，要磨炼后才能开始学习麦芽糖制作技艺。于是，在起初的一年多时间里，莫显科每天都干着提罐子、灌装麦芽糖、搬运上车等苦力活，刚开始他也不明白师傅的用意。几年后，当莫显科挑起麦芽糖制作的重担时，才明白师傅的良苦用心，原来这是为了磨炼他的心智，传统工艺必须一板一眼地复刻下来，即使没有机器，没有现代化技术的辅助，传承人也必须能将整个过程还原出来。

　　"现在，我对徒弟的要求也很高，即使没有了蒸汽、压滤、浓缩、温度检测等现代化仪器，即使用回以前的长龙灶、烧柴煮饭、豆腐布等，都能够百分之百地还原梧州麦芽糖制作技艺的全过程，并且必须保证使用传统工艺，制作出传统麦香味的麦芽糖。"莫显科说，只有这样才算掌握了这项技艺。

心系制糖苦亦甜
——访梧州麦芽糖制作技艺传承人杨妙婷

2020年，杨妙婷加入梧州麦芽糖制作技艺传承团队，学习至今已经有近3年时间了，负责品控工作，从原材料入仓、检验原材料，到生产各环节的检测。"麦芽糖制作原材料简单，但要掌握工艺精髓，一点都不简单。"液化、糖化、浓缩3道工序是制作过程中比较重要的，也是生产过程中最影响品质的过程。她坦言，至今她仍未能单独去完成这些工序。

"莫老师在这一行已经干了30多年，经验非常丰富，每个星期他都会带领我们下车间走走，每一道工序都会手把手教我们怎么去看，怎么去做，识别每个工序的终点。"杨妙婷说。师傅莫显科的科研创新精神深深地影响着团队的每一个人，对于接班人，他有着更高的要求，"即使机器再先进，也要能完整地复刻出一套梧州麦芽糖制作的全流程。"

如今，杨妙婷正与同事们一起研究工艺、设备改造提升技术。她相信在不久的将来，公司会换上更节能、更自动化的生产设备，进一步提高生产效率、降低能耗。

浓墨勾花脸 重彩绘个性

上妆、勾脸，戏曲演员素净的脸顿时有了色彩，仿佛戏曲人物的灵魂被注入了演员的身体，一个真实的历史人物赫然眼前

粤剧脸谱

粤剧脸谱是粤剧演员面部化妆的一种程式，又称勾脸或开面，是指运用夸张的线条、强烈的色彩和象征性的图案，勾画出人物性格气质和脸部特征的特殊化妆艺术，多用于净、丑行当。梧州粤剧脸谱与中国其他剧种的脸谱一样，都是通过强烈的色彩，运用装饰的、象征的手法，来刻画戏曲人物的形貌特征，揭示人物的性格。2014年，粤剧脸谱被列入梧州市级非物质文化遗产代表性项目名录，2020年被列入第八批自治区级非物质文化遗产代表性项目名录。

梧州位于广西东部，与粤港澳大湾区山水相连、文化相融、语言相通，是岭南文化和粤文化的发源地之一。粤剧源自南戏，又称广府戏、广东大戏。据史料记载，早于清康熙末年，就有粤剧戏班在梧州演出。随着红船戏班经常往返于珠江三角洲及沿江沿河一带地区巡回演出，自此，粤剧逐渐在梧州扎根，深受当地老百姓的喜爱，粤剧脸谱相伴而生。

在黎侠峰、李丹云、易日洪、潘楚华、李汉铭、陈小珠等粤剧表演前辈的深耕下，粤剧表演艺术，粤剧相关的脸谱化妆艺术，唱腔、套路把式等都在梧州得到了长足发展。传承至今，粤剧脸谱已成为梧州文化一张亮丽的名片。

目视外表　知其心胸

作为粤剧入桂的第一站，梧州的粤剧表演艺术以及相关的脸谱艺术等既与广东的传统一脉相承，又自成风格，颇有特色。

"粤剧脸谱是采用写实与抽象相结合的艺术风格。"粤剧脸谱自治区级代表性传承人张福伟说，粤剧脸谱的颜色之间强调"化笔"（即由浓至淡化开），使演员部位更有立体感，粤剧脸谱艺术是一个严谨有序的系统，其中包括角色与脸谱之间一整套的关系。

早期的粤剧脸谱，按粤剧行当可分为大净脸谱，大花面脸谱，红、黑、白三色的三块瓦脸谱，大红大绿的五色脸谱，神话人物的金（银）色脸谱等。各种人物根据自身性格特征，大部分都有自己特定的谱式和色彩。化妆的颜色以红、黑、白、蓝、黄为主；红色代表血性忠勇，黑色代表刚耿忠直，白色代表奸恶阴险，蓝色代表狂妄凶猛，黄色代表剽悍干练，可谓丰富多彩、种类繁多。

"在舞台上，戏曲借脸谱突出人物的性格特征，具有'寓褒贬，别善恶'的艺术功能，使台下的观众能目视外表，知其心胸。"张福伟说，随着粤剧的发展，粤剧表演艺术家逐渐注重对其表演人物的形象和性格的刻画，根据对各种人物角色的理解，人物角色本身的历史、遭遇、品质等用比较固定的图案和色彩做脸部化妆，确定每个人物角色所特有的脸部造型图式，即为粤剧脸谱。

挖掘整理　倾囊相授

走进张福伟的家，窗边三四平方米的地方就是他的工作室。小小的工作室，堆满了稿纸、画笔、颜料，多而有序，张福伟日常在这里创作粤剧脸谱，并收集、整理与粤剧相关的文字和图片资料。

"粤剧脸谱起源于粤剧花脸演员脸部的化妆艺术，起初并没有谱式，勾画全凭感觉，画法靠师徒传授。"张福伟说，他12岁就与粤剧结缘，师从梧州著名粤剧演员易日洪，如今从事粤剧艺术工作已有60多年。易日洪既是演员，又是教师，他将自己一身的粤剧本领毫无保留地教授给张福伟等年轻

学生在梧州市第十一中学粤剧脸谱工作坊学习描画粤剧脸谱／陈凡　摄

一代的演员。

　　在长达60多年的粤剧艺术生涯中，张福伟不断成长和蜕变，从演员到导演，从学员到副团长，演出过的剧目众多，致力于粤剧的传承保护工作，主要是粤剧脸谱的挖掘、整理、汇编工作及传承传播。

　　脸谱创作的念头，起源于张福伟2005年退休后的一次旅游。张福伟说："我在上海城隍庙旅游时，看到有很多京剧里的脸谱都摆出来售卖，我们粤剧也有脸谱，如果我们再不宣传，不把它整理出来，下一代不一定还会记得。"

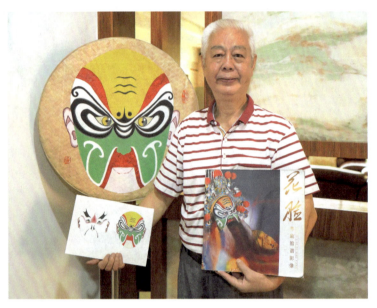

张福伟展示他创作的粤剧脸谱作品和参与编写的有关书籍／陈凡　摄

　　回到梧州，张福伟马上给自己安排重要工作——整理创作粤剧脸谱。凭借自己多年来对脸谱的理解和反复揣摩，他开始绘画粤剧脸谱。经他整理创作的脸谱基本上都在舞台上呈现过，如《西江龙母》中的龙母和五龙，他就参考了秦朝的服饰和头饰，并根据5条龙各自的特点来设计脸谱。就这样，他利用4年多的时间，绘制出230多个栩栩如生的脸谱，写下了4万多字的脸谱人物介绍和脸谱分析。仅张飞这个人物，张福伟便挖掘、整理了4个不同的粤剧脸谱。

　　2010年，张福伟主笔和绘制的《粤剧脸谱谱式选集》出版，这本书具备权威性、历史性和趣味性，书中共收录脸谱精品200个。由张福伟所绘画的粤剧脸谱也先后在梧州、广州、东莞、澳门等地进行展览。他自豪地说："例如杨志的脸谱，就很能凸显粤剧脸谱的特色，仅用一白一青两个颜色，就能突出杨志'青面兽'的称号。而且粤剧里的'五色须'很特别，其他剧种都没有。这些都是粤剧的特点。"

开设课程　感受魅力

2023 年 5 月 26 日，由梧州市文化广电体育和旅游局主办的"全心全艺　惠民学堂"全民艺术普及公益培训活动"走进非遗课堂——梧州粤剧脸谱"专场活动正式开班。张福伟以深厚的专业知识储备和丰富的技艺实践经验为 60 多名来自社会各界、各年龄段的学员生动讲解了梧州粤剧脸谱的历史文化、基础知识、绘画技巧以及文化产业开发思考等方面的内容。

不仅如此，近年来，梧州市深入推进非遗传承保护工作，采取"非遗 +"模式扎实开展非遗进社区、进校园等活动，对广大群众加强中华优秀传统文化教育，有助于其增强文化认同、坚定文化自信。

梧州市第十一中学结合非遗文化粤剧进校园、进课堂，将传承与发展中华优秀传统文化全方位融入教育的各环节，开设非遗相关课程，如开展"非遗大师讲堂"，邀请张福伟到校介绍粤剧脸谱知识和绘制技巧；开设"粤剧非遗传习社""粤剧脸谱工作坊"等社团，让学生在社团活动中体验传统文化、感受生活美学的同时传承中华优秀传统文化及非遗文化。2022 年，梧州市第十一中学入选自治区第二批非物质文化遗产传承教育示范学校立项建设单位名单、第三批全国中小学中华优秀传统文化传承学校公示名单。

随着普及讲座、体验活动的不断开展，粤剧脸谱越来越受大众的喜爱，吸引了不少粤剧脸谱的工艺爱好者。他们将脸谱勾绘在面具、折扇、鸡蛋壳等工艺品上，逐渐成为粤剧脸谱的传承者。

至今，活跃在粤剧舞台的花脸等演员依然喜欢根据自己对剧中人物自身的经历、性格等理解来勾画人物的脸谱，各具风格，老、中、青演员一直用行动坚守与传承粤剧脸谱艺术，使得粤剧脸谱的传承人越来越多。

手执一笔绘一生
—— 访粤剧脸谱自治区级代表性传承人张福伟

一张纸、一支笔、一盘颜料，一坐就是一天。这便是张福伟退休后在他的工作室挖掘、整理、创作粤剧脸谱的日常。

"我这一生最想要感谢的也最离不开的就是粤剧，它让我找到生存之道，也让我实现了人生价值。"张福伟出生时家境贫寒，为了谋求生计，12岁开始跟随师傅易日洪学习表演花面行当，从此开启了半个多世纪的戏剧人生。至今，他仍在从事挖掘、整理、拍摄、抢救粤剧脸谱传统工作。

张福伟对于自己能为粤剧脸谱的传承做些工作，并不感到辛苦，反倒是老有所乐。只要参加跟传承粤剧脸谱有关的活动，他都不遗余力地贡献自己的看家本领。

如今，年逾花甲的张福伟还带着8名徒弟，只为交接好绘制脸谱的"画笔"。他诚挚地说："我希望所有喜欢粤剧的人士都来重视、关心粤剧和粤剧脸谱的发展。希望能有更多的年轻力量加入，把我们优秀的传统文化一代接一代地传下去，发扬光大。"

同时，张福伟还有一个设想，就是结合现代人的喜好，把粤剧脸谱印在扑克、折扇、魔方、簸箕上……可以让更多人欣赏粤剧脸谱的不同魅力，使传统文化能不断延续并焕发新的时代光彩。

非遗传承活起来
——访梧州市第十一中学美术教师马丽玥

2019 年，马丽玥正式呈上拜师帖，拜粤剧脸谱自治区级代表性传承人张福伟为师，学习绘制粤剧脸谱。近 5 年的时间里，马丽玥将从张福伟身上学来的技艺又传授给她的学生，带领学生通过探寻粤剧脸谱的魅力，将传统文化的种子播进学生心中。

"我们学校除了在美术课堂上开展粤剧脸谱绘制教学课程，还会在历史课、语文课等课堂中穿插讲解粤剧脸谱的知识，在课后服务中开设粤剧脸谱社团活动。这些都受到了学生们的欢迎。"马丽玥表示，除了绘制传统的脸谱，学校还积极开发文创产品，把传统粤剧脸谱的元素画在石头、簸箕、木勺上，将传统与现代交融起来的教学方式，让非遗文化活起来，吸引了更多学生。

马丽玥说："作为张福伟老师的徒弟，我要继续向他学习传统粤剧脸谱的绘制技艺，做好一名传承人；作为一名美术老师，我要兼顾领域与学科性的知识、技能，结合所学的脸谱知识，带领学生创作优秀的文创作品，做好一名传承者。"

犀舞展豪情
古朴而热烈

它是苍梧人民精神文化生活的重要组成部分

大自然作斗争的悲壮情怀和自强不息的民族精神，

木犀舞表演富有感染力，表现了当地劳动人民与

木犀舞

　　木犀舞是流传在广西梧州市苍梧县及其周边地区的一种民间传统舞蹈，演绎的是青年武士勇斗独角兽的情景。其中，"木"是指青年武士用来降服独角兽的木棍，而"犀"是指外形长得像犀牛的独角兽。木犀舞以舞蹈的形式，表现了当地劳动人民与大自然作斗争的悲壮情怀和自强不息的民族精神，因其古朴、热情等艺术特点而成为苍梧人民精神文化生活的重要组成部分。木犀舞于2007年被列入第一批梧州市级非物质文化遗产代表性项目名录，2016年被列入第六批自治区级非物质文化遗产代表性项目名录。

苍梧历史悠久，文化底蕴深厚。这片土地钟灵毓秀，孕育了数不清的文化瑰宝，木犀舞就是其中的代表。木犀舞表现形式富有感染力，在苍梧地区广泛传播，成为当地民俗节日、开业典礼、欢庆丰收、婚嫁喜事及文化活动上不可或缺的表演节目，也成为苍梧人民精神文化生活的重要组成部分。

民众精神真实写照

"咚咚锵，咚咚锵……"伴随着鼓、锣、钗时而稳健优美、时而欢快跳跃、时而粗犷热烈的节奏，扮演"犀"的舞者挥舞着沉重的犀牛头道具模仿兽类松毛搔痒、舔洗嗅闻、跳跃翻滚、飞扬跋扈等一系列动作，生动地表现"犀"的野兽习性。扮演青年武士的舞者则舞枪弄棒，以轻盈矫健的舞步、高强的武功招式，展示威风凛凛的英雄形象。武士与"犀"有来有往的相互缠

陈开平和徒弟练习木犀舞／陈凡　摄

斗，引来观众连连叫好。

　　作为流传于苍梧县沙头镇的一种民间艺术，木犀舞尤其以沙头村的表演名气最盛。木犀舞自治区级代表性传承人陈开平就居住在此地。根据相关史料记载，早在明末清初，苍梧已出现"犀"舞表演。"原先'犀'是单纯模仿原始兽类动作，表演形式是与雄狮同台争霸。后经民间艺人改编为青年武士以高超武艺，降服张牙舞爪的'犀'为内容形式进行表演。"陈开平说。

　　到了清朝末期，木犀舞基本形成了一种独立并具有较强艺术性的民间舞蹈，并迅速流传在我国南方的许多地区，此后经久不衰，世代相传，其技艺也日臻完美。时至今日，木犀舞以其节奏明快、粗犷有力、热情豪放的表演风格，依然广受社会大众的喜爱。

"其实木犀舞与苍梧的众多传统民俗活动一样，它们的出现都体现了人与自然的相处之道。"陈开平说，"木犀舞是少有的以人兽斗争的表演形式呈现的传统舞蹈，体现了人类希望通过自己的斗争实现与自然的和谐共处。"

传统木犀舞保留了极其古朴的原始风貌，它与民俗文化相互依存，成为当地民众和睦相处、团结奋进的意志体现，有着较高的文化价值。其表演形式又富有浪漫色彩，给人以欢乐情绪，增强了民族自豪感和凝聚力，具有重要的社会价值，是古往今来西江流域居民敬畏自然、乐天知命精神的真实写照。

勤学苦练　逼真展演

木犀舞融舞蹈、武术于一体，自成流派，有着较高的艺术价值。近年来，木犀舞频频出现在区内外各类文化活动中，在社会上产生积极影响。

在沙头村，木犀舞可谓家喻户晓。年过花甲的陈忠生是苍梧县沙头镇沙头村民间剧团的主要负责人之一，经常组织木犀舞展演，他对木犀舞也有故乡情结。"小时候，哪家有喜事就会请叔叔伯伯们去跳木犀舞，热闹又喜庆。后来，我也跟着学，十五六岁从扎马步学起，两三年后才学成出师。"陈忠生指着木犀舞的道具说，"'犀'的造型奇特，头状如牛，但角如犀牛般生长在两眼眉间，身体以红色细线作流苏状，道具重达十几斤，要灵活地舞动表演，表演者需要较强的基本功。"

木犀舞表演一般需要三名表演者，两人演"犀"，另外一人手持棍棒扮演降兽英雄。木犀舞要求表演者具备较好的武术功底，无论是演降兽英雄还是演"犀"，都必须有武术基础，否则表演难以活泼逼真。因此，表演者们需要长时间练习打下扎实基本功，没有速成的方法。

传统的木犀舞表演时长一般为 12 至 15 分钟，其中最有看头的便是跳台。"表演者需要武术基础，就是因为木犀舞表演有跳台环节。"陈开平说。跳台是指木犀舞的演员围着八仙桌上下翻滚，特别是"犀"的演员，如果武术基础不扎实，很容易磕碰、受伤。"现在，跳台一般是使用一张桌子搭建而成。我们年轻时的跳台则是两层台，用两张桌子在下、一张桌子在上搭建而成，这十分考验演员之间的默契程度。"

倾囊相授　保护文化

随着时代的发展，娱乐形式的多元化，民间艺人的生存空间被挤压。陈开平说，虽然木犀舞展演团队依然受邀展演，观众也喜欢看，但木犀舞的发展仍然受到很大限制。

"由于使用年限长，'犀'的道具已经有所损坏，现在几乎没有本地手艺人会修复，只能到外地定制。"陈开平无奈地说，虽然现在还有人愿意学木犀舞，但是学完后也多因生计而奔波劳碌，逐渐抛下这项技艺。

作为传承人，陈开平已过花甲之年，身体不适合表演，所以他将重心转移到了教授技艺上。如果有人愿意虚心求学，他便倾囊相授。"现在，我们的民间剧团还有一些年轻人加入，不过大部分时间他们都要外出务工。"陈开平说，村里有木犀舞表演的传统，因此还是有年轻人愿意学，但全职表演者仍只有老一辈的人。

为了保护和传承木犀舞传统民俗文化，近年来，苍梧县也做了大量工作。

"在'双减'政策背景下，我们选聘、培养一批非遗教师，利用课后延时服务、大课间等培养学生对非遗项目的兴趣。"在 2023 年全区非物质文化遗产保护工作座谈会上作经验交流时，苍梧县有关部门负责人如是介绍。

陈开平（右）和徒弟／陈凡　摄

　　依靠现有的一些实训平台，苍梧县还组织非遗传承人对非遗技艺有学习需求的学徒开展"一对一"结对教学活动，构建"民间＋社会＋学校"非物质文化遗产保护体系，以文化和自然遗产日、重大节庆宣传活动为载体，积极开展非遗展演、专题演出等，增强全民保护非遗的意识。2022年以来，苍梧县开展各类非遗活动100多场。

　　木犀的拙朴、武士的果敢，木犀舞以抖擞的姿态舞出不同时代的精气神。时代在变，精神内核不变，敬畏自然、与自然和谐共处的精神始终影响激励着一代代人。

舞动木犀四十载
——访木犀舞自治区级代表性传承人陈开平

"家里的亲戚都是表演木犀舞的，我从小就接触木犀舞，这一演就演了将近 40 年。"作为木犀舞自治区级代表性传承人，陈开平这些年来一直致力于木犀舞的发展和传承。

陈开平小时候看木犀舞表演，便产生了向往之情。他的学艺之路始于十七八岁，跟着叔叔学扎马步、打拳、耍棍。作为武士的扮演者，陈开平要在演出中与"犀"互动，最难的环节便是跳台，磕磕碰碰在所难免。刚开始练习时，他身上经常被摔打得青一块紫一块，但凭借一步一个脚印的学习，最终获得了演出时的满堂喝彩。

近年来，娱乐形式的多元化，让木犀舞这项艺术受到较大冲击。现在，陈开平的心愿是木犀舞能一直传承下去，只要有人愿意学，他都乐意教。"趁着现在我还能教，就慢慢培养传承人，我希望这项技艺不要失传。"陈开平说。

白日务农夜间舞

——访木犀舞演员陈新荣

陈新荣是苍梧县沙头镇沙头村民间剧团成员，是"犀"的扮演者。40出头的他，已经表演木犀舞十几年了。谈起学习的初衷，他说："木犀舞作为沙头村的传统文化之一，需要有人创新。作为本村人我有传承的责任，不能让木犀舞文化沉没消失。"

与很多演员青少年时开始学舞不同，陈新荣2013年才开始接触木犀舞，当时已32岁的他白天务农，晚上抽时间跟陈开平学习。"陈师傅的教导很严厉，一个动作做好了才开始教下一个动作，有时需要磨合很久才能到下一个环节。"陈新荣慢慢地学习步法、发力要点、打滚等主要内容，出师后成了剧团主力。

"对我来说，最难的动作就是模仿'犀'打滚，因为要与其他演员配合。"陈新荣说，他跟搭档一直相互磨合，坚持练习了两三个月才熟练地掌握技巧。

展望未来，陈新荣希望能有更多年轻人学习木犀舞表演。"现在来学习的年轻人越来越少，但文化还是需要有人来传承才能焕发光彩，希望未来木犀舞能发扬光大。"陈新荣说。

木偶会变酷 生动又活泼

藤县杖头木偶戏既丰富了群众的民间文化生活，也传承着中华民族的传统文化，对当地群众的文化生活产生很大影响

藤县杖头木偶戏

　　藤县杖头木偶戏是一种流传于广西藤县的古老而传统的地方戏剧，主要分布在藤县的同心、金鸡、新庆、天平、濛江、和平、太平等镇。由于木偶造型逼真有趣，戏剧用藤县方言演出，有深厚的群众基础，因而在藤县各地广受欢迎。

　　演出时，每队的表演者一般有两到三人，一人掌板、打锣鼓，另外的表演者舞动木偶，唱、做、念、打，生、旦、净、丑，所有表演全部包干。戏剧曲调简单自然，唱词通俗易懂，充满浓郁的生活气息，情感充沛，几乎都是凭艺人自己的感觉演唱，没有太多的板腔约束，唱腔、对白比较自由。吟唱是其唱腔的风格特点。演出内容多以中国古典小说、民间文学为主。

　　2007年，藤县杖头木偶戏被列入第一批梧州市级非物质文化遗产代表性项目名录。2016年，藤县杖头木偶戏被列入第六批自治区级非物质文化遗产代表性项目名录。

相传木偶戏起源于唐朝，明末清初开始在藤县流传。它从广西的玉林、北流等地流传过来，又从藤县南部再传往藤县北部。

作为藤县一种源远流长的民间戏剧，藤县杖头木偶戏对当地群众的文化生活产生很大影响，具有一定的文化价值、艺术价值和经济价值。

各地展演　生生不息

"奴家并非是谁人，寒江关中女将军……"近日，在藤县天平镇新大村村民林柱成家里，一台生动有趣的杖头木偶戏正在上演。

这个戏剧的曲目叫《三擒三放》，林柱成和他的木偶剧队成员麦普壬、黄新梅分工协作，一边击打乐器演唱歌词，一边舞动不同人物形象的木偶，将激情澎湃又感人至深的故事演绎得淋漓尽致。

藤县杖头木偶戏表演／陈凡　摄　　　　　　　　　　　林柱成与木偶／陈凡　摄

　　林柱成是非物质文化遗产代表性项目藤县杖头木偶戏梧州市
级代表性传承人，他和木偶剧队成员时常活跃在藤县各个乡镇，
为村民表演藤县杖头木偶戏。在贵港平南等地也不时能看到他们
表演木偶戏的身影，藤县杖头木偶戏展演受到当地群众的欢迎。
藤县杖头木偶戏是林柱成一生的兴趣爱好，他自觉肩负起传承民
间传统戏剧的使命。

　　每次演出，剧队用事先搭建起的一个棚架作为演出舞台。舞
台背景是层次分明的山水亭台画幅，棚架下方有一块布帘用于遮
挡表演者和道具，棚架内部则放置着官人、公子、小姐、将军、
秀才、侠客、老者等各种人物形象的木偶。

　　在表演《三擒三放》时，林柱成一边熟练地击打乐器，一边
与黄新梅用本地方言对薛丁山和樊梨花的故事进行分饰演唱。麦
普壬举着不同木偶，跟随唱词和节奏操作展演。这些木偶有的拔

剑作战，有的昂首前进，生动形象、活灵活现。

林柱成等藤县杖头木偶戏表演民间艺人的不懈努力，使得藤县杖头木偶戏的群众基础更加扎实，让藤县杖头木偶戏有了生生不息的生命力。

绘制木偶　编写剧本

要表演藤县杖头木偶戏，首先就要制作好每一个木偶。木偶没有现成的模板，需要自己寻找木材，雕刻成型。

借助特制的两面铁锯、老虎钳及木刻雕刀等工具，林柱成对木材进行打磨、雕刻。花费两天的工夫，一个木偶的头部就做好了。接下来就是要在木偶头部描摹上色，他根据人物角色和形象的不同，用毛笔耐心细致地在木偶头部画出眉毛、嘴唇、鼻子等，然后自己设计和剪裁衣物饰品，并为木偶穿戴，再加上两只动感十足的木制手，最后套上命杆、手杆，整个木偶就制作完成了。

制作一个灵活传神的木偶，需要有一定的艺术水平和审美能力。从小就耳濡目染木偶制作和表演的林柱成，把木偶制作技艺和美学艺术提升了一个层次。这些木偶高约50厘米、宽约20厘米、厚约10厘米，依照生、旦、净、丑等角色身份，绘制脸谱、剪裁服饰，使之神态各异、形神兼备。其中，丑角木偶的外观与其他角色的木偶有明显区别，无论是面部表情还是衣着头饰，都显得狰狞猥琐，两个眼珠夸张地突出。

藤县杖头木偶戏的剧目有《刘备招亲》《穆桂英大战洪州》《林冲上梁山》等，剧本内容是林柱成依照历史故事和坊间传说手写而成，每句唱词都对仗工整、韵律协调，从不同人物角色角度唱出，贴合角色身份地位和经历故事。演唱时，曲谱并不固定，林柱成凭借经验和感觉唱出，自由发挥。他所击打的乐器，是文锣、小镲、木鱼（梆子）。乐器发出的乐音，既是演唱的曲谱，也是若干个木偶打仗对阵的背景音乐，展现出正反两派人物厮杀混战、惊心动魄的场面。

林柱成说，他早已把故事情节背得滚瓜烂熟，因此词曲演唱全部是临场发挥，即兴表演，达到"心中无剧本"的炉火纯青展演境界。

传承文化　重任在肩

藤县杖头木偶戏的鼎盛时期是 20 世纪五六十年代。当时，当地群众家里有婚庆嫁娶、新居落成、小孩满月等喜事，都会请木偶戏戏班来助兴。

近年来，村里或者相邻的乡镇如果有喜事，会邀请林柱成到场表演藤县杖头木偶戏，喜上加喜。林柱成和他的剧队成员也乐意带着所有行当行李到东家演戏唱曲，沾沾喜气。

此前，林柱成并不是和麦普壬、黄新梅搭伙做戏的。他们都是自成一家，分别到不同地方表演。随着时代的发展和社会的变迁，村民对娱乐方式有了更多选择，如今观

制作一个灵活传神的木偶，要有一定的艺术水平和审美能力／陈凡　摄

看木偶戏的人以中老年人居多，群众欣赏、继承这种古老又传统的民间艺术的热情正在逐渐减退，坚持表演木偶戏的群体在藤县已所剩无几。所以，一辈子都在表演藤县杖头木偶戏的林柱成和麦普壬、黄新梅组成了一个新的剧队，让藤县杖头木偶戏继续在各乡镇的田间地头展演。

据传承谱系记载，藤县杖头木偶戏制作和表演技艺的传播至今已经历了四代，1970 年开始学艺的黄世宁和黄沛英是第三代传承人，到了第四代传承人黄其勇已是 2002 年。他们多数都是师徒传承，只有黄世宁是家族传承。

1945 年出生于藤县天平镇罗盖村的黄世宁，20 世纪 70 年代初便跟随其父黄昌和学舞木偶、唱木偶戏。多年来，不管社会如何变化发展，他一直坚守着藤县杖头木偶戏，并积极收徒，努力将技艺传承下去，其中第四代传承人黄其勇就是他的儿子。正是黄世宁等人的坚持不懈，藤县杖头木偶戏才得以一直存续。

如今，黄世宁已无法表演，只有林柱成的剧队还在藤县周边演出。而林柱成也年事已高，藤县杖头木偶戏表演难以为继。为了不让这种民间技艺失传，林柱成招收了几名徒弟学习杖头木偶戏，麦普壬 14 岁的孙子麦子杰在暑假期间也学习杖头木偶戏，演奏打击乐、演唱歌词、操作木偶、进行舞台展示，他们认真模仿、学习领会。

杖头木偶戏所需场地很小，一小块空地就可以灵活开展表演活动，客观上也为技艺传承提供了便利。此外，不少学生对杖头木偶戏有着浓厚兴趣。对此，藤县文化广电体育和旅游局、藤县文化馆把藤县杖头木偶戏作为重点项目加以推进，制订了一系列推进计划，包括落实经费建立保护长效机制，成立藤县木偶戏研究会，收集素材建立藤县杖头木偶戏数据库，推动校园木偶队进校园，促进杖头木偶戏与藤县旅游景区深度融合，利用微信公众号、微博、直播平台等新媒体进一步宣传杖头木偶戏，扩大其影响力。

杖头木偶神态妙，咿呀唱和逗人乐。即便缺少声光交织的幻彩舞台，但藤县杖头木偶戏依然以拙朴、纯粹的表演形式，在新时代焕发生机。

人生一半仗头上
——访藤县杖头木偶戏梧州市级代表性传承人林柱成

20世纪50年代，只有四五岁的林柱成经常被父亲带到金鸡镇大坟村观看杖头木偶戏。十几个剧团在不同场地、不同时间轮番摆台上演，台下观众一拨接着一拨。那兴盛的展演场面，令他至今记忆犹新。

从藤县中学毕业后，16岁的林柱成回到天平镇新大村干农活，晚上闲暇时依然到村里各个剧队的演出场所观看杖头木偶戏。"看到杖头木偶戏如此有趣，我在家里也模仿着制作简单的木偶，根据坊间传说随口唱词。"林柱成说，木偶制作、剧本唱词、舞台搭建全部都是自己观看别人表演后摸索着创作的。尽管如此，他依然坚持不懈地自学杖头木偶戏，后来两个堂弟也加入一起练习击打乐器、操舞木偶。

经过一段时间的摸索，林柱成的木偶剧队逐步成形，"我们在村里的空地搭台表演，场面不亚于那些前辈剧队"。为了生计，林柱成曾到外地打工，但仍时常想起藤县杖头木偶戏。回藤县做老师后，他重操旧业，不仅利用业余时间钻研把玩，还为藤县文化馆写剧本、做导演。

"除了妻子，木偶也是我人生的另一半。"林柱成说。2005年，他与麦普壬等人一道组队，改进演出装备，至今依然在各地展演藤县杖头木偶戏。

经历了大半个世纪的打磨，70多岁的麦普壬对藤县杖头木偶戏表演的流程早已十分熟悉。如今，让传统技艺得到不断传承就是他最大的心愿。不管是师徒传承还是家族传承，对他来说都是相当重视的传承途径。

"小时候我就跟随父亲到村里观看藤县杖头木偶戏，它就在我的心里扎了根。"麦普壬见自家没有制作木偶的条件，就到处找人帮忙。他还用木薯雕刻成木偶的形状，无师自通地练习操舞。

后来，哥哥也加入他的队伍，通过家族传承的方式将藤县杖头木偶戏表演技艺留存了下来。

麦普壬认为，与林柱成的合作，既是对自己杖头木偶戏表演技能的提升，也是对民间技艺的保存。"现在从事杖头木偶戏演出的人已经寥寥无几，如何教会下一代掌握这个技艺，是我们最重要的使命。"孙子麦子杰就是麦普壬的希望，"我要让孩子从小接触藤县杖头木偶戏，学习操舞演唱，为将来藤县杖头木偶戏的传承发展打下扎实基础。"

豆渣状绵软 甘香绕舌尖

梧州豆腐渣甘香怡人、营养丰富，陪伴本地人走过漫长岁月，时至今日，梧州豆腐渣依旧是梧州人记忆里的家乡味道。

梧州豆腐渣制作技艺

　　梧州豆腐渣甘香怡人、营养丰富，可煎可炒可煮汤，虽是素菜，却有荤菜的美味，受到了食客的青睐。梧州豆腐渣制作技艺早先主要流传于梧州市区的冰泉冲、冷水冲一带，鼎盛时整条街都是制作豆腐渣的民间工坊。后来，除少数工坊留在原地外，大部分工坊搬迁至太和冲、吹风岭一带，坚持传统手工方法制作豆腐渣。因此，现在的太和冲、吹风岭一带成了梧州豆腐渣制作技艺的主要流传和核心地带。2020年，梧州豆腐渣制作技艺被列入第八批自治区级非物质文化遗产代表性项目名录。

盛夏时节，微风拂动鸳鸯江两岸的绿叶，缕缕云絮倒映在清澈的江面上，一不小心被穿梭往来的货船揉碎，留下一圈又一圈白色的涟漪。

梧州的青山绿水孕育出了浓醇甘香的梧州豆腐渣，它以独特的美味陪伴着本地人走过漫长岁月，时至今日，梧州豆腐渣依旧是梧州人记忆里的家乡味道。

一方水土孕育一方风味

清晨，家住万秀区太和路附近的覃石雄早早起床，把作坊内发酵好的豆腐渣送往市区各个菜市场，以满足群众每天餐桌上的需求。

"相传梧州豆腐渣制作技艺在明末清初时就诞生了，至今已有 400 多年历史。"梧州市历史文化研究会副会长彭志创表示，民国时期是梧州豆腐渣生产的鼎盛时期。当时，广州六榕寺专程派人来梧州购买豆腐渣，

炒制生豆渣时，制作者要拿着一把大铁铲在大锅中不断地翻炒，很耗费体力 / 梧州日报社　供图

生豆渣炒制好后放进簸箕平铺，待其冷却后再加入菌种，让其在适宜的环境下发酵 / 梧州日报社　供图

做成上等斋菜。此后，梧州豆腐渣名扬两广，饮誉港澳，被誉为"广西猪肝"。

豆腐渣口感甘香，深受梧州市民的喜爱，但其制作工艺却非常烦琐。

将制作豆腐或者豆浆剩余的残渣清洗、炒熟、风冷……作为梧州豆腐渣制作技艺市级代表性传承人，黄雄容清楚地记得梧州豆腐渣制作的每一个流程。"梧州豆腐渣制作过程中，炒生豆渣最耗费体力，即使在寒冷的冬天，炒豆腐渣时都是汗流浃背的。"她说，炒制时，制作者要操着一把大铁铲在大锅中不停地翻炒，直至十几公斤重的生豆渣变得干爽不黏手才算炒制完成。

生豆渣炒好后放进簸箕铺平，待其自然冷却后再加入菌种，让豆腐渣在温度、湿度适宜的环境下发酵。"两到三天，豆腐渣就会慢慢变得紧致绵软，表面覆盖一层红毛，切口呈白色，这样就发酵好了。"黄雄容说。发酵好的梧州豆腐渣散发着独特的豆香。

"梧州豆腐渣具有极强的地域性，相传离开梧州市就做不出梧州豆腐渣的风味了。"彭志创表示，据梧州豆腐渣制作的行家说，这是因为豆腐渣发酵需要有特定的水土气候条件，梧州得天独厚的温润气候和优良水质，是外地不可复制的。

一块豆渣记载一段历史

临近中午，万秀区怡景市场内人头攒动。"我隔三岔五就会买一些豆腐渣回家做菜吃。对我来说，豆腐渣不仅是一道菜品，更是一种情怀。"市民黄桥福说。

70多岁的黄桥福过去是一名船员，在船上工作了大半辈子，他至今还记得梧州豆腐渣陪伴他行船的岁月。

豆腐渣可以煎、炸、炒，滋味甘香，图为豆腐渣卷／梧州日报社　供图

梧州豆腐渣制作技艺市级代表性传承人黄雄容 / 黄雄容　供图

　　"20世纪六七十年代，物质条件普遍匮乏，随船储备的干粮非常有限，在船员眼中，价格亲民的梧州豆腐渣无疑是一道下饭好菜。"黄桥福说，当时很多船员将豆腐渣切片晒干带到船上，这些豆腐渣干可储存一个月之久，可用作行船期间的下饭菜。

　　传统手工制作出来的梧州豆腐渣不但方便储存，而且里面蕴含着多种矿物质。"经过红菌发酵的豆腐渣，含有丰富的蛋白质、钙质和纤维素，为船员提供了丰富的营养物质。"彭志创表示，从另一个层面来说，豆腐渣也见证了梧州百年商埠的繁华。

　　如今，早已过了物资匮乏的年代，有些不了解梧州豆腐渣的人不禁担忧，豆腐渣表面那层粉色的菌丝吃了之后是否会有损健康？

　　2015年，为解开这个疑问，黄雄容带着梧州豆腐渣样品到南宁市的权威部门检测。根据专业机构的检验结果，豆腐渣的蛋白质含量和膳食纤维含量分别达到 17.84% 和 36.29%，并且未检测出黄曲霉毒素 B1 等有害物质。

　　"结果出来之后，我的心里更踏实了。"黄雄容表示，这份结果不仅证明了梧州豆腐渣确实为长期外出航行船员提供丰富营养物质，也为这一制作技艺的推广奠定了更为坚实的基础。

一项技艺蕴含一城底蕴

盛夏午后，炙热的阳光照进尘封已久的豆腐渣手工作坊，也打开了黄雄容尘封已久的记忆。她一边抚摸着布满灰尘的豆腐渣制作工具，一边感慨地表示，生产周期长、劳动强度大、制作成本较高……这些导致制作梧州豆腐渣的民间作坊急剧减少，梧州豆腐渣制作技艺面临失传的严峻局面。

为了照顾家庭，黄雄容在 2018 年不得不放弃梧州豆腐渣制作这门手艺。然而，从小吃着梧州豆腐渣长大的她并没有放弃把梧州豆腐渣制作技艺这项非遗文化发扬光大的初心。

"梧州豆腐渣传统烹制方式已经不能满足消费者对口味多样化的需求了。"粤北龙山餐馆总经理陈泽贤表示，近年来，餐馆与黄雄容合作，不断研制出豆腐渣点心、豆腐渣卷等年轻人喜欢的菜肴。

"目前，市区内大部分传统的餐馆都会推出几道用梧州豆腐渣做成的菜肴供市民选择。"梧州餐饮业商会会长王伟表示，传统美食蕴含着一座城市的人文和底蕴，传统餐馆通过菜式的不断创新，推动梧州地域美食文化不断"出圈"。

为了擦亮梧州豆腐渣这张非遗名片，梧州市多家酒楼将以梧州豆腐渣为原材料的相关菜品送到全国各地菜肴比赛上，让更多人了解梧州这座城市的历史文化。"2023 年，我们制作的豆腐渣卷在广西全域旅游大集市·康养美食大赛菜肴类获得银奖。"陈泽贤表示，未来，他们将会推出更多用梧州豆腐渣制作的新菜品，进一步创新发扬梧州豆腐渣美食文化。

经过时间磨洗，浸润岁月底色。梧州豆腐渣制作技艺历经数百年传承，独特的豆香味在技艺流转间淬炼成为梧州深刻的历史符号，形成了梧州民众的味觉记忆，无比醇香。

反复练习育菌种
—访梧州豆腐渣制作技艺市级代表性传承人黄雄容

"小时候我妈妈从船上回来第一件事就是去市场买豆腐渣回家切片晒干。"黄雄容说。20世纪70年代,黄雄容出生在一个普通家庭,其父母均为船工,年幼的她经常随船到珠三角一带。陪着她一起航行的,还有家乡美食梧州豆腐渣。从那时起,她就对梧州豆腐渣制作技艺产生了浓厚兴趣。

35岁时,为了重拾小时候的梦想,黄雄容毅然决定从餐饮经营改行,学习梧州豆腐渣制作技艺。"刚开始,身边的亲人朋友都反对我学习豆腐渣制作技艺,觉得这个工作太辛苦了,担心我身体扛不住。"黄雄容说。拜师屡屡碰壁、炒豆渣时经常炒糊、记不住制作豆腐渣的步骤……这些困难都没有让黄雄容退却,她用行动证明了自己可以学好这项技艺。

梧州豆腐渣制作过程的一个关键步骤就是制作菌种。"炒熟的豆腐渣只要放在温度、湿度适宜的环境下就能自然发酵出菌种。"黄雄容表示,但即使有几十年豆腐渣制作经验的老师傅,也不能保证每一次都成功。

为了炒制出合格的梧州豆腐渣菌种,黄雄容日复一日地练习。终于,在学习半个月后,她成功培育出制作梧州豆腐渣的菌种。"只有掌握了梧州豆腐渣制作技艺,才能把梧州豆腐渣这道美食推广出去。"黄雄容表示,未来她将会更加坚定推广梧州豆腐渣制作技艺的初心,让更多人了解梧州豆腐渣。

中式菜肴泰式酱

——访粤北龙山餐馆总经理陈泽贤

如何让传统风味的梧州豆腐渣口感变得丰富？这是从事餐饮业 30 多年的陈泽贤一直在思考的问题，为此他不断尝试创新。"经过发酵的豆腐渣吃起来口感比较粗糙，要创新豆腐渣的菜式，就必须从口感入手。"陈泽贤说。

为了解决豆腐渣口感粗糙的问题，陈泽贤一边和黄雄容反复讨论研究，一边不断地进行尝试。经过反复尝试，他终于研制出口感细腻的豆腐渣卷。

"传统的梧州豆腐渣都是中式菜肴的做法，要让梧州豆腐渣走得更远，就必须在烹饪形式上进一步创新。"陈泽贤介绍道，"在研制梧州豆腐渣卷的过程中，我们把马蹄（荸荠）、木耳等配菜切丁，把它们和面粉一起加到梧州豆腐渣里，再用热油炸。这样做出来的豆腐渣卷不仅带有梧州豆腐渣的豆香味，口感也比较丰富。"

豆腐渣卷做出来后，陈泽贤又遇到了一个难题。用什么酱料搭配豆腐渣卷才能让味道更出彩？为此，他不断从各种渠道搜索资料，用不同酱料和豆腐渣卷进行搭配，最后在餐馆厨师的建议下，发现泰式酱料和豆腐渣卷非常搭配。"泰式酱料不但咸中带甜，还有微微辛辣，和豆腐渣卷搭配在一起，口味很有层次感。"陈泽贤说。

泰式豆腐渣卷这道菜肴成功推出后，餐馆又陆续推出豆腐渣点心等菜肴。"下一步，我们会继续以梧州豆腐渣为原材料，更新传统菜式，让旧食材有新味道、新面貌。"

瑶药跌打丸 济世传良方

蒙山县群山环抱，蕴藏着丰富的中草药资源，在独特的自然环境和文化滋养下，孕育出底蕴深厚的瑶医文化，为潘公平跌打还魂丸的传承和发扬奠定了良好的基础

潘公平跌打还魂丸

潘公平跌打还魂丸是在蒙山县潘氏家族百年祖传秘方的基础上研制而成，具有活血化瘀、疏通经络等功能，至今已有200多年的历史。

潘公平跌打还魂丸的配方和制作工艺复杂，全部药材入药前均经过拣、选、洗、切，制药过程包括冲、辗、筛、熬、拌、出型、称、粗坯、包砂纸共9道工序。近年来，潘公平跌打还魂丸还开发出胶囊剂、软膏剂、喷剂等便于携带的系列产品。

潘公平跌打还魂丸于2014年被列入第三批梧州市级非物质文化遗产代表性项目名录，同年被列入第五批自治区级非物质文化遗产代表性项目名录。

瑶医药是我国瑶族人民在长期与疾病作斗争的过程中积累总结出来的医学经验和治疗方法。它是瑶族人民智慧的结晶，有着极其广泛的民族思想内涵和生产生活实践基础，是具有民族文化特色的传统科学文化体系。

蒙山县群山环抱、风光旖旎，蕴藏着丰富的中草药资源。县内有两个瑶族乡，瑶医文化底蕴深厚。在独特的自然环境和文化滋养下，潘公平跌打还魂丸的继承和发扬也有了良好的基础。

瑶医世家　悬壶济世

据蒙山县潘氏族谱记载，潘公平跌打还魂丸最早源于古骆越地流传的利用珍稀草药穿云箭（京大戟）制作的创伤药，此药经瑶族药师重新精心配制后，创制成跌打还魂丸。在明代，跌打还魂丸的药方传入北京。明末清初，在外地云游行医的潘氏先人救助了一位流落民间

潘公平跌打还魂丸商标招牌刻板、胶囊型剂和传统蜡丸

的宫廷御医。这位御医为了感恩，将多张宫廷秘方赠与潘氏先人，其中就有跌打还魂丸的药方。

潘氏祖上历代行医，医药文化代代相传。潘氏先人在继承祖上医风、药方和技艺的同时，自主钻研，不断改进制作方法，将潘氏医馆的名声推到了高峰。

后来，由于各种原因，潘氏医馆被烧毁。族人潘茂安幸免于难，从此隐姓埋名多年。后来，潘茂安将跌打还魂丸的药方传给儿子潘仕魁。

潘仕魁，字公平，自幼得名师悉心教导，武术、医术皆精。成年后，潘仕魁在老家永安州（今蒙山县）开办医馆和武馆，整理膏、丹、丸、散诸药方，集前人

潘公平医馆尚存的部分牌匾

之智慧，钻研医术，运用中草药诊治各种疑难杂症。由于潘仕魁拥有精良的医术和悬壶济世的仁爱之心，乡邻尊称其为"潘公平"，而不直呼其名。他所研制的药丸就称潘公平跌打还魂丸。潘公平跌打还魂丸也因此广为流传，远销美国、英国、日本等国家。

潘仕魁之孙潘宝建，是潘公平跌打还魂丸自治区级代表性传承人，也是瑶医世家200多年来的第八代传人。

潘宝建在蒙山县出生长大，从小耳濡目染瑶族医药文化，7岁时就开始跟随伯父伯母上山采药，切身感受到我国医药文化的博大精深和独特魅力。

一次偶然事件，促使潘宝建立志传承和弘扬祖先留下的珍贵医药遗产，开始继承祖业重新制作潘公平跌打还魂丸，为家乡父老乡亲治病。于是，年仅13岁的他广拜名师习医，一边学习一边实践，数年后考取医师资格证书，从事中医药工作。

由于潘公平跌打还魂丸原料的主药材藏在深山里，潘宝建每隔一段时间，就会到神农架进山采药，每样药材都是他从山上采回来的。他还会前往十万大山、猫儿山等大山里采药，翻越了数不清的崇山峻岭，经过收集、整理、验证、制作，最终将民间口口相传的奇特中草药呈现在世人面前。

身处困境　亟待保护

多年来，潘宝建始终将传承发展潘公平跌打还魂丸的责任扛在肩上，举办多期非遗中医药项目传承班，将自己积累数十年的行医经验、方药、技法传授给学员，培养瑶医人才，提升瑶医学习者的知识水平，使瑶医更好地走向外界。

然而，受大环境影响，目前，潘公平跌打还魂丸传承面临断层困境。随着现代医药学的高速发展，人们对民族医药的依赖和了解程度逐渐下降，大大缩小了瑶医药的使用空间。传承人老龄化、传承人才缺乏、瑶药社会影响力不足等问题，也使瑶族医药没有得到长足发展的空间。这些都成为潘公平跌打还魂丸传承发展的痛点。

潘宝建说，一方面，潘公平跌打还魂丸传承发展的首要问题是人才问题。随着时代发展，熟悉制作技艺的也都是年长者，后继乏人状况严重。另一方面，瑶医瑶药离不开"药"字，野生药物资源的急剧减少在一定程度上影响了潘公平跌打还魂丸的传承与发展。随着林地经济的开发，不少天然瑶药原材料已濒临枯竭。

人才的培养是潘公平跌打还魂丸保护传承的重中之重。国家和地方政府的支持是潘公平跌打还魂丸保护传承的政策基础。近年来，蒙山县委、县人民政府高度重视非物质文化遗产保护传承工作。其中，为落实落细潘公平跌打还魂丸等非遗文化的传承和保护工作，蒙山县文化广电体育和旅游局建立了非物质文化遗产代表性项目名录，在蒙山县文化馆成立非物质文化遗产传承保护办公室，并安排专职人员常态化开展传承保护工作，在全县各乡镇综合服务中心设立非物质文化遗产传承保护机构，深入发掘整理非遗材料，最大限度地开展传承保护工作，对于获认定的非物质文化遗产代表性传承人，支持其经常性开展各项传承、传播活动。同时，为扩大非遗文化的影响力，该局充分运用潘公平特色草医馆等 10 多个非物质文化遗产展示传承场所，在重大节日举行一系列非遗展演活动。

瑶医药是中华传统医药文化中的瑰宝，如今正揭开神秘的面纱，期待飞出大山。而潘公平跌打还魂丸这一传承了 200 多年的民族医学瑰宝，在静待更多的有心人前来继承与发展。

传承之路步步艰
——访潘公平跌打还魂丸自治区级代表性传承人潘宝建

"我最大的心愿就是潘公平跌打还魂丸后继有人，不能让祖宗的技艺断在我手里。"潘宝建说。

潘宝建已近古稀之年，几十年间收过不少学徒，他对所有学徒毫无保留，"我遇到许多对潘公平跌打还魂丸感兴趣的年轻人，但深究这门制作技艺的还是很少见"。聊到传承，潘宝建首先想到的就是问津者多，半途而废者更多，这是非遗传承的一大难题。

多年来，潘宝建的心愿仍未实现，他还没有找到真正喜欢、愿意潜心研学潘公平跌打还魂丸制作技艺的人。至于何时能找到或者到底能否找到，他心中没谱。

传承道路坎坷，重担在肩举步维艰。为此，潘宝建正努力争取将潘公平跌打还魂丸升级为国家级非遗项目，以此推动传承事业的发展，打响社会知名度，争取到全社会更多的认可和支持。

太平有好饼 手艺代代传

太平米饼香甜酥软的味道，是不少人的童年记忆

化开的砂糖馅裹着脆香的果仁、油香的水晶肉，藤县

藤县太平米饼制作工艺

　　藤县太平米饼是藤县地方特色小吃。在太平镇，传统节庆到来前，家家户户都制作米饼。太平米饼因口感软糯名声远扬，制饼的习俗、工艺辐射至相邻的濛江镇、和平镇、古龙镇、东荣镇、平福乡等各个乡镇。

　　藤县太平米饼制作工艺由老一辈人口传心授。2020 年，藤县太平米饼制作工艺被列入第八批自治区级非物质文化遗产代表性项目名录。

·黄子萃 林丹莉·

"凼凼转，菊花园；炒米饼，糯米团；阿嬷叫我去睇龙船……"这是梧州人熟悉的童谣。广东、广西很多地方都有制作炒米饼的传统，化开的砂糖馅裹着脆香的果仁和油香的水晶肉，一口咬下去，甜蜜甘香，能唤起人们的童年记忆。

历史悠久 过节佳品

藤县太平米饼制作工艺历史悠久。清朝时期，太平镇设圩开埠，商贾云集，经济繁荣。道光十九年（1839年），为庆贺太平镇设圩开埠100周年，乡绅民众捐资建成文武二帝庙和义学堂。在文武二帝庙落成典礼当天，太平镇各家各户、商人纷纷献上供品和精美小吃，米饼便是其中最受青睐的一种小吃。

清末，太平圩出现了由商人自发组建的民间组织——务本堂（太平商会前身），兴办公益事业和文化

口味各异的米饼 / 陈凡　摄

活动。当地米饼店的老板们也踊跃加入商会，积极向外打开销路，推介米饼，同时也为家乡捐资助学、赈灾救困。

提到藤县太平米饼，总能让藤县作家协会副秘书长曾春凤沉浸在丝丝缕缕的甜蜜中。曾春凤在《西江月》杂志刊发的文章中回忆："三伯娘的打饼技术由太平娘家'陪嫁'过来，逐步形成家乡风俗。一进腊月，家家户户打米饼，左邻右里互相串门，五嫂八婶、三姑六婆齐集一堂，互相学习做米饼，村头巷尾到处飘着诱人的香气……"

"母亲把糯米和黏米按比例分别淘洗晾干后用大火爆炒。炒好的大米用碓舂成粉末，用箩斗（竹制筛子）筛选，米粉待'润粉'后，埋进萝卜薄片，如此反复，约莫半个月后，母亲将馅料和着饼粉在掌心揉搓，然后印满

填满馅料，再铺上一层饼粉，下一步便是压制 / 陈凡　摄

一簸箕，分几笼蒸熟，新鲜出炉的米饼热气腾腾、香气扑鼻、口感酥软、甜蜜美味。置于阳光下稍作晾晒，米饼香味浓郁，也更具韧性。"母亲制作米饼的场景，深深地刻在曾春凤的脑海中。

制作讲究　工艺烦琐

伴随着生产技术发展进步，藤县太平米饼实现规模化生产，不再局限为节庆食品，而是悄然走进了群众的日常生活。

最近，藤县太平米饼制作工艺自治区级代表性传承人胡朝雪已陆续收到不少订单。偌大的米饼加工厂房内，花生芝麻的酥香糅合着清甜的米香，师

胡朝雪 / 陈凡 摄

傅们正有条不紊地手工印制米饼。一旁的大锅炉热气腾腾，飘出麦芽糖醇厚的甜味。这锅麦芽糖是胡朝雪从清晨7点便开始用柴火熬制的，待下午5点才能出锅。

在制饼前两天，胡朝雪早已将制作饼皮的饼粉备好。饼粉由薏米、高粱等五谷烘炒磨碎，杂粮味浓香扑鼻。只见师傅抓一小把饼粉铺在饼模内，手指旋上一个圆坑，往里舀入馅料，再铺上

工人手工制作米饼 / 陈凡 摄

一层饼粉，盖上模盖，从拇指按压模盖并顺时针挪动，直至饼粉和馅料牢固地融为一体。最后，连模带饼用手托起，只须将模盖柄轻轻往上一推，一枚浑圆白净的米饼就"呱呱坠地"了。

太平米饼制作工艺烦琐，机械化虽可缩短碾粉和蒸饼的时间，但米饼要好吃，大部分流程还得手工制作。"现在市面上好多炒米饼用纯糯米粉经机械制成，外皮口感极硬，内里甜馅躺人，很多人误以为炒米饼就是这样的，不愿再吃。其实，我们传统手工制成的米饼，饼皮由五谷翻炒研磨，口感软糯，入口即化。"胡朝雪说，制饼的材料比例、蒸饼的温度时间都极为讲究，影响饼成品的形状及口感，新鲜的米饼方便贮藏，打好包装的米饼即使刚从冰箱拿出来，也不会干硬。

厂里许多员工都来自周边的村镇，从小吃着米饼长大。"记不清几岁就开始吃饼、做饼，在村里也没什么念想，只会做饼，一做就是18年。"来自太平镇健安村的陈萍说，自己不做饼时，就在家里干农活。其实，对陈萍等员工来说，做饼不只是一份工作，更意味着一份传承。

推陈出新　做大产业

在太平镇上众多林立的食品加工厂中，藤县太平米饼制作工艺县级代表性传承人宋永光制作的米饼在创新上颇费心思。

"传统的藤县太平米饼就是糯米与高粱混合。近年来，大众对口味需求越来越多，讲究营养丰富。我想，是否能将藤县本地特色产品葛根、梧州特色产品六堡茶等与传统米饼制作工艺结合起来。"宋永光说。近年来，他研发出特制葛根饼、六堡茶米饼、香芋饼等 20 多个品种。

新品研制成功后，宋永光便拿去参加各地美食文化活动巡展，随后再根据消费者意见改进口味。他研制的葛根、六堡茶味的米饼为全国首创，荣获广西民族地方特色美食大赛金奖。"近年来，太平镇上制作米饼的厂家数量有所减少，我觉得是市场筛选使得厂家优胜劣汰。这并非坏事，因为能在市场竞争中生存下来的厂家，米饼制作工艺愈加精良，品质愈加上乘。"宋永光说。

小小一只藤县太平米饼，不仅承载着藤县人民对生活的热爱和对未来的期待，而且凝结着胡朝雪、宋永光等藤县太平米饼制作工艺传承人对技艺的传承、坚守与创新。

而今，太平米饼作为太平镇主导产业，已有 10 家获得生产许可证的厂家，2022 年的年产量超过 5500 万只，产值达 7000 万元。太平米饼多次被评为广西名优特产，成为助力地方经济发展的特色产业。不少米饼企业实行原材料种植基地化，以"公司＋基地＋农户"方式，坚持原材料上门收购制度，扶持农户上千户，吸纳、带动全镇约 2.4 万人就业，直接带动当地经济有效持续发展。与此同时，藤县太平米饼产业特色小镇项目也正全力推进，以非遗文化带动产业发展，带动群众掌握一技之长，以就业帮扶助力乡村振兴。

小小的藤县太平米饼坚持守正创新，既传承传统制作工艺，也推陈出新融入时代发展，正在登上更大展销舞台，走进千家万户。

太平米饼馅料软糯／陈凡　摄

改良工艺出新饼
——访藤县太平米饼制作工艺自治区级代表性传承人胡朝雪

　　胡朝雪 6 岁开始跟着爷爷和父母学习米饼制作工艺，初中毕业后学做糕点，之后从事月饼生产。

　　"以前，我只在年节做一些米饼送给亲朋好友。没想到大家都说好吃，我备受鼓舞，于是开始接受亲朋好友的订单，制作米饼。"2013 年，胡朝雪租下一间 1200 平方米的厂房，尝试扩大生产。他曾到广州等地的美食展会购买样品回家反复研究，不断改良手艺，先后制作出叉烧肉松、麦芽糖系列、紫薯等口味的米饼，获得了市场认可。生产巅峰期，厂房的师傅们从早上 7 点一直做到晚上 10 点，产品还是供不应求。

　　近年来，胡朝雪打造的"狮山米饼"受邀前往上海市参与中国国际进口博览会等文化展示活动，米饼的味道得到来自其他城市的非物质文化遗产代表性传承人的认可，还获得了第八届广西民族地方特色美食大赛金奖。

　　胡朝雪开心地笑道，细算下来，自己制作米饼 40 多年了。现在，邻近乡镇的学生、村民每逢假期、节前就来到胡朝雪的加工厂当临时工，学做米饼，厂里最繁忙时需要聘请 100 名员工。许多员工跟着胡朝雪做饼，一做就是 10 多年。

线上直播米饼香
——访藤县太平米饼制作工艺县级代表性传承人宋永光

宋永光是土生土长的太平镇人，其祖父、父亲都是制饼的好手。

"我从小耳濡目染，对米饼有难以割舍的情怀，希望能把祖上代代相传的手艺传承和发扬下去。"1992年，宋永光接手家里的米饼厂。制饼30多年，100多平方米的小厂房如今已扩建至1000平方米，米饼销售年产值1000万元左右，带动乡镇村民就业170多户，精准帮扶5户脱贫户。

"我的经营宗旨是别人没有的，我要有；别人有的，我要优；别人赶上了，我要创。"宋永光自信地说，自己做的米饼贵在有回头客，保持品质与推陈出新是他一直坚持的事情。

为了将藤县太平米饼文化发扬光大，宋永光毫不吝啬地将藤县太平米饼制作工艺传授给员工，他带出的5名徒弟目前已经独自创业，在广东、广西等地传承和发展藤县太平米饼制作工艺。

"希望把太平米饼制作工艺推上新台阶，让它走得更远。"宋永光不仅带着产品参与全国各地文旅活动展销，还与政府有关部门合作，组织起线上带货直播，将家乡美味推广到全国各地。

曲调古韵传 乡音颂美德

长洲采茶剧极具地方特色，通过说唱和动作向观众讲述故事，从而传递正面教育内容或鞭挞丑恶现象

长洲采茶剧

长洲采茶剧表演历史悠久，在本土彩调剧曲调的基础上，混杂了桂东南特有的鹿儿调，以及各种山歌调、民间小调、粤曲小调，经过演化形成了桂东南地区影响力较大的剧种——长洲采茶剧。

长洲采茶剧的剧情主要是根据当地群众喜闻乐见的文学作品、民间故事编写，表演时配上二胡、锣鼓等各种乐器道具，在轻灵明快的音乐曲调中表演。因表演不分文武生，没有高难度的武打，所以易学易表演。近年来，采茶剧团不但在乡间演出，还在梧州市区、苍梧县、藤县，以及贺州市昭平县等地演出。2018 年，长洲采茶剧被列入第七批自治区级非物质文化遗产代表性项目名录。

· 蒙敏莹 史秋兰 袁 欣 ·

"老师教我读书文，读好文章好立身；若得题名金榜上，一定回来报师恩……"近日上午，在长洲区倒水镇富万村的千年古榕"连心树"下，喜庆的锣鼓声、悠扬的二胡声伴随演员精准的唱调，古装采茶剧《梁山伯与祝英台》拉开演出序幕。演员们精湛的演绎赢得了周边观众连声叫好，他们不时拿出手机记录下精彩的瞬间。

台前，演员表情到位、故事教育意义大，令人回味无穷，引起了现场众多村民的共鸣；幕后，戏服、木箱、面霜、小圆镜……没有专业的化妆师，演员们上台前的准备都是依靠自身熟练的手法和长期积累的经验。但无论演出条件如何，参演采茶剧的演员都一丝不苟、兢兢业业，努力让传统戏剧的魅力感染更多的观众。

古韵动听　乡音流传

长洲区山地丘陵多，适宜种茶，先民们采茶时三三

长洲采茶剧用说唱和动作向观众讲述故事／陈凡　摄

两两哼唱着几乎人人皆会的小调，时而对歌，时而起舞，故曰
"采茶调"。

　　"长洲采茶剧表演历史悠久，从形成至今，至少历经20代人
的传承。"长洲区倒水镇综合文化站站长潘卿说，采茶剧以民间传

说或日常生活为故事蓝本，用说唱和动作向观众讲述故事，从而传递正面教育内容或鞭挞丑恶现象。

由于长洲采茶剧的表现形式通俗易懂，故事内容又贴近生活，因而广受本地及周边村民的喜爱。起初，人们在村头巷尾、坡上岭下、山间林中，无处不唱、无处不舞、无处不传，随着唱的、听的、对歌的传播多了，逐渐成了山歌队、说唱队、文娱队、宣传队、文艺队。20 世纪 80 年代前后，长洲采茶剧的表演如火如荼，其中以倒水镇路垌村及其毗邻的马水村的采茶剧表演最为突出。

长洲采茶剧的关键在于剧本创作。长洲采茶剧中，不仅有《刘三姐》《梁山伯与祝英台》等传统剧目，也有《媒婆上轿》《真假状元》等非传统剧目。但无论是传统剧目还是非传统剧目，都深受群众的喜爱。因为有群众基础，长洲区的采茶剧团均为民间自发组成的剧团。逢年过节是各采茶剧团最忙碌的时候，因为演员们忙着到不同乡村表演精彩的采茶剧。

年逾七十的莫传光是倒水镇马水采茶剧团演员，也是长洲采茶剧自治区级代表性传承人。他说，长洲采茶剧并不简单，不仅在倒水镇路垌村、马水村、旭村，以及周边各乡镇、县、市广泛传播，在梧州市苍梧县、藤县等地甚至广东省肇庆市封开县也深受欢迎，而且成为周边乡镇剧团争先学习的传统戏剧之一。

锣鼓阵阵，曲声飘扬。经过多年传承，采茶剧在长洲区这片文化沃土上不断成长，以其独特的艺术魅力，让中华传统美德浸润人心。

提升水平　焕发光彩

"人杰地灵富万村，山清水秀鸟儿欢；三棵神树护村民，风调雨顺佳话传。"在2023年长洲区富万村巨型水稻开镰节活动上，长洲采茶剧再次唱响，不仅进一步丰富广大群众的精神文化生活，也为活动营造了丰收的喜庆氛围。

尽管长洲采茶剧已被列入自治区级非物质文化遗产代表性项目名录，但因为采茶剧团几乎都是村民业余组建的，他们白天是从事劳作的村民，晚上是业余剧团的演职员，无稳定收入、年龄偏大，加上多元化娱乐方式的冲击等，采茶剧表演已经不能满足当前群众文化生活的需求。

演出是戏曲艺术传承的载体。在政府和相关人员的积极努力下，2014年路垌采茶剧团、马水采茶剧团重整旗鼓，再招旧演员及培养新人，同时在表演内容和形式上增加了新的元素。长洲区充分发挥文化在凝聚人心、教化群众、涵养民风方面的积极作用，把长洲采茶剧作为培育文明乡风、良好家风和淳朴民风的重要载体，充分利用戏曲文化资源助力乡村精神文明建设和文化旅游发展。同时，配合戏曲进校园活动，长洲区鼓励剧团深入校园教授学生学习采茶剧，为这个历史悠久的剧种培养一批新生力量。

近年来，长洲采茶剧得到了进一步的深挖保护和传承发展，在举办各类节庆文娱活动中采茶剧表演必不可少。长洲区现有6个采茶剧团，包括倒水镇马水采茶剧团、路垌采茶剧团、旭村采茶剧团、龙江驿采茶剧团、

莫传光/陈凡　摄

长洲采茶剧演出时伴奏使用的乐器多种多样/陈凡　摄

蓬冲采茶剧团、倒水镇夕阳红龙岩采茶剧团。其中，倒水镇夕阳红龙岩采茶剧团于每个圩日在倒水镇龙岩公园固定开展表演活动。

为推动文旅结合，长洲区积极进行本地采茶剧本的创作，先后创作了《富万村连心树武举人莫如夏的传说故事》《富万村万寿树母慈子孝的传说故事》《富万村钱王古井的故事》，近期还创作了与路垌村六堡茶场文化相结合的本村故事剧本《路垌村出尾皇的传说故事》等，贯彻党的二十大精神创作的有《砂糖橘大丰收》《喜迎党的二十大　农民致富颂党恩》等采茶剧本。

长洲采茶剧这一富有浓郁地方特色的民间文化，正不断融入新时代的元素，将焕发出更大的光彩！

传唱乡音一甲子
——访长洲采茶剧自治区级代表性传承人莫传光

长洲采茶剧的传承模式主要分为师传和祖传两种。而莫传光属于师传的代表。2019 年，他被认定为长洲采茶剧自治区级代表性传承人。

为了推广长洲采茶剧，莫传光从老一辈艺人手中接过传承的重担，带着身边人组建了倒水镇马水采茶剧团。"我还是小孩时就向村里的老师傅学习采茶剧，现在已经有将近 60 年的表演经历。"莫传光说，虽然现在人们的文化生活丰富了，但很多乡镇的群众对采茶剧的热情依然很高。

为了更好地传承采茶剧，近几年里，莫传光和剧团的成员不仅活跃在周边的各个乡镇，平时还积极参加梧州市或长洲区举办的节庆活动，积极传播传统长洲采茶剧文化。"为了推出更多更新的节目，我们也会以山歌、小品、三句半等形式来表演采茶剧，尽我所能传唱乡音，为乡村振兴贡献自己的一份力量。"莫传光如是说。

年过八旬犹演出
——访倒水镇马水采茶剧团成员周德昌

锣鼓铿锵，戏韵悠扬，长洲采茶剧悠扬的唱腔将生动的故事演绎得扣人心弦。演员们唱念做打、一招一式，尽显功底，充分展现采茶剧文化的独特魅力，以至于让耋耄之年的周德昌依旧沉醉其中。

周德昌是长洲采茶剧的忠实爱好者。2013 年，他萌生了学习唱演采茶剧的念头。别看长洲采茶剧易学易表演，作为初学者，已是古稀之年的周德昌仍需要付出大量的时间和精力去学习。

"刚开始我在幕后吹打乐器，同时暗中学习台上演员的表演。后来，我就开始走上舞台，试着饰演一些老生角色。"周德昌表示，一个动作、一个表情常常要反复揣摩成百上千次才能像模像样。通过细心观察和勤学苦练，他逐渐掌握了唱、演、编排等各项技能。

如今，周德昌仍然坚持跟随剧团走村串乡。除偶尔上台表演外，他还会通过关注生活中的事物，从中找到创作的灵感，去创作一些观众喜爱看的剧本。"艺术就是要活到老、学到老，我会继续深挖长洲采茶剧的文化内涵，努力将精彩的表演、更高水平的剧目奉献给观众。"周德昌说。

酥饼加猪油 齿颊皆留香

龙圩猪油饼制作技艺最早可追溯到清光绪年间，目前仍保留传统制作工序，深受群众喜爱，成为当地饮食文化的重要组成部分

龙圩猪油饼制作技艺

　　龙圩猪油饼历史悠久，色、香、味俱佳，远近闻名。龙圩猪油饼形状一般为圆形，有大、小两种规格，饼面印有"可食"二字。

　　龙圩猪油饼口感细腻、风味独特，制作工序烦琐复杂，包括腌、浸、炒、煮、烘烤等，用料和火候须恰如其分，熟练掌握其制作技艺的人并不多。龙圩猪油饼制作主要分布在龙圩区龙圩镇，苍梧县部分乡镇也有制作。2020 年，龙圩猪油饼制作技艺入选第八批自治区级非物质文化遗产代表性项目名录。

何家勇是龙圩猪油饼制作技艺的第五代传承人，同时也是龙圩猪油饼制作技艺市级代表性传承人。他经营的万利饼屋以销售龙圩猪油饼为主。该饼屋处在龙圩区闹市，面积不大，名气不小。一楼是店面，生产制作龙圩猪油饼的作坊就在三楼，每逢生产制作猪油饼，整栋楼房都可以飘荡着猪油的甘香。

龙圩猪油饼呈金黄色，饼心有一块晶莹的冰肉，入口酥化、甘香四溢。其最为独特的地方，就是用上等猪油混合制作而成，饼块入嘴后，唇齿留香，回味无穷。

历史悠久 传承至今

龙圩猪油饼制作技艺最早可追溯到清光绪年间，由何家勇的先祖何守贞首创。1997年出版的《苍梧县志》记载，"民国时期，当时戎圩'可食猪油饼'远近驰名"。之后，何守贞将这门技艺传给其子何献廷。1916年，何守贞、何献廷在龙圩龙华街开设合益饼家。

1918 年，何献廷之子何炳开始在龙圩制作销售龙圩猪油饼，当时叫"可口猪油饼"，饼面刻印有虫鸟花卉等图案，外形美观，且风味独特，在当时已经声名远扬。1919 年，何炳在龙圩开设何炳可口猪油饼专卖店，生意十分兴隆。抗日战争爆发后，他在龙圩凤岭街老屋继续经营，并将此饼命名为"可食

何家勇 / 陈凡　摄

包装好的猪油饼 / 陈凡　摄

猪油饼", 意思是味道还可以的猪油饼。此外, "可食猪油饼" 还有另外一个意思, 就是"人"与"可"合并即为"何", 暗含着龙圩猪油饼为何家所制的寓义。

1955 年, 何炳进入当时的苍梧县供销食品厂当工人。其间, 他并没有舍弃龙圩猪油饼制作技艺, 一直主动向工友传授。何炳病故后, 龙圩猪油饼制作技艺由其子何伟问及家人继承下来。后来由于各种原因, 龙圩猪油饼停止生产。1990 年, 龙圩猪油饼恢复生产, 时年不到 30 岁的何家勇从父亲何伟问手中接过龙圩猪油饼制作技艺传承的接力棒。

历经家族的百年传承, 何家勇成为龙圩猪油饼制作技艺的第五代传承人。正是何家几代人的不懈坚守, 才使得这一传统技艺传承至今。

用料上乘　精心制作

生产制作质量稳定、口感绝佳的龙圩猪油饼, 对于选料和火候非常讲究。但是, 繁复的生产制作流程对于何家勇来说, 早已烂熟于心。

上乘的猪板油、夹心肥肉、纯正花生油、芝麻等原料是龙圩猪油饼制作的用料关键, 黏米、糯米、花生、芝麻要先用慢火炒熟炒香, 再用机器将黏

制作猪油饼的工序分工明确 / 陈凡 摄

米、糯米碾碎成粉。

何家勇通常和妻子邓月秀、店员聂清等人共同制作猪油饼。他们将煮熟后的肥肉用白糖腌制三天,使之成为冰肉,再把冰肉切成小块备用;接着用猪板油煎出猪油,再把煎香、放凉的花生油与猪油搅匀;然后用小火将冰片糖熬成较浓稠的糖浆,把油、糖浆、芝麻、白糖等混合拌匀,加入糯米粉、黏米粉后一起调和,拌成松软适度的粉料待用。这样一个流程下来,才算制作完成粉料。压饼时,他们先把粉料填入模印,中间放一块冰肉,再填满粉料,用掌跟压实,最后敲打模印后便脱出饼坯。

在烤制猪油饼时,何家勇通常先将烘炉进行预热,再把一盘盘饼坯放进炉内,用大概 200 摄氏度的温度进行烘烤,18 分钟左右可以出炉。出炉后,猪油饼热气腾腾、香气沁人,需要放置些许时间待其自然冷却,才能用油纸进行包装。通常是五块饼包成一筒,再印上生产日期,一筒新鲜出炉的龙圩猪油饼就制作完成了。

一系列工序要一丝不苟做好,才能保证成品质量。每次看到自己生产制作的龙圩猪油饼品质稳定,何家勇都充满自豪感。他觉得,制售龙圩猪油饼不仅为了生计,更是为了传承龙圩猪油饼制作技艺这项非物质文化遗产。

销量增长　扩大影响

多年来,龙圩区群众对龙圩猪油饼钟爱有加,万利饼屋的店面时常门庭若市。而到龙圩游玩的游客,大多数也会慕名前往万利饼屋,一尝猪油饼的酥香滋味,还购买各种礼盒包装的龙圩猪油饼作为梧州手信带到广东、四川、浙江等地。

现在，坚持传统手工制作的龙圩猪油饼，不仅成为当地饮食文化的重要组成部分，也发展成为一大特色产业。全国各地的顾客通过电话、网上下单等方式购买龙圩猪油饼，龙圩猪油饼销量每年以超过10%的速度增长。这对带动地方经济、推进文化旅游发展，实现群众增收具有重要意义。

龙圩猪油饼这一蓬勃的发展态势，让何家勇对技艺的传承更添信心。近年来，他积极培养学徒，将这门技艺发扬光大，也延续着家族对猪油饼的情怀。

龙圩猪油饼作为梧州的特色食品，早年就引起了当地政府部门、饮食行业及龙圩猪油饼历史文化研究者的高度重视。《梧州之旅》《寻味广西》《苍梧县行政区域地名志》等书籍上，有不少关于龙圩猪油饼的描述。这是对梧州地方传统美食资料的收录，对龙圩猪油饼的宣传和推广起到积极的促进作用。

目前，龙圩区多家部门已全面开展对龙圩猪油饼手工制作工艺的普查，掌握龙圩猪油饼制作技艺发展状况，并邀请专业人员为猪油饼行业的发展作出规划。同时，为宣传龙圩猪油饼，展示其独特的制作技艺，相关技艺传承人还积极参加非遗宣传和展示活动，扩大社会影响。

浑圆小饼，齿颊留香，龙圩猪油饼正用美味彰显着非遗技艺的深厚魅力。

龙圩猪油饼／陈凡　摄

269

20世纪90年代初，何家勇开始学习龙圩猪油饼制作技艺。由于家族传承的优势，从小耳濡目染的他很快就学会了制作方法。

"以前先辈制作龙圩猪油饼时，靠人工碾碎花生、大米。在烘烤饼坯时，要用从苍梧县狮寨镇、京南镇等镇采购优质木炭。"何家勇说。如今，猪油饼的制作设备早已更新换代，劳动强度降低了，但对上乘品质的坚守与追求依旧不变。

何家勇的儿子何晋刚刚大学毕业，如今也正在学习龙圩猪油饼制作技艺。何家勇说，他平时既注重向家人传授龙圩猪油饼历史文化和制作技艺，也招收学徒，"希望把龙圩猪油饼制作技艺一代一代地传下去，让更多人都能吃到正宗地道的龙圩猪油饼"。

夫妻齐心抓生产
——访龙圩猪油饼制作人员邓月秀

和何家勇结婚后，邓月秀对龙圩猪油饼的生产制作有了新的认识。

20世纪90年代初，邓月秀边上班边利用业余时间帮何家勇制作龙圩猪油饼。"刚开始学习制作那会儿，我手脚并没有那么麻利，只能慢慢摸索，逐渐掌握方法，特别是对用料的多少、如何调味以及烘烤的火候等更是用心学习。不然稍有不慎就会做成次品，造成浪费。"

"炒米时，量太大，我的手臂都很酸痛。"回想起当时学习制作的过程，邓月秀仍然记忆犹新。后来，她回到家里正式开始全职做龙圩猪油饼生意。龙圩猪油饼制作工序多，需要有条不紊逐一做好，她不仅协助丈夫做好生产制作，还帮忙管好销售账目。夫妻俩齐心协力、互相扶持，不断提升龙圩猪油饼的知名度和美誉度。

"龙圩猪油饼的生产制作既是一门技艺，也是一笔文化财富。我为能参与这种非物质文化遗产的传承而感到自豪。"邓月秀说。

抢炮过盛会
万人祈丰年

岑溪抢花炮传承数百年，糯垌镇抢花炮尤具特色，当地群众更以抢花炮这一盛会维系亲缘、提升凝聚力

岑溪抢花炮

　　抢花炮是广西梧州市苍梧县、岑溪市，柳州市三江侗族自治县、融安县等地区流行的一项民间民俗传统活动。在岑溪，抢花炮的习俗源远流长。据说，花炮象征着吉祥福祉、国泰民安、五谷丰登，因此，抢到花炮的人被认为会视为有福气。岑溪抢花炮于 2010 年被列入第三批自治区级非物质文化遗产代表性项目名录。

．郭俊杰．

2023 年 2 月 3 日是农历正月十三，当地群众和外地游客纷纷拥向岑溪市糯垌镇，共同见证一场盛大的民俗活动——抢花炮。当天，在糯垌镇护龙庙前，喧天的锣鼓声中，当地男女老少身着节日盛装，喜气洋洋。随着上一届 10 位花炮得主走过"幸福桥"将供奉的花炮还回，参赛人员便前往"博弈场"开始新一轮的花炮抢夺战，场面热闹非凡。

百年传承　薪火相继

岑溪抢花炮有数百年的传承和发展历史，而糯垌镇的抢花炮尤具特色。

据传，清顺治年间，糯垌周边 7 个村的村民集资在糯垌街中心地带建造了一座庙，庙内敬奉关羽、岳飞，故名"关岳庙"。清熙年间，"关岳庙"迁至糯垌新街并改名为"护龙庙"，每年农历五月十三，当地都举办放炮盛会以庆祝丰收和纪念关羽十大功德。盛大的活动吸引了众多的游客，抢花炮便是庙会的热门项目之一。然而，由于诸多原因，糯峒护龙庙活动于1950年停办。

1986年，糯峒抢花炮盛会在当地村民的积极筹备下得以恢复，举办日期更改为每年农历正月十三。经当地村民多次商议，放花炮的活动改称庙会，之后改为花炮会，并选定了可容纳10多万人的"大坟堂"作为新的放炮场所，至今已举办了37届。

"经过数百年的传承和发展，抢花炮已经有了新的时代内涵。"岑溪市糯峒镇传统花炮会会长陈东说，抢花炮的初衷是敬奉关羽，发展至今已经演变成一项大型的综合性群众文化活动。活动当天，数万人自发参与组成的彩

岑溪市糯峒镇抢花炮活动现场／庞广蛟　摄

车队伍连绵数公里，蔚为壮观，牛娘戏、八音、粤剧、曲艺、舞凤、舞狮、舞龙等各式各样的表演令人赏心悦目。

当地群众更是以抢花炮这一盛会维系亲缘。糯垌社区的李大伯介绍，只要村里有一个人抢得花炮，全村人都会成为"炮主"，大家可以随时到供炮人的家里祈财祈福。"还炮"之前，本村人还会聚集在一起设宴3天，亲朋好友齐聚一堂，商议下一轮抢炮事宜。

激烈抢夺　智勇考验

抢花炮是整个花炮会的高潮。糯垌护龙庙以关羽十大功德而定放炮十尊，分别以头炮、二炮、三炮、四炮……十炮命名。十尊花炮中，以头炮、二炮、七炮这三门炮最佳。

"今年（2023年）大概有两万人参加抢花炮。"陈东介绍，抢花炮仅限男子参加，年满16周岁的男子均可参加。抢花炮是一项比较自由的竞逐，事先无须报名，无须统一着装。参与队伍或是生产队组队，或是邻居组队，或是家族组队，也有独自参赛的人员。有时，一旁观看的男性村民，也可即兴成为参赛人员。

抢花炮是一项紧张激烈的比赛，一个"抢"字也反映出你争我夺、奋力拼搏的景

工作人员准备点炮／庞广蛟　摄

岑溪市糯垌镇传统花炮会会长陈东手持花炮 / 杨扬　摄

象。糯垌镇的花炮，其实是一个包着绸布的炮圈。随着一声炮响，花炮在千万双眼睛的注视下腾空而起。宽阔的花炮场内，随即上演你追我赶、争先恐后的抢炮场面，成千上万围观的群众瞬间欢声雷动，每个人都争相目睹"炮落谁家"。抢炮过程中，抢炮者需要在事前画好的安全界线进行抢夺，直至将炮带出安全界线来到炮坛，拜了关公，喝了茶，才为"得炮"。

　　"抢花炮不但需要有良好的体能，也讲究一定技巧，重点是不能让大家知道花炮在谁的手上。"一名姓张的村民介绍，他已经参加了 10 多届抢花炮，有着自己的抢花炮心得。组队参赛的人员分工明确，配合默契，他们分别站立于不同位置，确定负责掩护的人、二传手和冲刺员。当队员抢到花炮后，有时假装将炮扔出，有时握炮的手做失手状，择机避开对手的视线暗地里把花炮传至其他队员，经过巧妙的掩护、阻拦，最终顺利到达炮坛。

由此可见，抢花炮既要有一定的运气成分，也是对个人智慧、勇气，以及团队团结协作精神的考验。

多措并举　不断发展

岑溪抢花炮具有激烈的对抗性，参与者短兵相接，身体接触频繁，是一项勇敢者的运动。"随着参与人数的逐年增加，活动的组织安保和场地设施等方面存在的问题日益凸显。"陈东说。

为了更好地传承和保护抢花炮文化，近年来，岑溪市组织相关专家、学者持续深入细致地开展调查、研究，进一步摸清抢花炮文化形成和发展的历史沿革，以及表演程式、内涵及价值等情况，并做真实、全面、系统的记录，制订保护、传承和发展这项民俗活动的方案和措施。

抢花炮作为一项民俗活动，民间团体是重要组织力量，花炮会便是各个民间团体的牵头组织者。在当地政府部门的积极指导下，花炮会制定了章程，进一步建立健全抢花炮管理机制。糯峒镇传统花炮会专门成立了 200 人的安保队伍，协助特警、民警维持游街、抢炮等环节的秩序安全。2023 年 6 月，糯峒社区居民自发筹集资金建设护龙文化公园，计划将护龙庙迁移到公园内，并增设相应的文化活动、体育健身场所设施，使之成为文化娱乐的重要活动场所。

花炮一跃腾空，搭载着民众对美好生活的希冀，在民众你来我往的争夺间，爆发出的那一股蓬勃力量、奋勇劲头，这何尝不是创造美好生活的力量？！

不遗余力传技艺
——访岑溪抢花炮县级代表性传承人陈东

陈东是糯垌镇糯垌街人，现任岑溪市糯垌镇传统花炮会会长。其父亲陈群生是1986年首届花炮盛会的牵头组织人，曾连续担任多届花炮会会长。在父亲的言传身教下，陈东从小就爱上抢花炮，对抢花炮的程式早已了然于心。他于1987年起参加抢花炮活动，并逐步成为糯垌抢花炮活动的组织者，连续组织抢花炮活动近30次。

"糯垌关圣花炮从清康熙初年到现在已有数百年的历史，代代相传。"陈东说，抢花炮不仅是一场活动这么简单，它背后折射出来的，是人们对美好生活的向往和追求，它对促进地方文化产业、旅游产业的发展有着积极作用。

"活到老，干到老。"陈东表示，只要条件允许，他将会不遗余力地组织好每一届抢花炮活动，并通过以老带新把传承的"棒子"交付给年轻人。

如今，在政府部门的大力宣传下，抢花炮被越来越多人接受和认可。陈东希望岑溪抢花炮能越办越好，一直传承下去。

李进武参加岑溪抢花炮已有20多年，目前正跟随岑溪抢花炮自治区级代表性传承人邓卓全学习抢花炮的各项程式。

"和糯垌镇的抢花炮不同，诚谏镇河三村的花炮一年只有一尊，承载了全村人的美好心愿。"李进武表示，花炮有着老人延年益寿、年轻人添丁发财的寓意。抢得花炮的人将收获新一年的好彩头，来年过节时，便要再做一尊更大更好的花炮来庆祝节日、传递信念，预示年年五谷丰登、好运连绵。

"希望能通过抢花炮增强亲朋好友间的联系，营造浓厚的节日氛围。"李进武说，村民每年从精彩纷呈的抢花炮、巡游表演等活动中加强彼此间的认识、交流、理解、支持与信任，提高了村民的集体凝聚力。

看到家乡人对抢花炮热情不减，李进武表示，希望通过大家共同努力，让更多的人了解并喜欢这项独特的民间民俗活动。他坚信，岑溪抢花炮盛会一定会越办越好。

民间吹打乐 乡间广流传

藤县八音是当地一种带有民俗性质的民间音乐活动，曲调优美、嘹亮，演奏风格热烈、欢快，见证着藤县民间音乐的文化传承和变革

藤县八音　藤县八音是藤县主要的民间吹打乐，在全县各个乡镇都有流传。据民间艺人说，藤县八音兴起于清末民初，是两广粤语地区文化互相渗透、交融的产物。八音的"八"是指所用乐器很多，并非实指八种乐器。藤县八音所用乐器有唢呐、锣、鼓、镲、梆子、二胡、琴等。藤县八音被广泛用于城乡的庆典和红、白事，常见的八音曲目有《八仙贺寿》《天姬送子》《接客》《闹酒》《十番》《小拜》《大开门》《小开门》等。2016年，藤县八音被列入第六批自治区级非物质文化遗产代表性项目名录。

拉起幕布、换上表演服饰、拿出乐器调试……在藤县金鸡镇平山村村委会大楼内，藤县八音自治区级代表性传承人陆丕东和他的伙伴们尽情演奏着唢呐、锣、鼓、镲等乐器，演绎出一首又一首动人的曲目。这些乐手都是平山村传统八音喜剧乐队的成员，多年来致力于传承藤县八音文化，从未间断。

风格欢快　极富特色

藤县八音曲调优美、嘹亮，演奏风格热烈、欢快，极富地方特色。"据以前的老师傅介绍，藤县八音兴起于清末民初，到我们这一辈已经是第三代传承人。"陆丕东介绍，在藤县农村，许多人家在结婚、入伙、祝寿等重要时刻，都邀请八音乐队来热闹一下。例如，婚宴、寿宴席上要有八音乐队坐堂助兴，送迎宾客。此外，有些人家举办丧葬仪礼，也会请来八音队演奏哀乐，借以表达哀悼之情。

有着 40 多年演奏经验的陆丕东对藤县八音如数家珍，他说，藤县八音所呈现的魅力，不仅仅是在演奏上，其乐器的种类也十分丰富，含吹奏乐器、弹拨乐器、打击乐器和拉弦乐器，包括唢呐、锣、鼓、镲、梆子、二胡、琴等。

八音乐器能演奏出不同曲调，可以是气势恢宏的，也可以是婉转缠绵、哀怨低回的，音调丰富多彩，表现力也极强。在不同场合，八音乐队演奏者还会使用不同的行头演奏不同的曲调，如在客人闹酒时会演奏《大开门》，在新郎迎接新娘时则演奏《迎亲调》。

演出减少　人员断层

"随着演奏机会减少，日常演奏的乐器也在逐渐减少，我们现在已经鲜少使用二胡、琴这两种乐器。"藤县八音县级代表性传承人李辉方说，场合不同，参与演奏的人数也有所不同。丧葬仪礼场合的演奏人数没有固定要求，但婚宴、寿宴等一些喜庆场合需要 8 人以上。"有些人家经济条件较好，他们为了更喜庆，就会邀请堂半八音，一堂八音是 8 人参与演奏，而堂半八音就是指有 12 人来参与演奏。这样更显排场与喜庆。"李辉方说道。

八音一响，喜事连连。这几日，陆丕东和他的伙伴们又开始忙活新的演出。"过几天，藤县埌南镇有户人家多喜临门，跟我们预约了演出，请我们去坐堂助兴、添喜气。"陆丕东说。

但是，随着现代社会文化娱乐形式日益多元，藤县八音演出的机会也在减少。陆丕东说，一年下来，只有三四十场演出，且大多集中在下半年。

如今，藤县八音的传承也面临断层。"近年来，各级各部门对藤县八音实施了保护性措施，给予了一定的资金支持，但藤县八音的传承仍需要更强的支持。"陆丕东说，由于如今演奏八音的场次大不如前，收入也没办法得到保障，许多年轻人选择外出打工，这让藤县八音很难找到合适的传承人。

陆丕东希望，有关部门能够把藤县八音演奏与节庆活动结合起来，为八音提供更多的演出机会，提升其知名度和美誉度，激发其传承活力，调动更多喜爱八音的群众积极参与八音的传承。

欢快热烈的藤县八音被时代大潮冲刷得声音渐稀，为了带八音走出困境，陆丕东等人还在坚守，还在寻求路径、继续开拓……

乐队演奏藤县八音 / 陈凡　摄

乡土气息浓 传承活力足

长洲八音音色清脆明亮，旋律流畅优美，极具本土特色，其诞生与发展和当地人民的生活密切相关

长洲八音

　　长洲八音流传于长洲区一带，是一项具有民俗性的传统音乐项目，以唢呐为主奏乐器，配以大钹、小钹、大锣、小锣、鼓、木鱼等乐器，音调起伏，音色清脆明亮，旋律流畅优美。据说，八音于明末清初传入长洲一带。长洲八音多在传统婚礼、舞台表演、戏剧表演以及庙会庆典等活动场合出现，与当地人民的生活密切相关。2018 年，长洲八音被列入第七批自治区级非物质文化遗产代表性项目名录。

蒙敏莹 史秋兰 袁 欣

唢呐吹奏，锣鼓喧天。近日，在长洲区倒水镇富万村连心广场附近，一场精彩的古装婚礼正在上演。循声望去，只见一支抬着大红花轿的迎亲队伍，浩浩荡荡地穿行在村道上，《大六吟》《小六吟》《到春来》《马步吹》……一支支长洲八音曲目古朴、喜庆、热烈，奏响了高亢嘹亮的民间交响乐。

历史悠久　曲目丰富

长洲八音是广西民间民俗吹打乐的代表。据相关碑文考证，长洲八音的起源可追溯到明朝。因长洲一带水路畅通，交通发达，经济繁荣促进了文化发展，为了场面热闹，当地农村举办的婚嫁、祝寿、新居落成、迎宾、丧葬等活动多喜欢请八音队助兴。梧州市苍梧县、藤县，贺州市昭平县，乃至广东省肇庆市封开县等地经常有人请长洲八音队前往助兴，还派人前来学习或请师

陈汉伟（左一）/陈凡　摄

傅去教。他们不但要学长洲八音的曲调，而且还
要学曲谱。

　　"长洲八音的曲目丰富，乐手要根据不同
场合选用不同的曲调。"陈汉伟是长洲区凤庆堂
八音队负责人，演奏师傅，工尺谱和简谱记录
人，也是长洲八音自治区级代表性传承人。他
说，常见的八音曲目有迎亲曲《十三行》、拜堂
曲《小六吟》、敬茶曲《小排门》、闹客曲《大
六吟》等。

　　长洲八音演奏过程欢快明亮，旋律风格活
泼。"所有乐器中，唢呐因为调子多，所以最难
掌握。"聂钦辉说。年近古稀的聂钦辉是陈汉伟
专门从附近的兄弟镇村请来的唢呐手，他说，唢
呐最大的特色在于能以嘴巴控制乐器，控制音

量、音调、音色的变化，而这种技巧的运用对演奏者的音准控制力要求十分严格。

八音在梧州多个乡镇广为流传，但各地曲调有所区别，其中的关键就在唢呐演奏上。这是因为每位师傅在传授技艺时演奏风格会有所区别，因此演奏出来的曲调也不尽相同。

两种艺术　巧妙结合

敲起锣鼓，吹响唢呐，拉着二胡……在富万村千年古榕"连心树"下，一曲精彩的长洲八音曲目搭配着悠扬的采茶剧正在上演。

据了解，长洲八音除了用于新居落成、婚娶、丧葬、祝寿、开业、节庆、迎宾等活动，也为舞龙、舞狮、民间戏曲、舞蹈伴奏，由于八音极具表现力，深受人民群众喜爱。"八音队的成员也是采茶剧的演员，会八音也会唱戏，这就是长洲八音的一个亮点。"陈汉伟说，长洲八音与长洲采茶剧的巧妙结合，可以说是相辅相成的，让两种文化都得到了传承。

近年来，面对演出场次不断减少、演出市场不断萎缩等原因，长洲区把八音文化的挖掘和转化利用融入乡村旅游发展全过程，以文化激活力、以活动促传承。"长洲区通过开展系列长洲八音展示体验活动，架起市民游客与传统文化沟通的桥梁，让更多人对长洲八音有了更深刻的理解。"长洲区科技文化体育和旅游局相关负责人表示，如今，长洲八音不仅仅是一个自治区级非遗项目，也是梧州市传承和展示民间器乐艺术瑰宝的见证，更是长洲区旅游发展的一张重要名片。

长洲八音古老又年轻，它以传统曲调为基础，广泛吸纳、融合新的展演元素，让老曲调唱出新韵味，也让老曲调有了传承新活力……

最小徒弟仅十岁
——访藤县八音自治区级代表性传承人陆丕东

年逾七十的陆丕东是藤县金鸡镇平山村人，从小对藤县八音耳濡目染。28岁时，他便跟着村里的师傅李法德等人学习演奏八音，自此开始了八音演奏生涯。

因为对藤县八音有着浓厚的兴趣，又学得认真，陆丕东很快学有所成，熟练掌握了演奏八音所有乐器的技法。1981年，他组建了自己的八音演出队，靠从事八音演出维持生计。"那时候，乐队走村串乡演奏频繁。高峰时，一个月有20多天要外出演奏，有些人家想请八音队演奏都请不到。"陆丕东说，"从那时候起，八音就在乡间深深扎根。"这些年，他一直致力于宣传推广藤县八音文化，希望让更多的年轻人知道和了解藤县八音。

为了让藤县八音这一民族文化瑰宝不失传，只要有人愿意学，陆丕东都愿意教。现在，他的乐队也带了几名徒弟，最小的只有10岁，年长的有30多岁，都是本村的村民。"我们也在寻求出路，希望尽可能把藤县八音融入乡土文化当中，吸引更多年轻人喜爱八音、传承八音。"陆丕东说。

陈汉伟是长洲区倒水镇旭村村大村组人，早在1970年就加入村里的八音班，师从徐海奇、甘秀生等老一辈八音师傅，系统学习了八音吹奏、戏曲常识和各种乐器技能。但陈汉伟与长洲八音结缘的时间则要早得多，他爷爷、父亲都是村里的八音师傅，他八九岁就开始学二胡，十一二岁开始学难度比较大的唢呐。后来，陈汉伟跟随八音文艺班子走村过峒吹奏演出，技艺得到进一步提升。

陈汉伟说，八音采茶剧团在周边乡镇深受欢迎，每年春节前后，他们的演出行程安排得满满的。从腊月廿七开始，他们便先后辗转长洲区倒水镇、苍梧县京南镇、万秀区夏郢镇等地表演，给这些地方增添浓浓的年味。

如今，作为长洲八音的老师傅，陈汉伟意识到培养年轻一代迫在眉睫。他说，近年来，随着长洲区加大对八音的宣传力度，更多的年轻人知道和了解长洲八音，这让他倍感欣慰。长洲区凤庆堂八音队在倒水镇旭村也培养了10多名徒弟，持续为长洲八音注入新鲜血液。"我打算让孙辈开始学习八音，让长洲八音可以代代相传，声声不息。"陈汉伟说道。

龙光耀千年 母仪留桑梓

龙母文化既反映了朴素的民族精神，又体现了一种崇高的为民情怀。经过千年传承，崇拜和信仰龙母的现象遍布西江流域、粤港澳大湾区乃至海外

梧州龙母诞

梧州龙母诞起源于民间对西江女神龙母的崇拜。梧州龙母文化起始于战国末期，发展于魏晋，形成于唐宋，盛行于明清，前后历经 2000 多年，完成了龙母崇拜由口头神话向固定民间祭祀仪式——龙母诞的演变。梧州龙母诞丰富的祭祀活动和神话传说成为岭南地区一种悠久的传统民俗。2007 年，梧州龙母诞被列入第一批自治区级非物质文化遗产代表性项目名录。

梧州龙母信俗同样基于西江流域的龙母崇拜，是一种以祈求风调雨顺及颂扬行善、孝顺、感恩精神为核心内容，以龙母庙为主要活动场所，以故事传说、民间习俗和祭祀仪式等为表现形式的民间信仰。2020 年，梧州龙母信俗被列入第八批自治区级非物质文化遗产代表性项目名录。

陈雨燕

梧州位于浔江、桂江、西江三江交汇处，是广西的"水上门户"。在这片水文化深厚的土地，龙母崇拜这一民俗就如江河流水，滔滔不绝，传承千年。

梧州龙母诞以拜祭仪式、庆典演出、民间活动、船祭4种形式的活动为主。其中，拜祭仪式从农历五月初八延续到次日，包括龙母沐浴更衣、五龙拜母等，庆典表演有舞龙舞狮、粤剧粤曲表演、"龙母出巡"等活动，其他民俗祈福活动多是利用相关龙母物品进行祈福，有"银仔（银圆）掷神龟""洗龙母水""饮龙母茶""坐龙母妆台""摸龙母床""用龙母梳梳头"等。

梧州龙母信俗则是以故事传说、民间习俗和祭祀仪式等为表现形式的民间信仰文化，故事传说主要围绕龙母育子、立德、济民的内容流传，民间习俗是以龙母为庇护神而产生的包括"盖龙母金印""洗龙母水"等内容的文化行为，祭祀仪式主要有船祭、龙母庙祭（七大祭/诞）、龙母诞、日常祈福诞拜等。其中，龙母诞又与"龙母开金印"、"龙母开金库"、龙母得道诞、龙母水灯节、五龙朝母节、龙母还库日等共同组成了梧州龙母信俗的七大民俗活动。

百万人次参与民俗活动

每年农历五月初八是龙母诞。每逢这天，梧州龙母庙就热闹非凡，锣鼓喧天、狮舞龙腾。2023 年 6 月 25 日，作为梧州龙母诞的庆典演出活动之一，"龙母出巡"同样吸引了不少群众来到现场。"我们昨晚就到梧州了，就是为了早上来看'龙母出巡'。"来自广东省东莞市的黄惠说，还没到早上 9 点，她与家人就来到梧州龙母庙等候了。

"龙母出巡"时，"龙船"载着"龙母"，在"五龙子"和手执彩旗的"侍卫""侍女"的簇拥下走出庙门，接受群众的瞻仰和祈愿，多支狮队紧随在后，沿途穿插舞龙舞狮等表演，十分热闹。不少市民一路跟随出巡队伍。"'龙母出巡'特别热闹，这是我们的传统文化，我打算把过程都记录下来。"一直拿着手机拍摄的市民陈先生说。

"2023 年的龙母诞活动是近年来规模最大的。我们粗略统计，两天时间有几万名群众到现场。其中，不仅有本地市民，还有来自粤港澳甚至海外地区的群众。"龙母信俗市级代表性传承人彭月霞说，"像这样热闹的场景，一年中有不少。"

彭月霞介绍说，由于共同的民间信仰，如今，梧州龙母诞成了一项极具吸引力的民俗活动，每年来参与这项活动的海内外人士达几百万人次。

"动静结合"破解传承困境

龙母庙是梧州龙母诞、梧州龙母信俗等非物质文化遗产的有形载体之一。始建于北宋初年、坐落于城北桂江之滨的梧州龙母庙，承载着龙母的

不少市民来到龙母庙景区，将莲花水灯放在水面，祈愿自己与家人健康顺遂 / 梧州日报社　供图

历史渊源。相传龙母姓温，出生在古苍梧（今梧州市），她带领乡亲开辟山川、为民造福，又因豢养五龙治理西江，故被尊称为龙母。龙母文化，正如龙母庙的碑刻云："利泽天下"，这既是一种朴素的民族精神，又是一种崇高的为民情怀。经过千年传承，崇拜和信仰龙母的现象影响遍布西江流域、粤港澳大湾区乃至海外。

"虽然有着丰富文化内涵和影响力，但是当前梧州龙母诞、梧州龙母信仰仍面临着传承困境。"彭月霞说，与很多非物质文化遗产相似，近年来，梧州龙母诞、梧州龙母信仰的传承发展陷入了青黄不接的困境。大多数熟悉梧州龙母诞祭祀祈福程式和内容的民间艺人和传播者都上了年纪，有的已经去世，稍年轻的则因为收入太少或缺乏经济来源等原因，难以长期坚守。同时，由于历史原因，一些以前传承下来的龙母诞民俗活动也正慢慢消失，如带有浓厚民间祈福意味的"搭平安桥"，现在已经很少见到。

多年来，梧州市十分重视保护传承梧州龙母诞、梧州龙母信仰等非物质文化遗产。一方面，梧州市加强对龙母庙的保护修缮工作，筹集资金对梧州龙母庙进行全面维修、保护和扩建。梧州龙母庙由原来的 5000 平方米扩展

梧州龙母庙始建于北宋初年，记载着龙母的历史渊源／梧州日报社　供图

至约 10 万平方米，现已建成牌坊、前殿、龙母宝殿、龙母寝宫、钟楼、鼓楼、塔楼、厢房、连廊，以及 38 米高的龙母圣像。目前，梧州龙母庙成为国家 4A 级景区、自治区文化产业示范基地。

另一方面，梧州市充分发挥科研机构、高等院校、企事业单位和社会团体各方面的力量，建立非物质文化遗产保护专家咨询及监督机制，对梧州龙母诞、梧州龙母信俗的历史渊源进行深入普查挖掘，搜集整理相关史料，举办龙母文化研讨会、广西梧州龙母文化旅游节，优化各种龙母诞庆活动，以"静态保护＋动态保护"的方式，有效加强对梧州龙母诞、梧州龙母信俗等非物质文化遗产的研究、认定、保存和传播。

面对传承困境，作为保护单位，梧州市龙母景区发展有限公司也努力做好传承传播工作。该公司相关负责人谢羽介绍，近年来，公司不断加强实践和培训，形成了完善的人才梯队，帮助新一代传承人熟悉和掌握相关祭祀仪式、民间习俗、故事传说的仪程和内容，并运用到传承发展过程中。同时，公司还自筹数百万元资金，用于对梧州龙母信俗的进一步挖掘、整理、建档、展示、理论研究、数字化保存等。目前，该公司正积极为传承人收徒传艺创造便利条件，努力培养后继人才，解决传承人员匮乏问题。

可喜的是，已有不少年轻人加入文化传承的队伍，常驻梧州龙母庙的年轻讲解员陈秋宇就是其中之一。陈秋宇担任梧州龙母庙的驻点讲解员才半年时间，已经能把龙母庙的历史故事讲得生动自然，吸引游客倾听。"希望我们能作为文化传承发展的一支生力军，为梧州龙母诞、梧州龙母信俗的传承发展贡献青年力量。"陈秋宇期待着。

集体传承共发力
—— 访梧州龙母信俗市级代表性传承人彭月霞

梧州龙母信俗有着清晰完整记录的传承谱系，第五代传承人彭月霞被认定为梧州龙母信俗市级代表性传承人。2007 年开始，彭月霞长期参与梧州龙母信俗的传承活动，是"龙母开金印"等梧州龙母信俗七大民俗活动的组织者和主要参与者。

梧州龙母信俗传承模式主要以家传、师传、集体传承等方式为主。彭月霞属于师传的代表，从师傅手中接过传承人的担子后，她在年复一年的实践中，熟练了解掌握龙母沐浴更衣、"龙母出巡"、庆典表演等梧州龙母信俗的祭祀仪式、民间习俗和故事传说，并传授技艺，培养了 10 多名徒弟。

"龙母文化源远流长，我们推动非物质文化遗产传承发展的着力点，应该放在如何让梧州龙母信俗、梧州龙母诞在新时代焕发更强的生命力上面。其中，新一代的传承人很关键。"彭月霞说，近年来，她在前辈的帮助下，悉心收集整理归纳了大量的资料，全力帮助下一代传承人更好成长。尽管如此，梧州龙母信俗仍面临传承人离开、年轻人接受度不高等传承发展难题。对此，彭月霞计划通过加强集体传承方式，凝聚梧州各地龙母庙的民俗活动组织人员、民间祭祀仪式主持者、龙母传说讲述者等力量，共同挖掘好、传承好梧州龙母信俗，持续弘扬优秀传统文化。

"'龙母开金库'活动，相传是为了使西江两岸百姓过上安居乐业、兴旺富裕的生活，向有需要的人打开金库……"在梧州龙母庙讲解员陈秋宇的娓娓道来中，龙母的生动形象和感人故事走进了不少参观者的心中。

带团全程参观完梧州龙母庙，一般需要40分钟到一小时。在讲解过程中，陈秋宇不但能讲好每个参观点的历史，还能将梧州龙母诞、梧州龙母信俗的相关内容穿插其中，令参观者在收获历史故事的同时，也能感受到文化魅力。

"半年前，我踏上这个岗位，一开始是想更全面做好讲解工作，才去深入了解梧州龙母诞、梧州龙母信俗这两项非物质文化遗产的内容。"陈秋宇说，经过学习，自己从梧州龙母诞、梧州龙母信俗中感受到龙母文化的魅力，也从一部分前来参观的游客身上感受到寻根拜祖的深厚情感。

乞巧人间
兰夜共浪漫

每年农历七月初六入夜，藤县当地妇女都自发组织工艺品陈列集会，集中展示手工技艺，藤县乞巧节逐渐成为群众向织女乞求灵巧智慧、追求技艺进步、情感交流的一项民俗活动

藤县乞巧节

乞巧节的民俗来源于牛郎织女的传说，该传说最初版本被记载在南朝梁的《荆楚岁时记》上。每逢农历七月初七牛郎织女在天河相会，民间的女子便在七月初七前夜摆上供品，乞求织女赐予自己灵巧智慧，并且形成风俗，代代相传。

全国各地都有欢度七夕的习俗，而藤县太平镇的乞巧节通常在农历七月初六入夜开始，天亮即散。当晚，藤县当地妇女自发组织工艺品陈列集会，集中展示手工技艺，藤县乞巧节逐渐成为群众向织女乞求灵巧智慧、追求技艺进步、加深情感交流的一项民俗活动。

2014年，藤县乞巧节被列入第五批自治区级非物质文化遗产代表性项目名录。

· 黄子萃 林丹莉 ·

七夕是中国传统节日之一，在历史发展的长河中，依托牛郎织女的美丽爱情传说，使其被认为是中国最具浪漫色彩的传统节日。而七夕节，又名乞巧节。

藤县当地影响较大、流传范围较广的传统民俗之一——藤县乞巧节，主要流传于该县北部乡镇，其中尤以太平镇的乞巧节规模最为盛大。藤县乞巧节作为一项流传已久的民俗活动，具有广泛的群众性和民间传承性，它是藤县民间妇女工艺品的陈列集会，集中展示了妇女们的手工技艺，是当地妇女向往幸福生活的集中体现。

2023 年 8 月 21 日农历七月初六，是藤县家家户户期盼的乞巧节。这一天，当地群众纷纷参与这项民俗活动，沉浸在深厚独特的乞巧民俗文化氛围中。

牛郎与织女鹊桥相会是当地群众制作手工艺品不变的主题 / 陈凡　摄

当地妇女制作彩糍粑时将粉团捏制成兔子、锦鲤、公鸡等形状，或在白色面团上写字、画画，各展巧思 / 陈凡　摄

民俗盛会　万人空巷

　　8月21日清晨，藤县太平镇上的村民便纷纷前往码头边的江河里游泳、取水。俗话说："七夕无根水，无病也添喜。"传说七仙女在乞巧节这天在河里沐浴过，河水因此充满仙气，甘甜清凉，能美容养颜、祛病健身。

　　随着时代的发展，太平镇乞巧节活动的内容也不断丰富。当天上午9时，民俗花车巡游开始，太平镇上万人空巷。镇上老老少少身着古装，或打扮成吕洞宾、何仙姑等神仙的形象，组成八仙队伍，或坐于花车上进行游街展示。家家户户从街道巷子走出来围观，人山人海，热闹非凡。

制作彩糍粑是乞巧节中妇女相聚团结劳作的传统特色环节。只见当地的妇女各自约好亲朋好友，在街头搭起桌椅，为乞巧节工艺品、食品制作忙碌起来。

传统的彩糍粑由糯米粉揉捏成团，包入馅料，再放入糍粑印模成型。不少妇女更是将巧思与创新融入其中，将粉团捏制成兔子、锦鲤、公鸡等形状，或往糯米粉中调配火龙果汁等天然食用色素，制成彩色面团，再往白色面团上写字、画画。

"唱山歌嘞，这边唱来那边和……"德胜街、上元街、正东街等老街道中传出阵阵欢声笑语、朗朗歌声，一簸箕彩糍粑炊起出炉，香气扑鼻，凝聚了妇女们的耐心、技巧和美好愿望。

手艺巧思　绽放光彩

多年沿袭下来的乞巧节民俗文化，使得太平镇的男男女女个个"身怀绝技"。平常人家也在乞巧节当天，因手艺了得而绽放光彩。

正午，各街道的手艺人正加紧装饰自家街道的供桌，为晚上的庆典做足准备、暗暗较量。在藤县乞巧节市级非物质文化遗产代表性传承人黄智文的引领下，笔者一行见识到了各路手艺人的手艺与巧思。

供桌10多米长，桌上除香炉、水果等供品外，还摆放着手工艺品。手工艺品是用纸、布、竹篾、藤麻、树枝等制作而成的天庭、龙宫、凌霄宝殿、南天门、鹊桥等建筑，再置入人偶、雕塑等，把七仙女下凡、牛郎织女鹊桥相会、八仙过海、姜太公钓鱼、唐僧师徒四人西天取经等神话故事场景呈现出来，宛如各路神仙于乞巧节这一天汇聚一堂。

牛郎与织女于鹊桥上相遇的场景是供桌上不变的主题，然而各个街道的供桌特色各不同，让人目不暇接。2023年乞巧节，70岁高龄的太平镇居民陈奕深负责筹备起庙前的手工艺品摊位展示活动。"自从有记忆开始，我便随祖辈、父辈学习制作手工艺品，在此基础上，我还适当进行了创新。"陈奕深骄傲地向大家展示自己的手工艺品。将各类珠子串联、编制、黏合成龙、凤等精美形状，是陈奕深手工艺中的独创与特色。完成后，他还会为它们取上"鸿运当头""双凤朝阳""双龙戏珠"等名字，希望为节日与游客带来好意头。

"每个街区的供桌各具特色，我们相互欣赏，为彼此劳作的成果感到开心。"正东街道供桌布置的负责人董瑞辉说，自己一个月前便开始做准备了，与他人的供桌不一样的是，董瑞辉结合历史文化、影视与小说构思，特意布置了小溪与烟雾的场景，效果宛如仙境，最终获得了乞巧节比巧赛最佳造型奖。

在乞巧节这一天，太平镇街区的邻里相聚一堂，共同为供桌奉献上自己的手艺与巧思。每一件工艺品都做工精美、形象逼真，向人们展示了"乞巧"其实也是"斗巧""赛巧"。而用作装饰的"生巧芽"也是一门传统学问，手艺人们事先拿稻谷、豆子等植物种子来泡浸，待其长出新芽后摆放在供桌上，寓意着祈求年年风调雨顺、五谷丰登。

群众自发　政府扶持

夜幕降临，华灯初上，太平镇比白天更热闹非凡，各街道内人头攒动，大人抱上孩子，老人结伴而行，各地游客纷纷慕名而来，畅游盛会，共庆节日。

当地的人们将乞巧节晚上的活动统称作"七姐会"。在各街区的活动中心区域内，供桌上的手工艺品被华灯照映得更加栩栩如生、惟妙惟肖，吸引大量游客围观和拍照。不少游客特意前来祈福。

人们向织女祈祷完后，开始载歌载舞来庆祝节日。会演舞台上，牛歌戏、舞狮、山歌对唱等文艺表演轮番上演；舞台下，观赏的人们心中充满喜悦。据说，小伙和姑娘若在活动这一天相识结缘，情侣们如果在这一天互换定情信物，都会得到牛郎和织女的祝福，收获美满和幸福的爱情。

太平镇的乞巧节活动，一直源于本地村民自发组织，只在德胜街、上元

群众扮演成西游记、八仙过海等故事的角色
参与花车巡游／陈凡　摄

街和正东街这三条街道内进行，没有专门机构组织，却依旧热闹，节庆氛围浓厚，这是并不多见的现象。随着人们生活水平的提高和观念的转变，只剩下年纪较大的妇女参与，会唱乞巧歌的妇女也越来越少，乞巧节也曾一度面临消失的危险。

"太热闹了，据不完全统计，2023年乞巧节当天前往太平镇参与活动的人数高达5万人，不少游客都说开始期待参加明年的乞巧节活动了。"藤县太平镇人民政府工作人员欧定文说。这几天，他成了大忙人。资金筹集、演出场地等准备如何，他心中都要有数，并统筹协调交警和城监队员保持街道通畅与群众安全。

欧定文介绍道，为了发扬当地乞巧节民俗文化，2023年，藤县太平镇人民政府也为节日活动出谋划策，在学校、码头增设活动点，并在街道上免费提供"联农带农"摊位，吸引太平米饼等本地特色产品进驻，为活动增添色彩，让更多游客尤其是年轻人知晓并愿意深入了解乞巧节民俗文化。近年来，太平镇人民政府积极挖掘整理材料，加强非遗文化音像、文字、图片等收集保存力度，主动开展乞巧节民俗申报非遗名录项目工作。此外，太平镇人民政府重视加强人才培养，组织年轻人现场体验非遗技艺的制作，坚持"以老带新"传承非遗技艺，通过传承人手把手教学，扩大非遗技艺的传播，积极培育非遗传承人。

祖孙三代传习俗

——访藤县乞巧节市级非物质文化遗产代表性传承人黄智文

"传说织女的手艺极巧,不仅会织云锦,而且还能缝出无边天衣。少女们也想拥有这样的巧手,便逐步发展出了一种'乞巧'习俗。"黄智文从小在太平镇上长大,对乞巧节有着深厚情感,她所熟知的乞巧节民俗文化由家中三代祖辈心口相传。为此,她总是乐此不疲地向每一个人讲述乞巧节的故事,以及乞巧节活动中的每一个项目。

乞巧节这天,黄智文不仅参与游行、制作彩糍粑,而且会在各舞台巡演自创的牛郎与七仙女的歌舞节目。为了筹备节目,她特意放下工作,请假后提前返回藤县。

乞巧节活动由民间自发举办,没有经费,纯靠个人爱好与热情得以推动发展。黄智文除了自己参与活动,还就如何将活动办得更好向镇上的文化站提出过许多有创造性、实质性的建议。

"我愿意积极推广乞巧节的民俗文化。节日民俗文化的传承,不能仅靠一位传承人的力量。其实那些生活在你身边的普通人如劳作妇女、粉店老板、杂货铺老板、学校老师等,个个都身怀绝技,在乞巧节这天,他们的表现都会让人眼前一亮。"黄智文说,乞巧节因全镇人民的劳作与热情才得以传承与延续,她认为每一个人都是节日的主人,人人都是传承人。

跟随长辈做糍粑

——访藤县太平镇居民李丹萍

李丹萍是一名 90 后，在藤县太平镇居住了 10 多年。她在大学期间，曾对太平镇的乞巧节做了一番调查，并于 2017 年大学毕业时形成毕业论文《传统节日的社会功能研究——以广西藤县太平镇乞巧节为例》。

"我们一家是从村里搬到太平镇上居住的，过节时，奶奶带我一起去看街坊们制作彩糍粑，十分有趣。我从小就好奇，那些姐姐、阿姨为什么会如此热衷于过乞巧节。"谈起当时为何做这项民俗节日的研究，李丹萍说，除了论文导师希望学生们就地取材，她一直很想研究节日背后，太平镇居民社会生活与制作手工艺品的意义。

为了解决心中疑惑，她参与节日的活动，跟着长辈一起去码头挑水、制作彩糍粑和制作手工艺品。经过与长辈的畅谈后，她对这个民俗节日有了更深的认识。"体验这个节日时，我不仅感受到了女性地位的重要性，认识了节日中的传统民俗，更是明白到这个习俗的文化内涵。它满足了人们的精神需要，一件件工艺品凝结了当地村民真、善、美的价值观念。"李丹萍开心地说道，在她做这项毕业论文设计时，还没有太多人关注藤县太平乞巧节，但是现在参与的人越来越多了，活动形式也更多样化。

"我认为最好的传承与发展，就是带上家人朋友一起参与节日活动。"李丹萍说。

蛇药疗效佳 医术美名扬

梧州全境植被茂密、气候温润，居住在此的先民不断与蛇伤疾患作斗争，在应用传统中医药的实践中，积淀了丰富的蛇伤防治智慧

梧州蛇伤疗法

　　梧州山峦起伏、沟河纵横，气候温暖潮湿，自然条件适合蛇类生存，历史上蛇伤发病率一直较高。梧州蛇伤疗法是本地医家世代传承，以中医中药为主，集成了汉、瑶、苗等民族医药特色，既有传统技法、方药，又与现代医学技术广泛结合。其所采用的传统医药方法简单有效，所用药源广，特色用药以本地及周边地区出产的中草药为基础，配制出对症范围广、治疗费用低的独家蛇伤制剂备用。新中国成立后，梧州蛇伤疗法除在本地区广为流传外，还在广东、福建、浙江、重庆、山东、湖北、湖南等省（市）获得广泛传承运用，享誉海内外，具有较高的医药学、历史、科学和经济价值，是广西乃至全国传统蛇伤（药）技法的典型代表。2018年，梧州蛇伤疗法被列入第七批自治区级非物质文化遗产代表性项目名录。

陈素雅 史秋兰 陶 杰

20 世纪 80 年代初，余培南在梧州市中医院组织调查并发表了中国第一份城市蛇伤调查资料，成立全国第一个蛇伤专科门诊，使梧州蛇伤治疗在国内乃至国际有了一席之地。在余培南继承并发扬其外祖父治蛇伤秘方的基础上发展而来的梧州蛇伤疗法，成为梧州乃至广西中医药的一块金字招牌。

如今，年过八旬的梧州蛇伤疗法自治区级代表性传承人余培南，仍然带领团队采草药、上课，倾尽毕生心血传播蛇伤疗法。在守正创新中发展而来的梧州蛇伤疗法，现正进一步与现代医学科技相结合，对蛇毒的快速诊断和生物毒素的药用研发等领域进行攻关，让更多的老百姓免受蛇伤之苦。

建立全国首个蛇伤专科

梧州植被茂密、气候温润，从远古时代开始，居住在此的先民就不断与蛇伤疾患作斗争，在应用传统中医药的实践中，积淀下丰富的蛇伤防治智慧。清末民国时期，余培南的外祖父温生存就在今天的万秀区阜民路开设医馆，以运用中医中药秘方治疗蛇伤闻名乡里。小叶三点金、红背丝绸、通城虎、东风菜、半边莲、石柑子等本地常见中草药经过组合，在温生存的手下被构筑成一道蛇伤患者的"生命防线"。

20 世纪 60 年代，余培南作为梧州蛇伤疗法第二代传人，到桂林市中医院中医师班专业学习中医医术。当时，山区农村经常出现毒蛇咬伤事件，众多乡村医生却无能为力，对于蛇伤急救治疗只能凭运气。余培南还是实习医生时，在一次参与医院抢救心跳、呼吸停止的蛇伤病人的紧急关头，他劝服外公贡献出家传秘方，首次成功抢救病人。这次经历让他更坚定了对传统蛇伤疗法的信心和兴趣。1980 年，梧州市委、市人民政府决定支持余培南在全国率先建立首个蛇伤专科。梧州蛇伤疗法在周边县市有了名气后，全区乃至全国不同类型的蛇伤病人纷纷到梧州求诊。累积经验后，余培南进一步提出了将蛇伤性呼吸衰竭病人气管早期切开、蛇伤外用药直接敷伤口等临床治疗方法，提高了蛇伤患者的生存率。

早在 20 世纪 80 年代中国第一支蛇毒血清研制成功前，梧州蛇伤门诊就已经多次应用传统疗法救助了被中国常见十大毒蛇咬伤的病人。

梧州蛇伤疗法使用到的部分中草药/陈凡 摄

起草相关标准沿用至今

中国地域辽阔，毒蛇种类众多，毒素分为血循毒、神经毒和混合毒三大类。基于此，病人被毒蛇咬伤后，需要通过注射对应的蛇毒血清以治疗特定的蛇伤，不同种类的抗蛇毒血清混用则没有治疗效用。另外，抗蛇毒血清生产周期长、有效期较短，需要使用蛇毒血清的病源又非常不稳定，导致其生产、维护的成本很高，一般的基层医疗机构既难以获得，也不会储备。

相较于抗蛇毒血清的短缺难题，梧州蛇伤疗法重视中草药治疗的"土法路线"则显示出了独特的价值。行医生涯中，余培南带领蛇伤专科医务人员按照中医辨证施治原则，选用中草药外敷、内服，抢救蛇伤病人，并先后研制成功10多种"神农"系列中草药药品，以及蛇药酒、蛇伤胶囊等中药制剂产品，治愈了14个省（区、市）的各种蛇伤患者。

梧州蛇伤疗法具备了传统中医药简、便、廉、验的特征，所用药物药源广，对各种毒蛇咬伤均有效，无须特殊设备即可使用，尚未发现明显的毒副作用。而且，所用药物可应用新鲜草药，也可制成酒剂、汤剂、散剂等备

余培南（右二）向年轻医护人员分享诊治经验／陈凡　摄

用，不受地域限制，便于推广。近 40 年有记录以来，余培南率领团队应用
梧州蛇伤疗法治疗毒蛇咬伤患者上万例，治愈率超过 99％，危重病人抢救成
功率超过 99％。余培南牵头起草制定了我国第一个毒蛇咬伤鉴别诊断与临床
分型、分度、分级标准，1997 年成为国际标准并被沿用至今。

　　2023 年 5 月，老挝川圹省医院的医生博旺·努库第二次来中国学习梧
州蛇伤疗法。学有所成后，他感慨，原来不起眼的中草药也可用来医治病
人，"我们国家针对蛇伤的治疗多数采用现代医药和蛇毒血清，我希望在这

里能学到更廉价有效的中医药治疗方案，回去后帮助老挝人民"。

速诊方法填补世界空白

多年来，梧州蛇伤疗法解决了患者的救治难题。然而，针对蛇伤疗法的药材作用机制以及毒蛇咬伤肢体坏死修复与重建等领域，至今仍有待进一步研究。

近年来，广西壮族自治区人民政府和中国科学院昆明动物研究所协商，携手在梧州共建国际生物毒素研究中心，打造以蛇毒为主的生物毒素及其中毒诊疗研究的国际科技合作平台，正以医教研产一体化模式，推动对生物毒素作用机制作出更精准深入的研究。

目前，鉴于全球还没有完备的动物毒液的基础研究体系、流行病学等系统性的数据，严重制约了以蛇伤为主的生物毒素中毒的诊疗和动物毒液的研发。为此，梧州市中医医院建立了第一个生物咬伤中毒数据库，为解决蛇伤等生物毒素中毒难题提供科学数据和技术支撑。

据了解，国际生物毒素研究中心针对蛇伤中毒快速诊断方法研究已经取得突破，已经研发出两种毒蛇的特异诊断抗体和诊断试剂条，可在 5 至 10 分钟内，检测出下限低于 10 ng/ml 的蛇毒粗毒，准确判断毒蛇种类。这项发明填补了世界空白，让蛇伤诊断更为精确快速，争取宝贵的救治时间。

据了解，梧州市研究人员已对梧州蛇伤疗法的核心药物之一的小叶三点金等进行药材的质量标准研究，并获得药效学资料，为确保蛇伤胶囊原药材质量的稳定性提供了技术支持。

医术医德皆传承
——访梧州市中医医院外一科（蛇伤科）青年医师钟昌材

钟昌材出生在龙圩区广平镇的一个农村医生家庭。村子地处两广交界、山林密集，他从小就目睹过毒蛇咬伤人致残、致死的悲剧，也亲身见证了传统医学在蛇伤救治上的应用。大学期间他就读于医学专业，在课堂中系统学习了我国传统蛇伤治疗，也得知梧州蛇伤疗法的地位。毕业后，他回到梧州，成为梧州市中医医院蛇伤科的一员。

学习蛇伤疗法，理论知识必然重要，临床实践更是必不可少。例如，余培南等名老中医退休后坚持到专家门诊出诊，定时到临床一线传授宝贵经验；去外地参加学术会议，主动联系当地的患者，给他们把脉开方，帮患者节省时间和费用。说起这些，钟昌材由衷佩服。读经典、做临床、善思悟、拜名师、做科研、写文章……这些是前辈导师们对弟子的要求，也是名医成长的必由之路。钟昌材说，对于年轻大夫来说，医德医风的传承潜移默化，前辈们的细心和贴心更让晚辈们感到温暖。

钟昌材表示，自古以来，中医药除病济世、造福百姓；在现代社会，现代医学突飞猛进，但中医药依旧发挥着不可替代的作用。目前，国家政策对中医药的发展也有所倾斜，并且已经出台相关政策文件，钟昌材坚信日后传承精华、守正创新的传统中医学一定能得到更好的发展。

余培南出生在中医世家，小时候一有空就跟外公上山采草药，学写字、抄方子，看外公用民间土方救治蛇伤病人。耳濡目染之下，余培南长大后也走上了从医的道路。如今，年逾耄耋却退而不休的他依然站在救死扶伤第一线。

在超过半个世纪的诊治生涯中，余培南总是认为，从患者的角度考虑问题才会是一个好医生。所以，多年前，为了亲身体验被蛇咬的症状和中草药治疗效果，他在让同事做好充足救治准备后，曾经抓起毒蛇咬向自己的手臂。给患者开出的药方，他都亲自试吃。后来，为了更好地教导学生和患者辨别中草药，他养成了药材让医生先试吃的习惯，但凡经他开出的药，他都清楚药的气味秉性。他总是耐心地嘱咐学生和病人，"通城虎比较苦，咬下去有一点儿麻，务必谨慎使用""小叶三点金比较涩，但是拉肚子时可以吃一点儿"。他不仅考虑药效，还考虑口感，便于患者在有需要的时候及时找到对症药材。

作为拥有家传绝活的中医人，余培南从不排斥其他理论体系和现代医学，而是不断研究，找到结合点，调整已有的治疗方案，力求给患者带来更好的疗效。2019 年至今，余培南专家团队持续整理、出版或再版《蛇伤与杂病》《岭南特色中医药》《岭南实用中医药》等蛇伤、民族药学术丛书，并把自己及其他中医独具岭南特色的临床医方等结集成书，传承给后人。

纯正古典鸡
鲜香好味道

岑溪市境内土地肥沃、物产丰富、森林茂密，为古典鸡的生长繁殖提供了得天独厚的条件，从而让岑溪古典鸡制作技艺的传承有丰富的原材料

岑溪古典鸡制作技艺

岑溪古典鸡制作技艺是岑溪人民在生产生活实践中的智慧结晶，蕴藏着我国民间饮食文化的精髓，有着宝贵的历史、文化等价值。岑溪市是岑溪古典鸡传统制作技艺传承的核心区域。采用该技艺制作的古典鸡，肉质细嫩、味鲜醇香、骨细香软、皮薄油少、鸡味浓郁、营养价值较高，是岑溪美食的典型代表，深受广大消费者喜爱，在两广地区久负盛名。岑溪古典鸡制作技艺于2018年被列入第七批自治区级非物质文化遗产代表性项目名录。

·郭俊杰　梁铁　唐维香·

岑溪属典型亚热带季风气候区，气候温和、日照充足、雨量充沛，岑溪古典鸡因生长在这样的地理环境、气候条件、土壤环境中，并用丰足的绿色饲料及传统方法饲养，形成了独特的味道。岑溪古典鸡是广西的历史名鸡，具有体型小巧、羽毛华丽、肉质细嫩、皮薄骨细、皮下脂肪适度、鸡肉味特别浓郁等特点。

岑溪有一句老话叫"㓥鸡磨豆腐，招呼大舅父"。在岑溪，不管大小节日，朋友之间探访，餐桌上总是少不了鸡。在位于岑溪市玉梧大道的古典鸡系列饭店内，往来食客络绎不绝，水蒸鸡是每张餐桌上必点的菜式。"每次路过岑溪都会来这里吃上一只水蒸鸡，味道嫩滑清香、美味可口，比一般的鸡好吃。"食客黄先生说。

刘石胜展示蒸熟的水蒸鸡 / 陈凡　摄

岑溪古典鸡肉质细嫩、味鲜醇香 / 梧州日报社　供图

历史悠久　选料严格

　　岑溪古典鸡制作技艺的主要材料——古典鸡，又称为"古典型岑溪三黄鸡"，是没有引进外来血缘杂交的优质纯正的地方土鸡。

　　古典鸡历史悠久。相传秦汉时期，岑溪市糯垌镇大竹村的一个村民在上水河发大水时漂来的木盘中获得8枚鸡蛋，于是将它们当作宝贝拿回家用棉胎盖住，尝试进行人工孵化。21天后小鸡破壳而出，村民们出于好奇而将其饲养于家中。小鸡逐渐长大，其全身羽毛呈金黄色，像皇帝的龙袍一样，村民们认为是吉祥之物，便进行繁殖饲养，这便是岑溪古典鸡的前身。

从那时起，当地农村的老百姓几乎家家养鸡。特别是改革开放后，当地政府鼓励农民养鸡，并建立了岑溪外贸鸡场，后又改制成立岑溪市外贸鸡场有限公司，下大力气抓保种、选种、育种工作。

1982 年，该公司在岑溪 10 多个镇 8 万多羽商品鸡中，筛选出 5600 羽古典鸡原始鸡群，最后留 1260 羽持续进行表型选育和淘汰。经过近 40 年连续不断选育和科技攻关，古典鸡形成了"禾虾头、柚子身、铁线脚"的体形外貌。

如今，古典鸡誉满八桂、名扬全国，先后获评国家地理标志保护产品、全国无公害农产品、"中华名鸡"、"金牌名鸡"、广西优质农产品、广西名牌产品、广西旅游十大名品等。其"古典"商标从 2004 年起连续多次被评为"广西著名商标"。

做法讲究 保持原味

高端的食材，往往只需要采用最朴素的烹饪方式。岑溪古典鸡制作技艺的一种经典做法，便是水蒸。

临近中午，古典鸡系列饭店的厨房内开始忙碌起来。店里总厨刘石胜正在为食客们准备店里的招牌菜——水蒸鸡。一只只古典鸡经过宰杀沥血、浸烫拔毛、开膛除脏、清淋剥油、冲洗浸泡、沥水排酸后，被装在篮筐里运到刘石胜跟前。刘石胜指着鸡脚上的脚环介绍道，每只古典鸡出生 40 天左右就会被戴上脚环，这可是鸡的身份象征，只有达到标准的鸡才能佩戴。

只见刘石胜熟练地拿起一只鸡，首先往鸡肚内抹上一层秘制的调料，其次在鸡身表皮涂抹一层花生油后，最后将鸡放入不锈钢的大圆盘内。不一会儿，4 个大圆盘内已经整齐码好 30 多只古典鸡。随后，这些鸡将被放入蒸箱，加入山泉水隔水蒸焗。

"这一批鸡每只重量约为 0.75 公斤，大概需要蒸 20 分钟。"刘石胜介绍，古典鸡的出栏时间大约为 150 天，烹制时需要根据鸡的重量来调整放料比例和蒸煮时间，非常考验厨师的经验技术。

出箱后的水蒸鸡要保存在保温桶内，待客人下单后，刘石胜拿起一只鸡，在鸡肚轻轻一刀划开脆嫩的鸡皮后，顺着鸡肉的纹理撕成大块，半分钟时间，便装盘上桌。

"水蒸的做法最能保持古典鸡原汁原味的鲜香，鸡味浓郁，皮下几乎不见脂肪，肉质嫩滑饱满，入口一刻嘴里满是醇香。"刘石胜说，除了水蒸鸡，岑溪古典鸡制作技艺还有白切鸡、酱油鸡、怪味鸡等，"月婆鸡"更是妇女坐月子和虚弱病人的营养补品。

扩大规模　提升影响

传统技艺要得到传承和发展，就要在保障产品质量的前提下不断扩大产品规模、提升品牌知名度。

在质量保障方面，岑溪市制订《岑溪市古典鸡地理标志产品保护工作实施方案》，成立工作领导小组，每年设立经费开展古典鸡综合防控，并将古典鸡纳入国家农产品质量安全追溯管理平台，建立产品二维码追溯标识，实现古典鸡农产品可追溯管理，提高附加值和价格，保障古典鸡产业健康发展。

在扩大规模方面，岑溪市通过"共同投资、合理分利、风险共担"的利益联结机制，由龙头企业向养殖农户提供鸡苗、饲料，并免费提供养殖防疫防病技术培训、业务指导服务，最后保价回收、统一销售，形成从种苗到肉鸡出栏"产、供、销"一条龙服务链。2022 年，岑溪市年出栏古典鸡（含鸡苗）达 2200 万羽，销售收入超 10 亿元，从事古典鸡产业链的农民达 2 万人，农民每年获得人均纯收入超过 3 亿元。

鸡场养殖的父母代种鸡/陈凡　摄

在提升知名度方面，岑溪市通过开展"农批对接""农超对接""农社对接""农校对接"等产销对接活动，利用电商平台、消费扶贫馆、"互联网+"、直播带货等营销模式，实现特色农产品线上线下销售。同时，依托龙头企业在全国各地设立400多家古典鸡连锁饭店，把古典鸡、水蒸鸡、古典鸡蛋等主打产品推向全国。

岑溪以其得天独厚的气候环境优势，为古典鸡生长提供了理想天地，而优质的古典鸡食材，催生、孕育了其制作技艺，并随着岑溪古典鸡产业的发展得以世代传承。

技术烹就岑溪味
——访岑溪市古典鸡系列饭店总厨刘石胜

刘石胜，师承岑溪古典鸡制作技艺自治区级代表性传承人、第八代传承人陈健波，已在古典鸡系列饭店工作了10多年。

古典鸡制作关键在于鸡的质量，优势同样在于鸡的质量。刘石胜介绍，在制作技艺方面，水蒸鸡、白切鸡、酱油鸡工艺都不相同，但在材料选取上均使用本地养殖基地精心挑选的古典鸡，坚持活鸡现杀，保证食材新鲜。

也许大家认为，制作水蒸鸡只需要抹料抹油，并不是很难。但刘石胜笑着说："外行人看热闹，内行人看门道。抹的料是经过特别调制的香料，且抹料的轻重、火候的掌控都会影响鸡肉的味道和口感。"经过10多年的学习和实践，刘石胜已经成为岑溪古典鸡传统制作技艺的行家里手，先后带出数百名徒弟。

"只要有人愿意学，我就愿意教，并且会一直教下去。"刘石胜表示，古典鸡是一道有着家乡特色的菜肴。他希望能将岑溪古典鸡制作技艺传承下去，让古典鸡的味道成为更多人忘不了的岑溪味道。

科学养鸡保质量
—— 访岑溪市一品农业科技有限公司生产运行部经理张海清

走进岑溪市一品农业科技有限公司马路镇种鸡养殖区，5000余只古典鸡分别被养在数间养殖室。张海清是该公司生产运行部经理，已经从事古典鸡养殖行业15年。

"这间养殖室里养殖的是父母代种鸡。"张海清介绍，古典鸡是没有引进任何外来血缘杂交的地方土鸡，这里每只鸡都标有号码，类似于族谱，以保证后代血统纯正。

养殖室内鸡笼整齐排列，公鸡一排、蛋鸡一排，时不时有新鲜产出的鸡蛋稳稳地滑落在鸡笼下的铁栏网内。"种鸡下的蛋，经过孵化发育成鸡苗，便可交付给养殖户散养。"张海清说，散养鸡群能降低鸡的脂肪含量，使其肉质更加结实，岑溪丰富的林地资源为散养鸡群提供了良好的生态环境。

岑溪古典鸡制作技艺需要严格选料，张海清希望通过规模化养殖，加强古典鸡的选种、保种、育种、繁殖和饲养，提高古典鸡的产量，让岑溪古典鸡制作技艺更好地传承下去。

好酒经醇酿
绵滑滋味浓

『龙山』牌商标不仅承载着梧州老一辈人的情怀，更见证了以梧州三蛇酒成为『中华老字号』『广西老字号』的历程

梧州三蛇酒泡制技艺

梧州蛇酒酿造生产历史源远流长，早在唐宋年间就相当流行，至今已有1300多年历史。

梧州地处岭南地区，三江交汇，为粤桂的交通咽喉。历史上，梧州开设商埠后，成为广西各类药材的集散地，为动植物酒的生产发展提供了充足的原料和广阔的市场。其中，梧州三蛇酒传统酿造技艺以三蛇即"吹风"（眼镜王蛇）、金环蛇、"过树榕蛇"（灰鼠蛇）和酒基度数为50度的优质米酒为原料泡制酒品。2018年，梧州三蛇酒泡制技艺被列入第七批自治区级非物质文化遗产代表性项目名录。

吴艳虹

梧州三蛇酒泡制技艺历史悠久，秉承了一代代传承人的酿造秘方，凝聚了岭南地区动物酒酿造技艺的精华。

梧州三蛇酒泡制技艺有 20 多道工序，将三蛇处理后，置缸中加米酒浸泡两年以上，要经"四浸四取"，精心兑配，品尝鉴定，再经澄清、过滤、贮存、检验、包装等工序，才算完成制作。精心酿造而成的梧州三蛇酒，酒色呈淡黄色，略带蛇酒特有的荧光，酒质香醇、入口绵滑。

2020 年起，由于国家出台了全面禁食野生动物的规定，三蛇酒的生产线全面停止，大批三蛇酒成品进入封存状态。但梧州三蛇酒泡制技艺并没有被遗忘，传承人将这项技艺应用于新领域，不断研究改进工艺水平。

甘清航（中）和品酒师正在品酒／杨扬 摄　　龙山酒厂蛇酒千吨车间内的配制罐／梧州市
非物质文化遗产传承保护中心 供图

从小酒坊到大酒厂

"过滤机、压棉机、大竹箩，这些都是当年梧州三蛇酒泡制技艺先辈们酿酒时使用的工具，现在都锈迹斑斑了……"近日，在龙山酒历史展览馆内，梧州三蛇酒泡制技艺自治区级代表性传承人、梧州龙山酒业有限公司总经理甘清航向来访者介绍以前用于制作三蛇酒的工具。

展览馆内摆放着各类龙山牌三蛇酒，从 1935 年起，这个商标图案沿用至今。龙山牌商标不仅承载着梧州老一辈人的记忆和情怀，更见证了以梧州三蛇酒泡制技艺制作的酒品从默默无闻到广受市场认可的发展历程。

1935 年，籍贯为广东顺德（现佛山市顺德区）龙山乡的梅俭生、陈寿彭等人在梧州创立酒厂，取故乡名"龙山"为厂名。多年来，该厂坚持收购个体酿造的白酒作为三蛇酒酿造原料之一。1951 年，龙山酒厂的酒品开始少量销往粤港澳乃至东南亚一带。1993 年，龙山酒厂与梧州市酿酒厂合并，成立梧州市龙山动植物酒总厂。2003 年底，龙山动植物酒总厂经国企改制为梧州龙山酒业有限公司。2010年，梧州龙山酒业有限公司入选商务部公布的第二批"中华老字号"名录；2013年，入选首批"广西老字号"企业名单。

1994年，甘清航到梧州龙山酒业有限公司工作，在浸制车间跟随梧州三蛇酒泡制技艺第三代传承人陈志新学习。多年来，他带领技术团队不断改进酿造技术。当时，在其他酒厂还在用半固态发酵工艺的时候，他们就改进用液态发酵的工艺，提高出酒率，1斤米可酿造出1.2斤酒基度数为35度的米酒。"使用液态发酵工艺的酒基纯度高，更能突出三蛇原料的风味。"甘清航说。

技艺精髓经年岁酝酿

据介绍，液态发酵工艺制作出来的酒基度数超过50度。经"四浸四取"工艺后，梧州三蛇酒的酒基度数只有35度至37度。"四浸四取"是指酿造过程中的降度陈化处理，也是梧州三蛇酒泡制技艺的精髓所在。

"四浸四取"工艺是指，先用高度米酒加蛇浸泡一段时间后，把酒液提取出来；再加入低度米酒继续浸泡，然后把酒液提取出来。如此重复浸泡三次后，前三次提取出来的酒液作为酒种保存好。到了第四次浸泡时，在适量酒种中加入适量低度米酒，混合形成第四次泡制液，继续浸泡蛇酒。整个过程大约需要两年半的时间。

走进梧州龙山酒业公司生产车间一楼的浸制车间内，映入眼帘的是几十个4米多高的不锈钢酒桶，容量达50吨，里面浸泡着三蛇酒种。"酒种含有浓度非常高的蛇类物质，这些酒种已经有数十年历史了，酿造出来的成品酒也更加醇香。"梧州三蛇酒泡制技艺梧州市级代表性传承人、梧州龙山酒业有限公司露酒车间主任陈桂芬介绍道。

随着时代的进步，梧州三蛇酒泡制技艺传承人在不改变酒的色香味的前提下，引进了新技术、新工艺，提高生产效率、降低生产成本。陈桂芬说："以前我们用釜一锅接一锅地蒸酒，后来采用连续蒸馏法，生产效率大大提高了，而且工人的劳动强度也降低了。"近年来，公司还引进了机械化设备，在包装车间内引进了自动化灌装生产线。

在生产车间三楼的瓦缸存酒区，数百罐储存实物酒的瓦缸散发出浓浓的酒香。瓦缸约有 1.8 米高，甘清航站到椅子上仔细观察后，便重新盖上盖子。"每隔三个月，我们就要检查一次，观察液面的高度及酒液的品质，如果液面降低就要及时补充酒液，同时适当搅拌，避免出现分层的现象。"甘清航说，新机械、新工艺虽然提升了工作效率，但梧州三蛇酒泡制技艺的20 多道工艺中，核心工艺仍然依靠手工操作，比如配制、品酒等。

反复品鉴才能过关

经过"四浸四取"技艺，历经两年多时间酿造出来的三蛇酒并不是最终成品，要想达到成品的标准，色泽、香味、酒味得过了品酒师这一关才算成功。

在品酒室内，桌面上摆放着多瓶刚出缸的新酒，还有酒瓶、酒杯、试管等器具。甘清航与两名品酒师身穿白大褂，各自拿起一杯三蛇酒。他们把杯子举高，一边轻轻摇晃，一边仔细观察酒的色泽，然后把杯子放到鼻子前，闭上眼睛深呼吸，感受酒的香味，最后轻轻地抿了一口。随后，品酒师们有的在本子上做记录；有的安静思考；有的则反复抿几口，仔细体会酒的滋味。

据介绍，梧州龙山酒业有限公司的品酒师通过专业培训，考评合格后持证上岗，持有国家级露酒一级品酒师证书。他们细致严谨地把控三蛇酒的品质，让三蛇酒保持着高品质，酿造技艺也得以传承。如今，该公司组建起了专业的品酒团队，有省级露酒评委 2 名、省级白酒评委 1 名、国家一级品酒师 4 名。

沉下心来做好酒

——访梧州三蛇酒泡制技艺自治区级代表性传承人甘清航

　　一瓶三蛇酒从蛇的采购入厂到最终完成成品，大约需要两年半的时间。一次投入，需要等待漫长的时间才能看到产出，才有回报。

　　"因此，学习梧州三蛇酒泡制技艺的人一定不能急功近利，必须沉下心去思考。这是因为，在两年半的时间内，不同批次酒的色香味可能会出现不同的差异，其间需要经过反复品酒、配制，把各项指标的误差缩到最小。"甘清航说。

　　当前，甘清航也从众多学生中挑选出了两名学徒作为未来的传承人，这两名学徒学习梧州三蛇酒泡制技艺已经超过 10 年了。近几年，随着公司经营策略的调整，甘清航带着学徒将梧州三蛇酒泡制技艺应用于植物保健酒研发工作中。

葱油浇草鱼
风味树一帜

良好的地理环境、丰富的食材资源，让梧州葱油鱼成为梧州美食的典型代表和文化名片，其独特的烟火气息也承载着许多梧州人记忆深处的感动与情怀

梧州葱油鱼烹饪技艺

　　梧州素有千年古城、百年商埠之称，自古以来商贸繁荣，酒楼林立，饮食业十分发达，形成讲究美食的传统民俗。这为梧州葱油鱼烹饪技艺的产生、传承、发展提供了得天独厚的条件。

　　梧州葱油鱼烹饪技艺主要流传于梧州市万秀区、长洲区、龙圩区，是梧州各大小酒楼的招牌名菜，尤以粤北餐馆、粤西楼、粤友酒家、大东酒家等酒楼的葱油鱼最受消费者的欢迎。近年来，梧州葱油鱼在秉承核心技艺要素的基础上不断创新，成为梧州各酒楼的招牌名菜、镇店佳肴，项目进入了振兴发展的新时期。梧州葱油鱼烹饪技艺于 2022 年被列入第六批梧州市级非物质文化遗产代表性项目名录，2023 年被列入第九批自治区级非物质文化遗产代表性项目名录。

初秋时节，秋风微凉，漫步在梧州骑楼城内，独具民国特色的砖雕、色彩艳丽的窗花、古朴雅致的牌坊无不彰显着梧州百年商埠的繁华。

在这方水土里，梧州葱油鱼以其鱼跃龙门的形态陪伴着当地人度过了一个又一个特殊的时刻，见证了梧州浓浓的人情味。虽历经时间磨洗，但其悠然的葱香，依旧是在外漂泊的梧州游子捧在心尖的家乡味道。

匠心独运演绎经典味道

清晨的鸳鸯江江面，总是笼罩着一层白白的薄雾。每天这个时刻，草鱼供应商总会把刚捕捞的草鱼第一时间送到粤北餐馆，以保证食材供应的新鲜。

梧州市三江汇集，水域宽广，水质优良，以盛产河鲜著称，所产优质草鱼更负盛名，为烹饪葱油鱼提供了新鲜丰富的食材。

陈泽贤有30多年烹饪葱油鱼的经验 / 何鎏　摄

　　当生猛的草鱼邂逅柔美的葱油，会碰撞出怎样的火花？浇上滚烫喷香的葱油芡汁，被炸得干柴的鱼皮一下就把葱油吸入内里，这种皮酥肉嫩、甜中带咸的口感让人欲罢不能。

　　"梧州葱油鱼烹饪技艺的工艺非常讲究，从原材料筛选直至制作完成，每道工序都有严格的标准。"在粤北餐馆的厨房内，粤北餐馆总经理陈泽贤边说边从旁边的水池里捞出一条1公斤左右的草鱼。"做葱油鱼的草鱼一定要控制在1公斤左右，重量太轻鱼肉容易散，太重鱼肉吃起来口感会很粗糙。"陈泽贤说。

　　起骨、腌制、蘸粉……处理好的新鲜草鱼经过一系列工序之后，就可以放在180摄氏度的油锅里面进行油炸了。炸好后，还要经过复炸、调味、浇汁等工序，之后一道葱香浓郁的葱油鱼就呈现在人们的眼前。

　　"梧州葱油鱼烹饪技艺起源于清末民初，最早由梧州岭海楼餐馆的厨师首创，后经民国时期的大东大酒家等酒家传承推广，知名度大大提升。"梧州市历史文化研究会副会长彭志创表示，新中国成立后至 20 世纪 80 年代，梧州厨师对梧州葱油鱼烹饪技艺在选材、配料、调味、火候等方面进行了全面提升。

择一事，终一生，不为繁华易匠心。梧州葱油鱼烹饪技艺对火候、油温、时间等变量控制要求十分精确，制作师傅需要长期积累经验才能精准掌控，让其在漫长的岁月里，依旧保留经典的味道。

葱香四溢慰藉思乡情怀

喜欢一座城市的理由，从一道菜肴开始。临近中午，伴随着锅勺碰撞的交响曲，袅袅炊烟在粤北餐馆升腾起来，缕缕饭香飘溢在室内，食客们早早就等候在点菜区，来自广州的陈梅就是其中一员。"早就听说葱油鱼是梧州的特色美食，味道鲜美，今天特地来尝一下。"陈梅说。

梧州地处粤桂两地的交界处，紧邻广东省，粤梧两地之间在经济、文化方面交流频繁。"梧州葱油鱼既有粤菜爽、脆、鲜、嫩的特点，也保留了梧州当地甜咸交融的口味。"彭志创说。

良好的地理环境、丰富的食材资源，让梧州葱油鱼成为梧州美食的典型代表和文化名片，其独特的烟火气息也承载着许多梧州人记忆深处的感动与情怀。

脆脆翘翘的葱油鱼，呈鱼跃龙门之势，"每逢人生喜事，或在中秋节、除夕等节庆日以及朋友聚会、家人团圆的饭桌上，葱油鱼几乎是必点的头牌菜。"粤北餐馆厨师长卢科汗说。

"每每在回乡的途中，总会想起那一道葱香四溢的葱油鱼。在我心目中，葱油鱼就是团圆的象征。"40 多岁的黄婷是土生土长的梧州人，在广东工作了 10 多年的她总是忘不了葱油鱼的味道。

葱油鱼的烹炸工序是制作的关键，控制油温全凭厨师多年的经验，为保证品质，这道工序多由专门的厨师负责 / 何鎏 摄

梧州葱油鱼 / 何鎏 摄

　　"在我们小时候，物质条件还没有那么丰富，妈妈总是会提前到市场里买好草鱼。"黄婷表示，每到除夕，桌面上总会有一道梧州葱油鱼来增添节日的氛围。时至今日，梧州葱油鱼依旧是在外游子的乡愁。

守正创新推动文化"出圈"

"梧州葱油鱼独树一帜、别有风味。"陈泽贤说。

梧州葱油鱼烹饪技艺从诞生至今代代相传从未间断，保存了完整的烹饪技艺。但随着现代饮食文化多元化的冲击和生活健康观念不断改变，"大咸大甜"的口味不再为食客所接受，要突破这个困境，梧州葱油鱼烹饪技艺必须不断进行改良。

为此，以粤北餐馆等为代表的梧州葱油鱼烹饪技艺主要传承实践单位，开始主动适应市场，在秉承核心技艺要素的基础上不断创新。

"我们通过在烹饪葱油鱼时口味的调整，来做出符合客人口味的菜式。"陈泽贤表示，"有些客人不爱吃甜的，有些客人会要求在葱油鱼的基础上放些辣椒……在不改变葱油鱼基础味道的情况下，我们都会尽量满足客人的需求。"

为了让葱油鱼这道菜肴"走出去"，梧州市各大餐馆通过参加各种美食比赛，把梧州葱油鱼带到全国各地的评比桌上，让更多人了解这道菜肴。例如，在"2023首届全国民俗美食大赛"评比中，粤北餐馆制作的梧州葱油鱼获得金奖，大幅提升了梧州美食的传播效果。

"10多年前，广州岭南海晏楼的总厨就特地到我们餐馆交流梧州葱油鱼的烹饪技艺，并在梧州葱油鱼制作基础上进行改良，并将其改名为葱油飞鱼。"陈泽贤表示，广府人从西江进入梧州，梧州葱油鱼这道菜肴随着广府人的往来流动而广为人知。目前，广州、佛山等城市的一些餐馆都会有梧州葱油鱼这道菜，使其成为岭南饮食文化的一种元素。

一道滋味绵长的葱油鱼凝结着梧州人世世代代的智慧、经验。如今，葱油鱼成为梧州美食的一种标志，是本地人对外推荐的旅游饮食品牌。借助这道菜肴，梧州当地饮食文化正不断"出圈"。

守在后厨做监制
——访粤北餐馆总经理陈泽贤

从小就热爱厨艺的陈泽贤，十五六岁时就跟随父亲陈北水在以前的梧州白云酒店做学徒。

"当时在厨房打下手时，我看到师傅们炒菜颠勺时技艺高超的场景，十分羡慕。"陈泽贤表示，从此，他萌生了一个信念，"有朝一日，我也要成为一名勾火颠勺的大师傅"。

第一次练刀工、第一次上灶炒菜、第一次做主厨……回首过往经历，入行30多年的陈泽贤至今依旧历历在目。"我是土生土长的梧州人，从小就对梧州传统菜肴的做法非常感兴趣，并且想把梧州传统菜肴的做法发扬光大。"陈泽贤说。

如今，陈泽贤依旧在后厨监制，亲自试菜，让梧州葱油鱼这道菜肴从原料质量到用量，再到做法，每道工序都力争做到最好。

"一有空闲时间，我就会手把手地把烹饪葱油鱼的技巧教授给餐馆的厨师学徒，详细地和他们讲解热油的温度、炸鱼的时间和葱油的制作技巧。"陈泽贤表示，自己传承梧州葱油鱼烹饪技艺，既要做好这道菜，又要讲好葱油鱼的历史故事，把葱油鱼烹饪文化发扬光大。

油温把控是关键
—— 访粤北餐馆厨师长卢科汗

清晨的第一缕阳光洒下，唤醒了沉睡中的城市。一大早，卢科汗就来到店内挑选食材、整理厨具，为餐馆的午市做好准备。

2009年，在广东做厨师的卢科汗机缘巧合之下认识了陈泽贤，之后就回到梧州并一直在粤北餐馆从事葱油鱼烹饪。"别看我之前有做厨师的经验，但是在学习做梧州葱油鱼这道菜时却特别难上手。"卢科汗介绍，梧州葱油鱼烹饪技艺最关键的就是对油温的把握：油温太低，黏在鱼皮表面的生粉就容易掉落；油温太高，鱼肉吃起来口感就会很粗糙。

卢科汗刚开始学习烹饪葱油鱼时，因为火候掌握不好，经常把鱼皮炸焦，鱼肉也没有别人做的那么嫩滑。"那时我常常想，看着那么简单的一道菜，怎么总是做不好呢？幸而我师傅陈泽贤常常鼓励我，让我有信心坚持下去。"卢科汗说。

为了做好葱油鱼这道菜，卢科汗经常跟在陈泽贤身边学习烹饪葱油鱼的技巧，并在私底下反反复复地练习。慢慢地，卢科汗烹饪葱油鱼的手法越来越娴熟，菜肴的味道也不断得到提升。

"当我第一次在后厨听到客人夸我做的葱油鱼好吃时，那种自豪感油然而生，觉得之前的努力都没有白费。"卢科汗表示，一名成功的厨师，并不只依赖于青春，更仰仗厚重的经验。今后他会继续做好葱油鱼这道菜，把梧州葱油鱼烹饪技艺传承好、发扬好。

古法制咸蛋 松软香气溢

青梅树皮配以辅料，用传统工艺来腌制咸鸭蛋，一直是苍梧县狮寨镇的传统，一颗颗咸鸭蛋已成为刻在狮寨人味蕾上的记忆

青梅皮腌制咸鸭蛋制作技艺

青梅皮腌制咸鸭蛋制作技艺，采用苍梧县狮寨镇特色青梅树皮配以辅料、传统工艺，把鲜鸭蛋腌制成咸鸭蛋。青梅皮咸鸭蛋是狮寨镇的特产。据悉，狮寨镇山高多雨、日照短、温度偏低，青梅林成片生长。当地人因地制宜，选用优质麻鸭蛋，用独家配方、工艺腌制而成的咸鸭蛋煮熟后蛋白软嫩、不干不柴，蛋黄红亮冒油、口感松软、咸香四溢。

青梅皮腌制咸鸭蛋制作技艺在 2022 年被列入梧州市级非物质文化遗产代表性项目名录，2023 年被列入第九批自治区级非物质文化遗产代表性项目名录。

在苍梧县狮寨镇，家家户户都有一缸独家秘制的咸鸭蛋，尽管卤水的配料各不相同，但都会在熬煮卤水时加入青梅皮，以达到增香的效果。这一颗颗以青梅皮腌制的咸鸭蛋成为刻在狮寨人味蕾上的记忆。

传统美食　味道独特

一碟煮熟的咸鸭蛋，一锅苦麦菜咸鸭蛋汤，用自家腌制的咸鸭蛋烹煮成简简单单的几道菜，就能勾起狮寨人的食欲。

"狮寨镇资源丰富，青梅树漫山遍野，这里盛产青梅、八角、桂皮，可以配备完整的腌制咸鸭蛋的材料。"狮寨镇党委宣传委员谭廷天说。据说在民国初期，一位靠养殖麻鸭为生的居民因麻鸭产出的鸭蛋较多，吃不完且储存困难，当时交通不便也难以向外销售，于是就地取材添加青梅树皮增香来腌制鸭蛋，解决了鸭蛋储存的难题。用该方法腌制的咸鸭蛋味道独特鲜美，左邻右舍纷纷效仿。经过一代代人不断研究改良，才有了今天味道独特的青梅树皮卤水腌制咸鸭蛋。

"用青梅树皮腌制咸鸭蛋一直是我们狮寨的传统。"狮寨镇古东村村民岑柳华说，每年立冬鸭子产蛋前后，老一辈狮寨人便着手备料腌制咸鸭蛋，慢慢也就成了各家各户的传统。如今，岑柳华依然会在家里腌制几缸咸鸭蛋，这道菜也成为招待客人的必备菜。

谭廷天介绍，用青梅树皮腌制咸鸭蛋的卤水配料除了有青梅树皮，还添加了白颈草、桂皮、八角等多种当地的特产香料和中草药，并加入狮寨镇的山泉水一起熬煮。经过熬煮的卤水静置降温后，就可以用于鸭蛋腌制了。

在卤水熬煮过程中，当地人们同时将大小均匀的新鲜鸭蛋擦洗干净，晾干备用，卤汁、盐、鸭蛋按照比例一起放入清洗干净的陶罐中密封，然后将陶罐放置在阴凉通风的地方3个月以上，即可开盖取蛋煮熟食用。

传承发展　做大产业

在青梅皮腌制咸鸭蛋制作技艺县级代表性传承人黄海坤的生产作坊内，一罐罐腌

腌制咸鸭蛋需要各种辅料／杨扬　摄

腌制好的咸鸭蛋／杨扬　摄

煮熟的咸鸭蛋香味四溢／杨扬　摄

制好的咸鸭蛋被整齐摆放在阴凉的地方。拿起一只咸鸭蛋，可以看见蛋壳被染上了棕红色，敲开蛋壳可看到透明的蛋白，蛋黄呈现微微凝固状态。煮熟后的咸鸭蛋咸香可口，蛋黄软糯起沙。

"在狮寨镇思丰村，家家户户都会腌制咸鸭蛋保存，除了必加的青梅树皮等辅料，每家每户都有属于自己的卤水秘方。"黄海坤说，随着青梅树皮腌制咸鸭蛋的名声越来越大，很多外地人都会到他这里购买咸鸭蛋。

狮寨镇每家每户都有用青梅树皮腌制咸鸭蛋的好手艺。青梅皮腌制咸鸭蛋制作技艺县级代表性传承人陈植清家也不例外。据悉，青梅皮腌制咸鸭蛋制作技艺在陈植清家以家传形式传承，家族传承谱系已传六代，陈植清正是第六代传人。

"我们坚持用最传统的工艺来腌制，卤水至少要熬煮两个小时。挑选鸭蛋也有讲究，鸭蛋是红心蛋，而且鸭蛋从产出到运输、清洗、晾晒，再到放缸这一过程不能超过 5 天，以此保证腌制的咸鸭蛋高质量。因此，我们的咸鸭蛋受到顾客青睐。"陈植清说，水和食盐的比例也有标准，一缸鸭蛋配 20 公斤的卤水和 3 公斤的食盐，这样做出来的咸鸭蛋咸而不腻。

然而，一枚咸鸭蛋要想走得更远，还需

陈植清用心制作咸鸭蛋 / 杨扬　摄　　　　　　　陈植清检查咸鸭蛋腌制情况 / 杨扬　摄

要解决延长保质期这一难题。"如果没有卤水浸泡的咸鸭蛋，一般保质期只有 15 天。"陈植清无奈地说。目前，陈植清生产制作的咸鸭蛋主要销往周边乡镇，他正在尝试制作熟食咸蛋，以进一步延长咸鸭蛋的保质期。"除了熟食咸蛋，我们团队也积极研发更多咸鸭蛋产品，通过不断推陈出新将产业做大做强。"陈植清说。

联农带农　共同致富

近年来，青梅皮腌制咸鸭蛋制作技艺越来越广为人知。2023 年，狮寨镇投入 150 万元，修建了一家青梅咸鸭蛋加工厂，陈植清作为主要运营人，助力更好地推广这项技艺。

"目前，我们加工厂主打订单式生产，除了线下客户，我们还通过一些线上平台扩展销路，实现产品基本零库存。"陈植清说，为了带领乡亲们一起参与发展，他还与政府合作，探索建立联农带农富农机制，采取"农户 + 合作社 + 产业园 + 营销"的模式，有效带动村民在家门口就业。"我们生产咸鸭蛋的原材料均向村民收购，特别是青梅树皮，只要有人愿意卖，我们按照每公斤 1.5 元收购。"陈植清说。

"我们原本计划腌制 100 缸鸭蛋，因为市场反响不错，所以我们计划提高产量，打算腌制 420 缸，现在已经销售了 10 万枚咸鸭蛋。"陈植清高兴地说，现在厂里隔月就能推出一批咸鸭蛋以满足市场需求，2023 年以来加工厂营收约 50 万元。

小小鸭蛋经过腌制，成为可口的咸鸭蛋。尽管随着时代变迁，咸鸭蛋有了不同的角色，肩负起不同的使命，从一枚"乡愁蛋"变成了一枚"非遗蛋"，再成为一枚"致富蛋"，但不变的是它始终如一的美味与乡情。

陈植清是土生土长的狮寨人，从小便看着家里的老人用青梅树皮腌制咸鸭蛋，从十几岁开始便熟悉各种制作材料，能独立制作咸鸭蛋。2015 年，陈植清返乡创业，将发展目光瞄准了咸鸭蛋。

"小时候物资匮乏，咸鸭蛋就成了我们餐桌上的美食。长大后想要创业，发现用青梅树皮腌制咸鸭蛋的做法是别处没有的，我就想到做这一类产品，这也是推广家乡特产的一种方式。"陈植清回忆，刚开始生产的时候，销量不太好，他们不断改良制作工艺，让消费者逐渐接受。这个改良过程持续了五六年之久，现在他们生产的咸鸭蛋不咸不腻、鲜香软糯，很受欢迎。

"好东西要让人知道才会有人愿意买，愿意学做。"陈植清说。因此，他不仅改良腌制配方，还经常参加各地的美食节、展销会，将咸鸭蛋的名声打响。陈植清回忆，三四年前，他曾去苍梧县沙头镇参加展销活动，试吃的人不少，但购买的人不多，这让他有点儿泄气。"之前参加展销活动，备的货基本卖完。只有在沙头镇的展销活动上，可能因为价格的原因卖不动。"陈植清说。他也曾思考是否要降低品质，以降低价格。但最后他还是坚持做高品质咸鸭蛋。质量至上的经营理念，使得他最终打开了沙头镇市场。如今，他每个月都向沙头镇供应大批咸鸭蛋。

今后，陈植清打算扩大生产，带领乡亲将产业做大做强，让青梅皮腌制咸鸭蛋制作技艺更为人熟知。

配方无偿公诸众
——访青梅皮腌制咸鸭蛋制作技艺县级代表性传承人黄海坤

黄海坤是狮寨人，制作咸鸭蛋是他从小就会的手艺。2000年，为了谋生，他开始售卖自家做的咸鸭蛋，至今已有20多年历史，手艺得到左邻右舍的一致好评。2023年，他获评青梅皮腌制咸鸭蛋制作技艺县级代表性传承人，肩负起了将这门技艺传承发扬的使命。

"我现在每个月都要腌制3000到4000颗鸭蛋，销量不错。"黄海坤说。回忆起刚开始售卖咸鸭蛋时的情景，他坦言销量并不好。试营业两个月后，他才成功配比出符合大众口味的卤水。"咸鸭蛋销售出去后，我都要问问顾客的意见，进一步提高制作技艺水平。"黄海坤说。凭借一门手艺，他制售的咸鸭蛋得到了顾客的好评，现在镇上大部分餐馆的咸鸭蛋都由他供应。

谈起技艺传承，黄海坤表示，他会尽其所能去传扬。"前段时间有一个推广活动，我也无条件地把配方公布给大家，希望让更多人可以学习青梅皮腌制咸鸭蛋制作技艺，让狮寨镇的美食走得更远。"黄海坤说。

彩扎添风骨
狮头显威仪

从有藤县狮舞开始，便有狮头扎作，这门古老的手艺至今依然在延续，并在传承和创新、传统和现代的碰撞中，焕发出独特的光彩

彩扎
（藤县狮头）

　　藤县狮舞以精湛的技艺闻名全国，彩扎（藤县狮头）也伴随这项技艺应运而生，只要有狮舞习俗的地方，就有狮头彩扎的存在。彩扎（藤县狮头）以家族传承和师徒传承的方式在民间广泛流传，其造型夸张浪漫，额高而窄，威武雄壮，形神兼备。

　　2022 年，彩扎（藤县狮头）被列入第六批梧州市级非物质文化遗产代表性项目名录，2023 年被列入第九批自治区级非物质文化遗产代表性项目名录。

逢年过节，用狮舞来调动、烘托喜庆气氛，是中国独有的一种喜庆文化。狮头在舞动跳跃中时而威风凛凛，时而憨态可掬，狮舞寄托着人们美好的愿景。

在狮舞表演中，如果说狮舞队员的身体赋予了狮子形态，那么狮头则是让整只狮子活灵活现、栩栩如生的灵魂。

素有"狮舞之乡"美称的藤县，不仅狮舞表演技艺了得，还有一项古朴的"绝活"——彩扎（藤县狮头）。从有藤县狮舞开始，便有狮头扎作，这门古老的手艺至今依然在延续，并在传承和创新、传统和现代的碰撞中，不断推陈出新，焕发独特的光彩。

工艺繁杂彰显技艺匠心

走进藤县中等专业学校狮舞文化工艺品扎作坊，迎面可以看见一个巨型的狮头扎作品，彰显着狮王的威

已基本制作完毕的狮头摆放在架上，显得十分醒目／李鸿荣　摄

仪。技术工人和学生就是在这里一笔一画勾绘狮头，在他们的分工合作中，一只工艺繁杂的狮头从无到有，惟妙惟肖的雄狮形态逐渐显现。

彩扎（藤县狮头）之所以说工艺繁杂并非夸张之词。藤县中等专业学校彩扎（藤县狮头）教师祝晓兴介绍，狮头彩扎绘制流程是先设计造型，要充分考虑色彩的对比、线条的运用，包括眼鼻嘴等细节，设计出不同性格特点的狮头形象。然而，这还只是彩扎的前期设计。祝晓兴说："真正进入实操的分别是扎、扑、画、装4道工序。"

"扎"是第一道工序。"扎"如同砌房子打地基，根据当地出产竹类的实际情况和多年使用后积累的经验，最好选用毛竹、丹竹、泥竹扎狮头，竹料必须经过选、破、修、浸、晾这几道工序才能使用。在作坊里，制作师傅动作熟练，将糯糊抹在手背上，一手用柔韧的

竹篾扎出生动结实的狮头型，一手把纱纸搓成纸条后粘上糨糊，扎绑在每个竹篾的交接处，以固定狮头的形状和骨架。

"扑"是第二道工序。在扎好的狮头骨架上扑上5张固定大小的纱纸，纱纸涂上糨糊粘扑于狮头框架处，将狮头框架全部粘扑满后，再粘扑上一层纱布来增加其硬度，以达到更好的效果，最后必须再粘一次纱纸，以便绘画。

"画"是第三道工序。狮头的颜值取决于画工，要先涂上底色，然后再绘花纹，不同的狮头绘以不同的色彩、花纹。传统花纹有虎斑纹、如意纹、祥云纹、小刀纹、线纹等。

最后一道工序是"装"。"装"是指在狮头上粘贴装饰品，将狮头的下巴、耳朵、眼睛、眼睑装附上去，再装绞丝、毛料、绒球等饰物，丰富狮头的外观。

祝晓兴说："经过这4道工序，制作时间至少也要10天，彩扎作品才算真正出品，呈现出一个既夸张又浪漫，既威武又风趣，生动逼真、活泼可爱的狮子形象。"

不拘传统力求推陈出新

在藤县中等专业学校狮舞文化工艺品扎作坊的研究室里，摆满了藤县狮舞队的荣誉和各式各样的狮头，记录着这项技艺蓬勃发展的变革与创新。

传统狮舞造型最主要的特色在于，以粤剧中三国英雄人物刘备，以及关羽、张飞、赵云、马超、黄忠五虎将的开面为基础，主要使用红、黄、绿、黑、白等色彩，不同颜色的脸谱配以不同的装饰物，来展现人物不同的性格与内涵。

彩扎（藤县狮头）的传承素有家族传承和师徒传承两种方式，如今，现代手艺人又经过学习、改良、创新，已绘制出更符合时代特色和要求的产品。祝晓兴就是其中一个不拘泥于传统的新手艺人。

"以前老一辈在制作狮头和狮舞前总会有所顾忌，譬如一定要点睛才能醒狮，狮头只能有几种固定的样式。"祝晓兴坦言，这些都是旧习俗，他坚信狮头彩扎一定要推陈出新才能有更广阔的市场。

如今，现代狮头以彩狮为主，图案丰富、色彩张扬，既吸收西方印象派的色彩运用，又融合抽象派的点线面特点，自由发挥出设计者的个性。狮头上的线条构造来自版画的刀法，又吸收传统中国画工笔重彩的手法，线条的勾画流畅、飘逸，以增强狮头的动态特征。现代的

狮头的每一样配件都经过制作
师傅的精心绘制 / 李鸿荣　摄

制作师傅正在编扎狮头雏形 / 李鸿荣　摄

彩扎甚至突破了传统狮子的"兽貌"，使其变得更
加饱满、柔和，更具有喜庆吉祥的形象。

2022年，藤县狮舞亮相中央广播电视台元宵
节晚会，节目中一头头神态活灵活现的狮子，都
出自祝晓兴团队之手。在两个多月的时间里，他
们制作了40多个狮子扎作，在用料和技艺上都进
行了创新，狮子主色调以红色和金色为主，采用
国潮造型和配色，显得更具活力。祝晓兴自豪地
说："上台表演的狮头经过严谨的改良，更适合运
动员比赛和表演。"

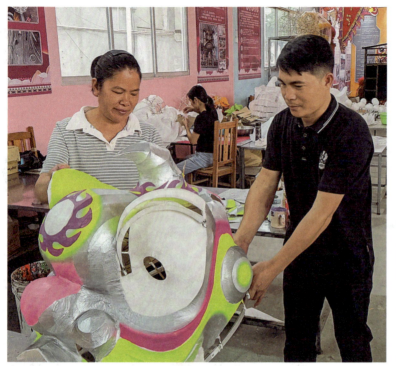

祝晓兴（右）正在指导制作师傅为狮头上色 / 李鸿荣　摄

工艺人员正在为狮头涂上黏合剂 / 李鸿荣　摄

品质优良远销世界各地

　　藤县狮舞是一种融武术、杂技、舞蹈于一体的综合性狮舞艺术，在众多的民间狮舞艺术中堪称一绝，威名远扬海内外。在中国的传统节日、婚礼、庆典等重要场合，民间都以狮舞助兴。近年来，藤县狮舞常在中央广播电视台舞台、竞技比赛等重要场合大展风采，而随之衍生的各种产品也受到了广泛关注。

　　近年来，藤县中等专业学校将狮舞与职业教育相结合，逐步形成一个制、学、研、教、训的舞狮绘狮综合基地，通过校企合作打造公司运营、师徒传承的模式，集狮舞培训、狮头彩扎传承于一体，批量生产各种类型的狮头。

祝晓兴介绍，团队会根据市场需要，生产不同规格的狮头，如幼儿、学生、成人等不同年龄段舞的狮头以及白狮、紫狮、彩狮等品种，并在一些细节的制作上进行创新；又如在狮子脸上加画一只展翅的鹰以赋予其更多美好寓意。祝晓兴开心地说："我们的团队每年能制作300多个彩狮扎作，主要销往全国各地及东南亚国家，只要有华人的地方，就会有我们制作的狮头。"

此外，藤县中等专业学校的师生们还开发了迷你狮头、摆件、版画、钥匙扣等醒狮元素文创产品。能工巧匠们制作出来的小狮子个个活泼生动，极具审美价值，深受市场的青睐。

该校的负责人期望，学生们既可以接受专业狮舞训练，以便将来选择市场化就业或继续深造，从事体育教学工作；也可以根据自己的特点学习彩扎技术，掌握这门手艺，将来从事文创等相关工作。

竹为骨，纸做皮，油墨添风采，绒毛显神威……从传统到潮流、从历史到现代，彩扎（藤县狮头）随着一代又一代的传承人、手艺人的守正创新，正源源不断焕发新的生机。

坚持慢工出细活

——访藤县中等专业学校彩扎（藤县狮头）教师祝晓兴

祝晓兴出生于"东方狮王"的诞生地藤县禤洲岛。他自小学习舞狮，因为有实践经验，常配合师傅赵强不断丰富、修改狮头的形象设计。喜欢绘画的他，常常主动协助师傅绘制狮头，学习到了必要的用色、线条勾画等手绘技能。2014年，祝晓兴加盟深圳比麟堂龙狮团，得以接触更系统的狮头绘制流程，并带动妻子蔡丽一起学习彩扎（藤县狮头）。2018年，夫妻俩把工作重心转回藤县，并在藤县中等专业学校教授狮头彩扎技艺，带领彩扎团队生产销售狮头。

制作彩扎（藤县狮头）的过程急不来，像祝晓兴这样的熟练师傅，也需要一个月时间才能做好一个狮头。对于要销售出去的狮头，祝晓兴更是注重产品的生产质量，讲究慢工出细活，讲究大胆创新。他诚恳地说："品质是我们的第一追求，一年下来只生产300多个狮头，量不算大，但好品质留得住回头客，也能吸引新客户。"

"创新"也是祝晓兴常挂在嘴边的一个词，"我们正带着学生将民俗、非遗、文创、国潮等众多元素组合在一起开发狮舞文创产品，让更多人喜欢彩扎（藤县狮头）文化"。他认为，拘泥于传统模式难以有长远发展，让传统文化在新的时代大放异彩，是狮舞人的一份情怀，也是一份使命。

期望深造传技艺
——访藤县中等专业学校狮舞运动训练班学生张峻铭

2022年，张峻铭来到藤县中等专业学校学习狮舞运动。2023年暑假，他选择参加学校组织的暑假训练班，回到学校跟着老师学习彩扎（藤县狮头）。

虽然只短短一个多月的学习，但张峻铭也逐渐能帮助老师扎作零件和画简单的样式了，这也让他充分感受到狮头彩扎这项技艺的艺术感和挑战性。他说："这项技艺没有固定模型，要根据自己的想象来扎作，只有多做才能熟能生巧、心中有数，是一项急不来的技术活。"

"我才入门，最需要勤加苦练。"张峻铭意识到，只有刻苦学习这门技艺，才能成为一代能工巧匠。对于传承这门技艺，张峻铭也有自己的打算，他表示，要学习好专业知识，继续升学，进入更高的学府深造，向更多人传播彩扎（藤县狮头）这项非遗技艺。

捶打口感鲜 肉丸香味醇

手工捶打肉丸是蒙山县十大名菜之一，肉丸制作的选材、工序、力道、火候要恰到好处，它承载着当地群众对团圆与长寿的希冀

蒙山捶打肉丸传统制作技艺

蒙山捶打肉丸，俗称长寿肉丸，是蒙山县域的十大名菜之一。其制作技艺以蒙山县城为流传中心，各乡镇以及各行政村（社区）均有广泛流传。

2022 年，蒙山捶打肉丸传统制作技艺被列入第六批梧州市级非物质文化遗产代表性项目名录，2023 年被列入第九批自治区级非物质文化遗产代表性项目名录。

在漫长时间长河中，蒙山棰打肉丸醇厚的肉香味飘散在湄江两岸。它不但见证着蒙山的沧桑巨变，也记录着当地的风俗习惯、风土人情，成为刻在当地群众血脉里的烟火气息。

手工棰打香味醇

凌晨4点，伴着清晨的静谧，细碎的脚步声在巷子里响起，蒙山棰打肉丸传统制作技艺县级代表性传承人莫蛟龙提着满满一袋猪肉从市场回来。他走进厂房，将鲜红的猪肉放在大石板上，剔除筋膜，切成小块，手执柚木棰，有节奏地轮流棰打。

"棰打猪肉中途不能停顿，要一气呵成，一旦停下来猪肉就会变硬，而且整个制作过程要在屠宰黑土猪后的3个小时内完成，不然做出来的肉丸口感不好。"莫蛟龙一边用柚木棰棰打着猪肉一边介绍。

一个多小时后，柚木棰在猪肉上棰打的声音由清脆变得沉闷，鲜红的猪肉也由块状变成粉红的肉泥。然后，莫蛟龙在肉泥里加入适量的食用盐、胡椒粉和蒙山本地的山泉水，制作肉丸的猪肉泥就完成了。

清晨6点，莫蛟龙已经把棰打好的肉泥捏成一颗颗拇指大小的丸子，用匙羹飞快地拨入80摄氏度的水中定型、煮熟。捞出过冷水后，香味四溢的蒙山棰打肉丸就可以运到门店售卖了。

"别看只是一颗小小的猪肉丸，其选材、工序、力道、火候等，每一样都要恰到好处。"莫蛟龙说，肉丸的原料需采用新鲜的猪脊肉和猪后腿瘦肉，每头猪适合做肉丸的肉只有大约25公斤，而且整个肉丸制作过程要在低温环境下操作，棰打过程对手法、力度的控制都有严格的要求。

"蒙山棰打肉丸据传是在明朝中晚期由客家人迁徙蒙山县时传入，至今已有几百年历史。初始时，一般是富贵、官宦人家招待重要客人时才烹饪此菜，以表敬意。"蒙山县文化馆馆长胡运信表示，后来，棰打肉丸制作技艺逐渐在蒙山县域流传，肉丸制售量增多，这才开始走进了寻常百姓家。

如今，蒙山棰打肉丸是蒙山县群众餐桌上常见的佳肴，那爽口醇香的味觉体验让蒙山这座小城的传统味道多了几分悠然的乡情。

寓意美好情怀浓

清晨7点，秦记甘泉水棰打肉丸店的铁闸门缓缓拉

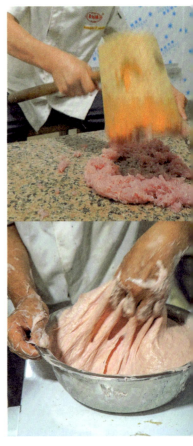

用柚木棰棰打猪肉（上）/陈凡 摄
棰打好的猪肉泥（下）/陈凡 摄

师傅用捶打好的肉泥制作肉丸 / 陈凡　摄　　　　　　　蒙山捶打肉丸是当地一道佳肴 / 陈凡　摄

开，店员熟练地掀开汤桶盖，把煮好的云吞和肉丸舀进碗里，为前来吃早餐的顾客端上热气腾腾的肉丸云吞，一股浓浓的肉香味随之弥漫开来。

　　制作好的肉丸，可以用于米粉、云吞等主食的配菜，也可以搭配中药材或者蔬菜煮汤，烹饪方便。

　　"蒙山捶打肉丸，又称圆子，寓意团团圆圆、和谐美满。"胡运信表示，蒙山捶打肉丸在蒙山群众心中占据了重要的位置。当地群众办喜宴，以及逢年过节、家人相聚，餐桌上都少不了肉丸，需求量大的时候，许多人家都会大批量购买鲜猪肉并自行请师傅加工。"鲜猪肉手工制作蒙山捶打肉丸，肉泥经过反复捶打，肉香扑鼻，不易膨胀，备受市场青睐。"秦记甘泉水捶打肉丸店员工秦永表示，每逢过节，店内的肉丸总是供不应求。

爽口弹牙的蒙山棰打肉丸不仅象征团团圆圆，还有“长寿”的寓意。“据传，乾隆皇帝微服游江南时，慕名派钦差来到永安州（蒙山旧名）取肉丸，品尝后，大加赞赏，亲笔赐名‘长寿丸’，蒙山棰打肉丸故得名‘长寿肉丸’。”胡运信说。

“经过加工的肉丸既保留猪瘦肉的味道，又去掉猪肉中的脂肪，吃起来味道鲜美，营养丰富。”莫蛟龙表示。

一丸吃出好意头，蒙山棰打肉丸体现了蒙山人民对“团圆”和“长寿”的希冀。对当地人来说，肉丸不仅是一道美食，也是对过往岁月浓浓的追思，以及对美好生活的向往。

走出县城销路宽

“小时候，蒙山县城内有很多棰打肉丸传统手工作坊，很多当地人也掌握蒙山棰打肉丸制作技艺。”秦永回忆起过去不禁感叹，“如今这些场景已经很难见到了。”

随着工业化发展和市场对肉丸产品的大量需求，很多商家为了追求量产，用机器代替了人力捶打。而手工制作肉丸过程十分辛苦，很多年轻人不愿意传承这门技艺。当下，蒙山县城仅有以秦记甘泉水棰打肉丸店、老人组肉丸店为代表的经营者依然坚持传统的手工肉丸制作技艺。

如何在不改变传统风味的基础上增加产量？这是莫蛟龙一直思考的问题。2023 年初，他成立了公司，亲自设计模拟人力捶打肉丸的机器。至此，蒙山棰打肉丸制作技艺有了机器的加持，推动蒙山棰打肉丸产量有了新提升。

莫蛟龙/陈凡　摄

　　为了让蒙山槌打肉丸的发展道路走得更远，莫蛟龙除制作经典口味的肉丸外，还创新加入香菇、马蹄（荸荠）等材料，推出槌打猪肉角、槌打香菇猪肉丸等多样化产品。

　　"传统美食要有长足的发展，必须'走出去'。"莫蛟龙说。当前，蒙山县文化馆联合莫蛟龙等蒙山槌打肉丸经营者，通过参加各种美食比赛、展销活动，让蒙山槌打肉丸走向更加宽广的市场。2021年，秦记甘泉水槌打肉丸在"广西有味·百县千菜"——2021广西非遗特色美食大赛中获得特色菜肴金奖。

　　随着商品流通领域不断拓展，蒙山槌打肉丸经营者走出蒙山县，走进广东省广州市番禺区、中山市小榄镇，海南省海口市等地，逐渐打响了蒙山槌打肉丸的品牌名声。眼下，蒙山槌打肉丸得到各地消费者的喜爱，其销售形成了以蒙山为中心、向周边地区辐射分布的发展态势。

　　光阴流转，蒙山槌打肉丸植根于匠人匠心，不断创新发展，逐渐由自产自用发展到小作坊生产，进而发展到龙头企业带动的规模化生产，成为蒙山美食文化的一颗璀璨明珠，而其制作技艺也以崭新的面貌在民间流芳……

一锤一打不马虎
——访蒙山锤打肉丸制作技艺县级代表性传承人莫蛟龙

"虽然现在有许多代替人工的设备，但是蒙山锤打肉丸制作技艺不能荒废。"为了把这份老祖宗留下来的手艺传承下去，莫蛟龙经常将自己制作肉丸的经验手把手地教授给他的徒弟。

"我 20 岁的时候就开始学习蒙山锤打肉丸制作技艺了，虽然也一度放弃，但看到这门手艺逐渐式微时，几经思考，我还是决定重新拾起。"莫蛟龙说。

2014 年，莫蛟龙在蒙山县城开设了第一家秦记甘泉水锤打肉丸店。当时，市面上肉丸的口感参差不一，蒙山锤打肉丸的市场竞争激烈。为了吸引顾客，他经常在店内展现肉丸的制作过程。"没有什么比全过程展示肉丸的制作场景，更可以让顾客相信店内肉丸是用柚木锤打制而成的了。"莫蛟龙说。

一锤一打来不得半点马虎的心态，让莫蛟龙把秦记甘泉水锤打肉丸的品牌竖了起来。后来，他研究出了模拟人力锤打肉丸的机器，才开始使用机器代替部分人工制作肉丸。"虽然借助现代化生产设备，肉丸实现了更大规模的生产，但对于原材料的把关和制作过程的把控，我都是亲力亲为。"莫蛟龙一边抚摸着锤打肉泥的柚木锤，一边说："就是靠这把木锤，我教会了一批又一批前来学习蒙山锤打肉丸制作技艺的徒弟，不断把这门技艺发扬光大。"

匠心守护好风味

——访秦记甘泉水棰打肉丸店员工秦永

凌晨5点，蒙山县城大部分人还在沉睡中，秦永已经把制作肉丸的新鲜猪肉准备好了。“虽然现在机器代替了手工，但我每隔一段时间都会练习蒙山棰打肉丸制作技艺，以便把这门手艺传承下去。”秦永说。

2015年，30多岁的秦永从广东回到蒙山县，机缘巧合之下跟随莫蛟龙学习蒙山棰打肉丸制作技艺，并且一直坚持到现在。“刚开始以为做肉丸很简单，学了之后才发现，小小肉丸蕴含的全部都是精细的活。”秦永说。挑选猪肉、剔筋去膜、捶打力道的把控……为了掌握蒙山棰打肉丸制作技艺，他一直耐心地跟在莫蛟龙身边学习。

“制作肉丸真的很辛苦，不但要起早贪黑，而且特别费力。”秦永回忆，刚开始学习这门技艺的时候，因为要不断地练习捶打技巧，吃饭的时候手酸得连筷子都拿不起来。

虽然学习制作肉丸的过程很艰苦，但秦永从来没有想过放弃。“儿时，我对蒙山棰打肉丸的记忆便是饱含家的温暖。从那时起，我就已经萌生了学习肉丸捶打技艺的想法。”他表示，未来会继续改进自己的手艺，用匠心守护蒙山棰打肉丸的地道风味。

妙手正骨法 仁术远流长

梧州岭南正骨疗法在梧州这座城市已传承了100多年，自制骨伤制剂改良配制取得突破性进展，造福骨伤民众逾百万

梧州岭南正骨疗法 *

梧州紧邻广东省，便利的交通、相同的习俗让梧州与广东地区人员来往密切。明清时期，岭南地区盛行南少林骨伤流派；清末民初，岭南骨伤医术与梧州本地医学文化融合，逐渐形成具有一方特色的正骨疗法。

梧州岭南正骨疗法于 2022 年被列入第六批梧州市级非物质文化遗产代表性项目名录，2023 年被列入第九批自治区级非物质文化遗产代表性项目名录。

---

* 本项目虽于 2023 年入选第九批自治区级非物质文化遗产代表性项目名录，但目前尚未认定代表性传承人，故本篇结尾处无"传承故事"。

每天，在万秀区孔庙里一带，以及大东市场、新兴市场等集市，专门经营草药的店铺都是人来人往，两面针、钩藤、沙姜（山奈）等各种中草药琳琅满目，浓郁的草药香味弥漫，成为梧州街头小巷独特的风景。

梧州地处华南丘陵区，高温多雨，药材资源丰富，是广西重点中药材产区之一，所产的中药材超过1300种，让本地医家可以就地取材治伤配药，不断推动了岭南骨伤医学的发展、成熟。

百年积淀　医武合一

近日，在梧州市中医医院（原名梧州市中医院）手术室内，只见岭南骨伤医派病区负责人刘凯顺等扶稳患者伤处及关联部位，岭南骨伤医派首席专家罗世东手摸心会之下，就着伤处拇指板压、折角、推挤、反折、对齐。一气呵成的手法操作下来，伤者骨折处的骨头已经回到正常位置，然后再贴敷医院的自制剂膏药，用石膏固定患肢，让患者不用进行手术，骨折部位也能复位如初。

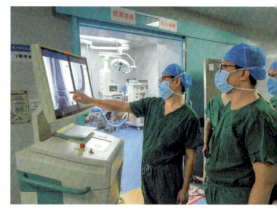

医生在开展岭南正骨疗法的过程中拍片观察 / 陈凡　摄

"我们通过 X 光片对骨折部位的情况进行了研判，反复讨论后，最终确定用岭南正骨疗法为这位患者复位。"刘凯顺表示，针对同样的病况，接受梧州岭南正骨疗法保守治疗，可以取得与手术治疗同样的效果，这样既可以减轻患者的痛苦，也可以避免手术过后出现并发症等情况。

以上手法，融汇了曳法、掇法、震法、指针法等梧州岭南正骨疗法特色手法的精髓，其特点是稳、准、透、巧。正骨之后再用夹板和各式绷带扎法等进行骨伤固定，加之辨证运用中药、膏、丹、丸、散等药物治疗。梧州市中医医院骨伤科多年临床应用摸索，已总结出成熟的治疗规范。

如此手法、用药，依然明显有着岭南正骨医武合一的遗风。明清之后，广东佛山、广州一带习武之风盛起，武者多因袭南少林传统，医武兼修、以武辅医、疗伤自治。清末民初，时世创造了广东的岭南骨伤医术与梧州本地医学文化融合的时机。黄海平、陈铁等医武人士为了避乱从广东顺德、南海等地迁居广西梧州，家族秘传南派正骨手法的黄海平和以独家南少林骨伤秘方闻名的陈铁，与擅长使用本地草药的梧州籍同行交流砌磋后，造就了梧州坊间跌打正骨行业的一时繁荣。

1988 年，当时的梧州市中医院转为全民所有制医院。此后，曾经私家的秘传逐步转变为公共的医学遗产，各家医学智慧的汇流，形成具有一方特色的梧州岭南正骨疗法。

梧州岭南正骨疗法在梧州这座城市已传承了 100 多年。其间，自制骨伤制剂改良配制不断取得突破性进展。目前，该疗法已从医武兼修、以武辅医，发展到以医济民，实现了"武为医所用"的目标。

方兴未艾　厚植沃土

"哪里不舒服？能不能活动？现在感觉怎么样？伤口还痛不痛……"每天，梧州市中医医院骨伤科的医生查房的时候，总会耐心地询问病人的情况，以便第一时间掌握病人的病情。

"1960 年，当时的梧州市中医院骨伤科成立后，梧州岭南正骨疗法的老中医们不但纷纷无私献宝献方服务民众，而且公开授徒。该疗法从此由家族秘传转为师徒传承。"梧州市中医医院院长卢正表示，目前梧州岭南正骨疗法从家族秘传，到师徒传承，再到集体师承为主，师徒传承为辅。如今，梧州市中医医院形成了主任医师 8 人、副主任医师 20 人、广西名中医 1 人、梧州市名中医 2 人的骨伤科医师的传承人群体，为岭南骨伤疗法的传承和发展奠定了坚实的基础。

当前岭南中医药行业研究方兴未艾，然而，以岭南医派为文化主题，被成功列入国家级非物质文化遗产代表性项目名录的项目仍然比较稀少，为此，加强梧州岭南正骨疗法的研究，对深入发掘梧州岭南文化名城底蕴，传承弘扬传统中医药文化具有重要意义。

成立梧州市岭南中医药研究所，设立岭南骨伤医派……为了深入开展梧州岭南正骨疗法的研究和应用，梧州市中医医院在梧州辖区及周边建立了扎实的技术普及网络，服务半径覆盖梧州下辖三县一市，影响力遍及桂东及粤西地区，受众超过 300 万人。其骨伤科室常年开展骨伤诊疗服务，年门急诊量超 5 万人次，出院病人超 6000 人次。

梧州岭南正骨疗法的医者以其专业的正骨技术累计已造福逾百万骨伤群众，经数代专业医者集体整理、验证、提高，梧州岭南正骨疗法不断得到传承、创新，厚植杏林沃土。

药膳调脾胃 疗法护安康

梧州地处岭南地区，居民喜食鲜美肥甘之物，体质多有脾气不运、湿热蕴中的特点，当地医家常根据中医脾胃学说论治当地人的脾胃系及相关疾病，由此形成了一定经验积累。

梧州岭南脾胃疗法

梧州岭南脾胃疗法继承了传统中医脾胃学说的精髓，以脾主运化，胃主受纳，脾、胃同居中焦，为气机升降枢纽作为基本治则。该疗法自清末流传至今，现以集体师承为主，师徒传承为辅，传承人主要为梧州市中医医院脾胃病科医务人员。

梧州岭南脾胃疗法于 2023 年被列入第九批自治区级非物质文化遗产代表性项目名录。

漫步在梧州街头，不同名号的炖汤店、凉茶店铺比比皆是。梧州地处岭南地区，高温多雨，气候炎热湿润，本地人又喜食蚌、鱼、蛤等鲜美肥甘之物，易积滞不化，湿热上火。这些都可能使脾胃失调，进而成疾。本地人根据岭南的气候特点，制作出了形式多样的调理脾胃的药膳，而当地医家也根据中医脾胃学说，论治当地人的脾胃系及相关疾病，从而推动梧州岭南脾胃疗法体系不断形成。

调治一体　立足脾胃论病

近日，在梧州市中医医院的脾胃科诊疗室内，脾胃科的医生使用平衡火疗罐的外治手法，来为患者调理肠胃。该手法可以起到舒筋活血、祛风除湿的效果。

"平衡火疗罐是梧州岭南脾胃疗法的外治手法之一，加之止痛顺气胶囊、润肠丸等医院自制剂，调配五指毛桃排骨汤、四君子老鸭汤等药膳。这便突出了梧州岭南脾胃疗法从用药、外治到调养等系统性特征。"梧州市中医医院副院长莫湘说。

梧州地处华南丘陵片区，当地人喜食鲜美肥甘之物，易致湿邪内留、脾土受困，当地医家常针对此典型岭南人群特性，吸收民间调养智慧，形成了本地擅用五指毛桃、广陈皮、鸡骨草等岭南中药材调治脾胃系疾病的医学文化。

史料记载，1936 年，知名医家区全生迁居梧州，与本地医家韦公朴同时在梧州行医，二人均长于治疗肝病、脾胃等内科疾病。1960 年，当时的梧州市中医院成立后，区全生、韦公朴与当地多数代表性医家选择加入梧州市中医院，组建内科，不断开展医疗实践，融汇经典，发展至今，形成了集辨证论治、遣方用药、中医外治、脾胃调理调治于一体的梧州岭南脾胃疗法。

如今，梧州岭南脾胃疗法历经六代悬壶，终汇大成，以中医脾胃学说为基础，形成调治一体的理论体系。后经专业医务人员集体整理、总结、提高，该疗法治疗的系统性更为突出。

深入研究　弘扬古方精髓

翻开《中医医案医话》《老中医经验汇编》《广西百名名中医百首验方》等关于梧州本地知名老中医学术经验的书籍，泛黄的书页上记载着不少老中医毕生的医学精髓以及独家验方。

"梧州岭南脾胃疗法凝结了多代医家的集体智慧，但由于中医人才培养周期相对较长，年轻一代的中医思维和技能培养尚需时日，疗法档案和历史资料的整理也需要附加投入等原因，疗法的传承和保护有待加强。"莫湘说。

为了发挥传统中医脾胃学说的精髓，让梧州岭南脾胃疗法形成更强大的理论体系，当前，梧州市中医医院成立了梧州市岭南中医药研究所，下设岭南脾胃病医派工作室、广西名老中医谢逢生工作室，推进疗法的整理、传承和研究。领衔开展该项工作的知名专家有全国老中医药专家学术经验继承工作指导老师文黛薇，以及第五代传承人主任医师莫湘、孙玉霞等。该院脾胃病专业的医师团队共有 16 人，其中具备高级职称的占 50%。

同时，梧州市中医医院在梧州城区及下辖苍梧县、藤县、蒙山县和岑溪市建立起了扎实的技术普及网络，组织过各类中、短期技术培训。目前，梧州岭南脾胃疗法的传承人与广西南宁、桂林以及广东广州等地同行交流日益频繁，学术共识日渐加深，疗法的成效也获得了同行的充分肯定。

近年来，梧州市中医医院的医生运用梧州岭南脾胃疗法，每年开展诊疗 2.5 万人次。随着疗效和群众口碑的传播，在地理气候相近的广西贺州、贵港，广东肇庆、云浮等地已经有了广泛的影响力。

国家非遗是目标

——访梧州市中医医院院长卢正

1993年，刚从大学毕业的卢正到当时的梧州市中医院工作后，就开始接触并学习梧州岭南正骨疗法，至今从事骨伤治疗已经长达30年。"当时，梧州市中医院骨伤科的前辈无论是软组织损伤还是骨折错位都有一整套完整的疗法，我一边工作，一边向前辈学习梧州岭南正骨疗法。"卢正说。

经过多年的学习研究，在临床上，卢正形成了"从骨伤治疗的第一时间便开始骨伤康复"的治骨理念，以及攻下润下法治疗腰扭伤、肋骨骨折、脊柱骨折等方法和理论，并在临床治疗中取得明显的效果。

"要充分展现传统中医的综合价值，必须适应当前医疗体制及社会环境的需求。"卢正说。作为梧州市中医医院院长，在医院试点的特色中医病种DRG（疾病诊断相关分组）付费改革中，他牵头组织以梧州岭南正骨疗法为核心技术载体，开设岭南骨伤医派病区作为强化疗法临床实效、推广中医药服务和培养后备人才的专门实践平台。

卢正表示，今后医院将会通过促进骨伤科科研提档、强化软伤治疗临床和研究短板、推动"梧州岭南正骨疗法"申报国家级非物质文化遗产等，通过医、教、研、文共同用力，继续挺立梧州市骨伤医疗事业的标杆。

开展了超声内镜等新技术 6 项，火龙灸、埋线、脐疗等中医非药物疗法共 18 项，主持和参与的科研课题有 12 项……从医将近 30 年，莫湘勤于钻研，大胆创新，带领医院脾胃团队不断深入研究梧州岭南脾胃疗法。

"大学毕业后，我进入医院工作，有幸跟随医院的脾胃专家学习专业的理论知识，那时候开始逐渐领会传统脾胃疗法的博大精深。"莫湘说。

除了日常工作，莫湘还不忘翻阅历代脾胃专家流传下来的古籍药方，并融会贯通形成"（梧州）病脾胃之人，多脾虚为本质，湿热为表证"的辨证理念，以"脾胃之病，湿热虽重，化之宜温"等理论指导，同时将"治未病"理念引入脾胃疾病治疗，开辟药膳应用研究新领域。

"要弘扬中医文化，除了守正创新，还要不断地培养中医药人才，让传统中医事业后继有人。"莫湘说。梧州市中医医院在 2017 年获评国家中医住院医师规范化培训基地后，在 2021 年又获评广西中医药大学中医学研究生联合培养基地。莫湘牵头建立规章制度，规范教学活动，精细化管理，提高教学质量，5 年来培养中医住院规培医师 252 人，住院医师结业考核通过率连续 3 年达 100%，取得区内乃至国内的优秀成绩，接收实习生 3000 多人次，培训骨干村医 1000 人次，培训西学中人员 150 人次，为梧州中医事业持续发展提供了稳定的后备人才保障。

莫湘表示，未来，她还要不断总结临床经验，继承和发扬梧州岭南中医药文化，为梧州岭南脾胃疗法的传承和发展作出自己的贡献。

古方焕生机 药丸声威震

中华跌打丸是国家中药保护品种和『中华老字号产品』。近年来，传承者们不断创新产品形态，研制出更符合现代人的产品

中华跌打丸制作技艺

中华跌打丸选取金不换、鹅不食草等广西地方特有药材，采用 32 味中草药经清洗、干燥、粉碎、炼蜜、混粉、制丸等 20 多道工序制成。

中华跌打丸的组方源于南少林寺，制作技艺遵循独特法则，从内治入手，调节损伤局部之气血，对挫伤筋骨、新旧瘀患、风湿疼痛、创伤出血疗效卓著，是国家中药保护品种和"中华老字号产品"。

中华跌打丸制作技艺于 2022 年被列入梧州市级非物质文化遗产代表性项目名录，2023 年被列入第九批自治区级非物质文化遗产代表性项目名录。

罗枚 胡春妮

中华跌打丸制作技艺历史悠久，源远流长，从献方创始至今已传承七十余载。"中华"是我国现在唯一一个获许在药品上使用的商标品牌。其制作工艺复杂，小小的一颗手工制作的中华跌打丸包含研船研粉、炭火干燥灭菌、柴火煮糖、人工搅拌融合、手工制丸等多道工序，需要用到切药刀、研船、冲筒、搓丸板等多个工具。

随着现代生产技术与设备的不断完善，中华跌打丸的生产销量显著提高，中华跌打丸制作技艺的传承人通过将传统中医药学理论和现代化生产实践相融合，创新了产品形态，研制出更符合现代人的产品。

古老药方　历久弥新

探寻中华跌打丸的起源，其历史可追溯到民国初期。传说当时一名少林僧人身染沉疴、落难梧州，得梧

包装好的中华跌打丸/陈凡 摄　　　　中华跌打丸里包含的部分药材/陈凡 摄

州商贾陈氏收容、医治，痊愈后以五枚少林祖师药方"急性子散"作为答谢。1956 年，陈氏后人陈铁改行行医，结束了家庭手工原始制药工艺及个体行医的历史，与十数位民间医生共同成立联合诊所，成为一名持证行医的正骨科医生，按"急性子散"药方，以传统手工浸泡、研磨、搓制成丸，作跌打刀伤用药，在跌打界颇有口碑，而"急性子散"也成为当时制作最多的一服药方。后来，陈铁献方于梧州市中药厂，经调整组方后批量生产，成为今天的中华跌打丸。

1960 年，梧州市卫生局为该丸药起名"中华跌打丸"，此后该药声名鹊起，并以质优、价廉、疗效可靠而远销大江南北。1964 年，中华跌打丸全年销售总量达 88 万盒，广受市场青睐。

"中华跌打丸能在梧州广泛传播，与这里的水土息息相关。"中华跌打丸制作技艺第三代传承人程智宁说，梧州日照充足、土层深厚、雨量充沛，

气候温热潮湿，最适合中草药的生长，是广西的四大中医药产业基地之一。这为中华跌打丸制作技艺的传承发展提供了丰富的药材资源。

如今，中华跌打丸依靠"师带徒"的方式已传承到第五代。从第二代传承人陈永强开始，中华跌打丸进入工业化生产，每一代传承人在教授时都会相互探讨，在前辈总结的经验上，结合传统中医药学理论和现代化生产实践，根据当代人不同体质对药方进行改良和研究，不断丰富实践，使中华跌打丸制作技艺日趋完善。

发扬精神 接续传承

在工作室内，中华跌打丸制作技艺第五代传承人雷洁萍正在演示用搓丸板制作传统手工搓蜜丸的技艺。她先将制好的药泥打条，然后将药放进上下两片带有半球形模子的搓丸板内，慢慢合上，轻轻压紧，慢慢加速转动，不一会儿药丸便搓制完成。

"制作好的药丸要色泽统一，不粘手，每一粒重量要达到 6 克左右，制作好的药丸晒干后，用蜡纸包裹两层后渗二次蜡衣，外包装的蜡也要密封完好。"雷洁萍说，搓药是一件细致活，看起来很容易，但是要搓成一颗圆度均匀、软硬适中的药丸要下一定的苦功，为此她一有空闲时间就进行练习。

2020 年，熟知中华跌打丸现代工艺制作的雷洁萍为了更好地宣传推广中华跌打丸制作技艺，深入了解传统工艺制作方式，前后练习了一年的时间，将传统技艺牢记于心。

像雷洁萍这样投入中华跌打丸制作技艺传承与研发的人还有很多。为了聚拢有杰出表现的工匠和劳模，加强对中药前沿技术、新工艺、新产品的开发，提升产品科技含量，更好地保护中华跌打丸制作技艺，2021年梧州市总工会成立了专门的劳模工匠人才创新工作室。目前，工作室已吸纳了22名工匠和劳模进行中华跌打丸制作技艺的交流学习。

"我们将通过劳模精神和工匠精神的引领，把工作室打造成解决生产技术难题的攻坚站，推动企业技术创新的孵化器，让中华跌打丸制作技艺得到更系统、创新的发展。"雷洁萍说。

推陈出新　产能倍增

中华跌打丸作为骨伤科的典范用药，2004年入选《中国药典》，并荣获发明专利，曾先后获得"中华老字号""广西老字号""广西名牌产品"等称号，目前产品已覆盖了全国30多个省（自治区、直辖市），并出口越南、

雷洁萍（中）准备搓揉压制中华跌打丸／陈凡　摄

缅甸等东南亚国家。

"在进行生产技术升级之前，我们仍然有部分工序需要手工制作。"广西梧州制药（集团）股份有限公司固体车间混合制丸班班长陈有燕回忆。自2006年起，她开始在中华跌打丸生产线工作，见证了生产线的变迁，未升级改造时，生产线处在半自动化水平，特别是包装工序，虽然部分引入机械化生产，但仍然需要工人手工完成蜡纸包丸、入壳蘸蜡等工序。

2009年，厂房搬迁，罗琨炽进入广西梧州制药（集团）股份有限公司工作，作为第四代传承人的他参与了生产线升级改造项目。在2016年正式进行机器升级改造之前，罗琨炽和他的伙伴到外地寻找合适的生产设备的同时，还要根据中华跌打丸制作技艺烦琐的工序研制改造生产设备，"因为没有适合的生产设备，所以我们跑了很多地方，拿着图纸让厂商改造成合适的样子。"罗琨炽介绍，2016年升级改造开始后，他们用了两年时间将车间完全改造，实现了药材炮制标准化操作、加工和粉碎过筛全密闭一体化自动生产，有效地降低生产噪声和粉尘污染，其生产线也能用于其他药丸类药品制作。

"我们引进两条机械化联动生产线后，生产效率得到极大的提高，制作一批次药丸的时间从原来的7至8天缩短为5天，年生产能力能达到1亿丸。"罗琨炽说。

"为了应对激烈的市场竞争，保持"中华老字号"的竞争力，我们在大蜜丸的基础上还开发了小蜜丸、水蜜丸、水丸、酒剂等不同形态的产品，供消费者选择。"程智宁说。目前，当代传承人均在公司主要岗位任职，企业还将成立技术攻坚小组，进一步挖掘关键技术进行硬保护，也将开展产品二次功效开发的试验工作。

中华跌打丸作为梧州特色传统中医药，在传承人不断地研究开发下，在现代科学技术的推动下，正焕发新的生机与活力，成为中华民族非遗宝库中的一颗璀璨明珠。

改良技术保质量
——访中华跌打丸制作技艺传承人程智宁

程智宁现任广西梧州制药（集团）股份有限公司党委委员、副总经理。1990年，她便开始在梧州市中药厂工作，30多年的时间里一直专注传承和研发中华跌打丸制作技艺，力求使这一传统中医药与工业化生产融合得更好，让历史悠久的中华跌打丸焕发新的活力。

中华跌打丸能够历久弥新，离不开一代代传承人的守正创新。2005年，中华跌打丸部分批次产品在有效期内出现返砂现象，影响口感和质量。长期扎根一线的程智宁开始攻坚这一难题。她的团队在一年多的时间里不断地进行药物融合实验，达不到效果就反复地尝试，终于将中华跌打丸传统的炼药与合坨技术改良成熟，并运用到生产线上，有效改善了蜜丸的软硬度，杜绝了存效期内返砂现象。

中华跌打丸制作技艺的传承以"师带徒"的方式为主，程智宁师从第二代传承人陈永强，以"传帮带"的方式从老师身上汲取知识，学习工匠精神。作为第三代传承人，多年来她将自己从老师身上学到的技艺和精神传授给下一代传承人。在她悉心培养下，第四代传承人罗琨炽和第五代传承人雷洁萍在传承老一辈精神的基础上，将传统制作技艺与时代新要求相结合，诠释出新一代担当。

数年攻关终有成

——访中华跌打丸制作技艺传承人雷洁萍

雷洁萍现任广西梧州制药（集团）股份有限公司固体车间党支部委员、车间工艺与技术主管，是中华跌打丸的第五代传承人。2011年大学毕业后，她便进入广西梧州制药（集团）股份有限公司工作，成了一名中华跌打丸的质检员。从接触中华跌打丸开始，她便边工作边学习边参与产品的生产技术改革。2018年，被调整至工艺技术岗位后，她凭借过硬的技术和实力得以进一步地参与中华跌打丸的技术研发和产品更新，为中华跌打丸质量持续提高献出自己的一份力量。

企业搬迁至新址后，一直在进行工艺技术及生产设备的更新，作为传承人，雷洁萍也参与其中，致力于中华跌打丸工艺革新工作。"以前制成的药丸都是通过手工蜡纸包丸、入壳蘸蜡，对药丸的保存有一定的影响。"由于没有参考的案例，雷洁萍和搭档们只能自己摸索设计包装样式，不断进行封蜡温度、外壳扣合等试验。经过几年不停地研究，2016年中华跌打丸的新版包装上市，产品包装工艺均改为机械扣壳蘸蜡，增强其密封性，提升了贮藏质量。

2020年，雷洁萍又开始钻研学习中华跌打丸的传统技艺制作，希望能通过展示传统工艺制作过程，让更多的人熟知中华跌打丸这枚传统文化瑰宝。

"作为传承人，我们要热爱这项事业，积极投入工艺技术和产品的创新工作中，让中华跌打丸制作技艺代代相传，造福群众。"雷洁萍说。

酥脆鸡仔饼 色香味俱全

梧州鸡仔饼作为本地特色美食之一,不仅是市场欢迎的小吃,也是梧州酒楼、茶肆常出现的点心,更是适合送给外地亲朋好友的手信

梧州鸡仔饼制作技艺

梧州鸡仔饼制作技艺源于清末,距今已有 100 多年。梧州人民在长期制作鸡仔饼的实践中,逐渐形成了选料严格、工艺精湛、制作精美的梧州鸡仔饼制作技艺。

梧州鸡仔饼制作技艺以面粉、鸡蛋、冰肉、花生、芝麻等为原料,经过选(备)料、腌制冰肉、熬制糖浆、制馅、制皮、包馅、打饼、烤饼、包装等多项流程制作而成。成品具有色泽金黄通透、甘香酥脆、甜中带咸等特点,是梧州当地特色美食之一。

梧州鸡仔饼制作技艺 2022 年被列入第六批梧州市级非物质文化遗产代表性项目名录,2023 年被列入第九批自治区级非物质文化遗产代表性项目名录。

在梧州，谈起传统特色小吃，不得不提的是外皮酥脆、内里甘香的鸡仔饼。作为一道在梧州家喻户晓的传统特色小吃，鸡仔饼是不少人从小吃到大的童年回忆，也是梧州传统特色小吃的一张名片。

采用传统制作技艺加工的鸡仔饼甜中带咸，风味独特。刚出炉时，腌制入味的冰肉在芝麻和香料的点缀下散发出浓郁鲜香。拿起鸡仔饼咬一口，口感酥脆、外脆内软，越嚼味越浓，甘、香、酥、甜、咸同时在嘴里迸发，仿佛整个味蕾都被点燃，简直越停不下来。

沉淀百年历史印记

梧州鸡仔饼之所以能远近驰名，是有秘诀的。看似小小一块饼，却能做到色香味俱全，制作技艺是关键。

梧州鸡仔饼制作技艺源于清末，距今已有 100 多年，最初以家庭作坊的生产形式进行生产实践，直至民

鸡仔饼是深受市民喜爱的零食 / 梧州市非物质文化遗产传承和
保护中心 供图

国时期，众多食肆、酒楼应运而生，粤西楼、洞
天酒家、大东酒家等商家成为梧州鸡仔饼制作技
艺的主要阵地，梧州鸡仔饼声名鹊起，畅销两
广。新中国成立至 20 世纪末，是梧州鸡仔饼的
鼎盛时期，出现了金湾酒家等众多鸡仔饼厂家。

2000 年以后，梧州鸡仔饼的销售市场逐渐被其他同类型的商品抢占，销量呈现下滑趋势。面对这种情况，以梧州市金成酒店管理服务有限公司、金湾酒家等为代表的梧州多家食品企业扛起顶梁之责，按照现代口味、市场环境做出工艺、销售、包装上的调整与提升。在保留核心技艺的同时，用真空包装等科学手段延长梧州鸡仔饼保存期限，改良工艺，增加品种及口味，适应市场需求扩大生产规模。同时，食品企业致力于品牌培育和打造，梧州鸡仔饼制作技艺进入了一个新的发展阶段。

坚持传统手艺制作

要做出美味的鸡仔饼，靠的不仅是代代相传的精湛技艺、上佳食材、繁复工序，还有制饼师傅的一份匠心。

随着科技的发展，机器制饼比人工效率高，但梧州鸡仔饼制作技艺第四代传承人潘立妍依然沿袭祖辈的技艺坚持纯手工制作。

"其实，很多顾客来买我们家鸡仔饼，吃的是味道，品的是记忆，而最传统的手艺才能保留最原始的风味。机器做得快，但做出来的鸡仔饼馅料细碎、口感偏硬，没有手工做的那种味道。手工制饼能保留完整的整块冰肉，这是鸡仔饼好吃的关键。"潘立妍介绍，梧州鸡仔饼制作技艺世世代代相传，讲求的不仅仅是独家的技法和配方，更重要的是食材原料的选择。

对食材甄选的严苛，是关键的源头环节，也是梧州鸡仔饼制作技艺的核心。鸡仔饼在选材用料上，必须选用优质的麦芽糖、冰肉、南乳等；在制作工艺上，腌制冰肉、制馅、包馅等传统工序，每一道都十分讲究。说起梧州鸡仔饼制作技艺，潘立妍如数家珍。

如今的鸡仔饼在保留口感的同时，也更注重健康。潘立妍说："我们要做好它，让大家接受它，就要不断改进工艺和口味，使它更符合现代人健康饮食的需求，希望更多人能支持它，使它能延续下去。"

鸡仔饼的制作材料有白糖、麦芽糖、碱水、生油、面粉、鸡蛋、冰肉、花生、南乳、盐、高度酒、五香粉、蒜蓉等 / 梧州市非物质文化遗产传承和保护中心　供图

欲借东风乘势而起

也许是因为风味独特，梧州鸡仔饼现今仍然是小众小吃，销量不大，多数食客用它搭配茶饮，多浅尝辄止。由此，梧州鸡仔饼生产量不大，多为网上预订、按需生产的销售模式，这在一定程度上制约了梧州鸡仔饼的市场空间。

如何让梧州鸡仔饼走出去？梧州市非遗协会副会长杨露说，梧州鸡仔饼的传承与发展，未来在 IP 打造、销售渠道拓展、口味改良制作等方面都有

为了使鸡仔饼的成品色泽更金黄通透，口感更甘香酥脆，潘立妍给鸡仔饼涂抹调料／梧州市非物质文化遗产传承和保护中心　供图

许多创意，将乘着梧州推进六堡茶产业发展的东风，以茶为媒，与部分茶企会员强强联手，打造"一茶一饼一故事"的文旅品牌，即"喝六堡茶，尝鸡仔饼，听梧州故事"。同时，以梧州市非遗协会为依托，以骑楼城大酒店为品牌驻点，大力开展本地非遗品牌的宣传，启动建设骑楼城大酒店制饼、制茶非遗宣传展示工场，邀请各地市旅游及研学团到场参观学习，把梧州鸡仔饼推向全区乃至全国。

教学相长传技艺

——访梧州鸡仔饼制作技艺第四代传承人潘立妍

"传承但不守旧，创新但不忘初心。"这是对潘立妍传承梧州鸡仔饼制作技艺最好的诠释。

潘立妍家里世代做鸡仔饼，鸡仔饼香已经在这个家族绵延了上百年。"我要把这种老味道留下来，也要把传统的制作方法传给下一代。"潘立妍说，她一门心思传承这一手工技艺，只为了留住记忆里鸡仔饼那熟悉的味道。

2009年，潘立妍接过家里的衣钵，开始学习鸡仔饼制作。每天早上5点，她就起来学手艺，先是在旁边观摩师傅的手法，再自己上手制作，一步一步跟着师傅学，一遍一遍跟着师傅做。在日复一日的技艺精进与不断探索实践中，她的制饼手艺日趋炉火纯青，从青涩学徒发展到独当一面。

如今，潘立妍成为梧州鸡仔饼制作技艺第四代传承人，肩负传承重任。

非遗技艺的传承没有捷径，靠的就是手把手教授。为了更好地传承梧州鸡仔饼制作技艺，潘立妍在传道授业方面进行了多项探索。她主张师徒切磋技艺、教学相长、共同提高，并言传身教、悉心带徒、培养人才。同时，她利用寒暑假期，向孩子们传授梧州鸡仔饼制作技艺，激发他们积极继承手艺的兴趣。

"技艺共享，师徒相长。只有后人超越前人，一代更比一代强，梧州鸡仔饼制作才会后继有人。"潘立妍如是说。

唐冬月是湖南人，20世纪90年代初来到梧州市工作，是一名烘焙爱好者，2009年开始从事糕点行业，学会了很多糕点的制作方法，但却对梧州鸡仔饼情有独钟。

6年前，唐冬月在师傅的带领下，专心研究梧州鸡仔饼制作技艺。在这个机械化生产的时代，她制作的鸡仔饼依然保持纯手工制作，贵精不贵多，以保证品质优良，守住本真风味。

这些年，唐冬月跟着梧州鸡仔饼一起成长。她对鸡仔饼的味道和口感不断进行调整，让软硬度、甜咸度、香味浓郁度都达到最佳的效果，以迎合更多大众的口味。

"传承，不仅是一纸配方，诚心与品质才是传承的重中之重。鸡仔饼只有根据时代发展不断革新，适应更多人的口味，才能做到传承和发扬。"唐冬月说，希望梧州鸡仔饼制作技艺在他们这批手艺人的努力下，能继续传承下去。

"叹"一盅两件 品味人生

梧州早茶是梧州人生活的一部分，承载着许多历史文化根脉和记忆信息，具有独特的人文特征

梧州早茶习俗

　　梧州早茶习俗是梧州的一种餐饮文化，从清末民初开始，具有重商惜时传统的梧州人，在天未亮之时就到茶楼，点上"一盅两件"，或交流商业信息，或聊聊生意叙叙话，开始一天的营生。梧州早茶习俗主要在酒楼内传承。各家茶楼在早茶的基础上，陆续发展出午茶、晚茶，形成了具有梧州特色的"三茶两饭"。如今，上茶楼饮茶已经成了梧州人的生活方式和交际方式，其习俗在百姓日常生活中广泛传承。

　　2022年，梧州早茶习俗被列入第六批梧州市级非物质文化遗产代表性项目名录；2023年被列入第九批自治区级非物质文化遗产代表性项目名录。

　　"一盅两件"，水滚茶靓，点心精美……许多梧州人的一天，是从饮早茶开始的。

　　凌晨 4 点，城市尚未从清梦中苏醒，梧州不少酒家的后厨已升起人间烟火。点心师傅们正在为食客准备早茶茶点，各色食材在他们灵巧的指尖蜕变，在"离散聚合"中化为早茶百味。

　　热气氤氲的茶点、谈天说地的食客……一般来说，在早上 9 点左右喝早茶的市民最多。每到这个时候，许多酒楼高朋满座、人声鼎沸，街坊们点上"一盅两件"慢慢"叹"，服务者奔前跑后，其盛况不亚于任何大餐晚宴。如今，早茶文化已然成为勾勒梧州城市品格和人文神韵的一张重要名片。

早茶习俗渐成风尚

　　将时间追溯到梧州开埠通商之初，"饮茶"是另一

喜迎门大酒楼的师傅正在制作龟苓膏布拉肠 / 杨扬　摄

番景象。

梧州地处浔江、桂江、西江交汇处，是广府文化区的重要组成部分，素有"千年古郡"之誉。便利的交通、繁盛的商业、发达的饮食业，形成了梧州重商的氛围。特别是 1897 年开埠通商后，梧州成为西江上最大的内河港口，位列全国十大商埠之一。那时，大批广东商人溯江西上在梧州开办工商业的同时，也将当时珠三角地区流行的早茶习俗带入梧州。客商们上茶楼交流商业信息、畅聊生意行情，梧州早茶习俗也随之渐成风尚。

随着梧州经济日渐繁荣昌盛，众多酒楼应运而生，并开始出现划档设座，用小厅房雅座设高档早午茶市，粤西楼、洞天酒家、大东酒家、金陵酒家等酒楼茶肆成为延续梧州早茶习俗的主要阵地。20 世纪 80 年代以来，人民生活水平不断提高，早茶习俗进入鼎盛时期，梧州市经营茶市的有大东酒家、粤西楼等 40 多家。

"我是梧州大酒店第一批服务员。那时酒店专门邀请了广州白天鹅宾馆的专业人员到梧州，对服务员进行专业培训。在梧州大酒店任职几年后，我便入职金湾酒楼。现在，我从事这个行业已经有 30 多年了。"喜迎门大酒楼经理邱海冰见证了梧州早茶习俗的繁荣发展。她说，"饮早茶"已经成了梧州人的生活习惯。以前，许多老人家早上 6 点左右就会来到酒楼等待开门，而由于"饮早茶"者众，茶楼酒楼数量、规模有限，茶楼酒楼往往一开门便一席难求，后到的客人只能一桌桌问是否能"搭台"（拼桌）。那时，在茶楼里，服务员推着装满各式点心的小车穿梭在走道间，总会成为茶楼里老少食客的焦点。

而这个时候，茶楼里的闲聊声、翻报纸声、茶杯碰撞声、点单声等声声交错，犹如一部晨间交响曲。

茶水点心包罗万象

人间烟火气，最抚凡人心。早茶不过是茶水与点心，内容却包罗万象。拿茶水来说，以本地特产六堡茶为主，同时还有铁观音、普洱、乌龙茶、大红袍等。至于点心就更加丰盛了：以包点类、主食类、小吃类等类型茶点为主，有叉烧包、虾饺、烧卖、流沙包、蒸肠粉、豉汁凤爪、艇仔粥、榴莲酥等数百种。

看似简单的早茶点心，点心师傅少几年工夫都制作不出来。而师傅们的用心，食客们都是能细心品味出来的。

"为了确保品质，我们每天凌晨 4 点多就要采购当天的食材，准备各式菜品。"刘荔是喜迎门大酒楼的行政总厨，曾在粤菜老字号海港大酒楼学习粤菜的制作，粤式餐厅工作经验丰富。他说，广式点心最大的特点就是精致玲珑、种类奇多。传统的梧州茶点中，食客们点得最多的便是"四大天王"，即排骨、凤爪、叉烧包、牛肉丸；另外，虾饺、干蒸、排骨、肠粉、炒粉、各类粥品也很受欢迎，有些茶点一天要制作四五十份。

其中深受食客喜爱的凤爪，制作步骤十分烦琐。首先是下锅炸出虎皮，经过浸泡后进行第一次蒸制，最后还要加入酱汁调味进行第二次蒸制……经过多道工序制成的鸡爪，皮酥软、肉细嫩、色泽饱满、味道浓郁。

虾饺也是食客们最常点的点心之一。厨房里，只见点心师傅将面团切成一个个相同大小的小剂子，用抹上食用油的菜刀一压一转，面剂子就变成了一张虾饺皮；在皮子中间放适量馅料，对捏、捏出褶子、垫上胡萝卜薄片放入蒸笼；大火蒸五六分钟，一笼晶莹剔透、鲜美爽口的虾饺就可以端上餐桌了。

多年来，梧州早茶点心品种相当丰富。不少茶楼坚持讲究出品质量的同时，也致力于茶点文化的初心坚守和传承创新，让传统与创新得到绝佳的碰撞与融合，擦亮梧州饮食文化品牌。"为将更多梧州本土特色融入早茶习俗中，我们近期推出龟苓膏布拉肠、六堡茶黑松露酥皮包等茶点，让梧州早茶习俗更加彰显梧州特色。"刘荔表示，酒楼会配合不同时令轮换菜品、突破传统茶点的创新元素，力求寻常餐桌也有所变化。

规矩情理尽藏其中

21 世纪以来，以金湾酒楼等梧州早茶习俗的主要传承实践单位为代表的酒店茶楼，在菜式、茶点以及经营方式等方面不断加以创新，从当年的交流商业信息、畅聊生意行情，演变成梧州人的生活方式、交际方式，将早茶习俗深刻地融入本地人的语言、礼俗及生活当中。从此，梧州早茶习俗进入了振兴发展的新时期。

"梧州早茶习俗一方面以开设茶楼、师带徒和烹饪教育等方式实现群体传承；另一方面，传统制作工艺与当今生产科技的革新结合，促进了传统广式茶点的创新性发展，使广式茶点的技艺得以保

梧州早茶点心品种丰富/杨扬 摄

护和传承。"梧州市金湾酒楼董事长杨露经营酒楼多年，在传承、弘扬梧州早茶习俗过程中，赋予梧州早茶习俗新的内涵。她说，随着社会发展、生活改善，"饮早茶"也从商务社交活动开始逐渐演变为家庭聚会活动，成为沟通亲情、自我放松、维护情感的生活方式。

而梧州人喝茶时的礼节，总是藏着一些心照不宣的默契。茶水没了，只需将盖子搁在茶壶边缘，经过的服务员便会心领神会，速速拿去续水；斟茶涮杯，沏茶者要掌控全场的饮茶节奏，受茶者手指内扣轻敲桌面以示感谢……100多年来，梧州早茶习俗代代相传从未间断，形成了一整套较为完备的饮茶礼俗和规矩，而梧州人的分寸、规矩情理的细腻尽藏于早茶习俗之中。

如今，一句"得闲饮茶"已成为梧州人的口头禅，饱含着梧州人的处世哲学。而一斟一叹、一品一尝里，不仅盛放着梧州人的人情味道，更安放着梧州人的乐观豁达。

不解之缘早结下
——访梧州市金湾酒楼董事长杨露

"我与梧州早茶习俗早早结下了不解之缘。"杨露既是梧州市金湾酒楼董事长,也是梧州市非物质文化遗产保护发展协会副会长。她说,很小的时候,自己就在外公带领下体验到了梧州早茶习俗。在杨露的记忆中,江月楼、水都乐、金牛酒楼、华利酒楼都是她小时候常去的茶楼。茶楼,既是天伦之乐的汇聚处,也是共聚友情的最佳选择,更是业余消遣的好去处,坊间八卦、生意洽谈、朋友间联络感情等都可以在茶楼中进行。

1989年前后,杨露的母亲潘秋华开始在白云酒店对面的河堤上经营茶档。2005年,随着河东防洪堤建成、丽港商业街成形,潘秋华便回到白云酒店附近创立了金湾酒楼。

杨露从母亲手中接过经营金湾酒楼的重担后,致力于传承、弘扬梧州早茶习俗,赋予梧州早茶习俗新的内涵。她觉得,梧州早茶习俗是梧州人生活的一部分,承载了梧州人民许多重要的历史文化信息和记忆。"未来,我想打造一间像江月楼那样的传统中式茶楼,回归初心、留住情怀,传承和宣传具有岭南特色的梧州早茶文化。"杨露说,希望能通过梧州早茶习俗的不断传承延续和发扬,为带动梧州旅游发展贡献一份力量。

"因为家里经营酒楼，还在上学的时候，放寒暑假只要有空我就会到自家酒楼做服务员，熟悉茶楼经营和早茶文化习俗。"杨宇从小就跟着家人去"饮早茶"，感受早茶文化。在他看来，早茶习俗包罗万象，包括饮茶、吃点心以及掌握相关礼仪等，比如从中了解不同年代的不同喝茶方式。他说，以前的传统茶楼，不同茶叶一缸缸地摆出来，茶客想喝哪种自己挑，有的茶客还会自带茶叶，有的熟客每次去茶楼都会坐同一个位置，情怀满满。

杨宇说，以前的茶楼，很多都开在江边，有露天区域，舒适休闲。随着时代发展，现在的茶楼都入室经营了。而且很多茶楼也从单一做早茶，陆续发展起午茶、晚茶，进化为酒楼，形成了具有梧州特色的"三茶两饭"。酒楼茶肆从早到晚，热闹非凡，拉动了消费，推动了经济的发展。

习俗因传承而深入人心。对梧州早茶习俗有着深厚情感的杨宇也有了自己的打算——在骑楼城打造一间传统茶馆，还原茶客怀念的"一盅两件""推车仔"等场景，营造传统的早茶习俗氛围，让游客可以更生动地感受到梧州的早茶文化，把梧州早茶习俗发扬光大。

『三茶两饭』是特色
——访梧州岭南骑楼城大酒楼总经理杨宇

非物质文化遗产里，蕴藏着世界各民族的文化基因、精神特质、价值观念、心理结构、气质情感等核心因素，是各国人民智慧与文明的结晶，也是全人类共同的宝贵财富。2022年，习近平总书记对我国非物质文化遗产保护工作作出重要指示时强调："要扎实做好非物质文化遗产的系统性保护，更好满足人民日益增长的精神文化需求，推进文化自信自强。要推动中华优秀传统文化创造性转化、创新性发展，不断增强中华民族凝聚力和中华文化影响力，深化文明交流互鉴，讲好中华优秀传统文化故事，推动中华文化更好走向世界。"

梧州，山川毓秀，人杰地灵，历史悠久，非物质文化遗产散布于这个千年古郡，闪耀着梧州人精神血脉的传承之光。截至2023年10月，有被列入联合国教科文组织非物质文化遗产名录项目1项、国家级非物质文化遗产代表性项目3项、自治区级非物质文化遗产代表性项目48项。这些非物质文化遗产，历经岁月风霜，留下了深深的历史印记。它们有的已与现代生活接轨，焕发出新的生机与活力；有的虽有展示与传承，却仍须进一步活化利用；有的则是逐渐远离大众视线，仅靠部分老艺人苦苦坚守才获续传……

作为中华优秀传统文化的组成部分，梧州非物质文化遗产需要挖掘保护，更需要活化传承，唯有如此，才能生生不息、发展壮大。因此，2023年，中共梧州市委宣传部、梧州市社会科学界联合会、梧州市文化广电体育和旅游局、梧州日报社、梧州学院西江流域民间文献研究中心联合启动"传承——细说梧州非遗"系列采访活动，希冀通过报道让大众了解梧州的非物质文化遗产，并更大地激发起保护、传承、利用的热情，使这些文化瑰宝不会被"雨打风吹去"，而是通过活态传承"见人见物见生活"，在新时代展现新风采。

梧州日报社派出的采访组历时 3 个多月，通过寻访非遗传承人以及相关知情者，对全市 48 个非遗代表性项目进行了深入系统的采访。系列报道于 2023 年 6 月在梧州日报社下属纸媒与新媒体同时推出后，引起了社会强烈的关注，受众纷纷称赞得以"近距离感受梧州优秀传统文化的魅力"。

为了更好地利用各种平台，将梧州的非物质文化遗产传播开来、推广出去，推动非物质文化遗产扬弃继承、转化创新，在继承传统本质特色的基础上展现新魅力、焕发新光彩，活动主办方在"传承——细说梧州非遗"系列报道采访的基础上，组织专人重新梳理相关内容，策划推出了图书《非遗里的梧州》，并由广西人民出版社出版。

本书的编辑出版，得到了梧州相关部门和广西人民出版社的大力支持，在此谨致衷心感谢。由于现存资料不多，加上采编时间仓促，相关人员学识有限，本书难免存在疏漏，也请各位读者不吝赐教。

编　者

2023 年 12 月

图书在版编目（CIP）数据

非遗里的梧州 / 中共梧州市委宣传部等编 . — 南宁：广西人民出版社，2023.12（2024.4 重印）
ISBN 978-7-219-11738-5

Ⅰ . ①非… Ⅱ . ①中… Ⅲ . ①非物质文化遗产—介绍—梧州 Ⅳ . ① G 127.673

中国国家版本馆 CIP 数据核字（2024）第 050821 号

FEIYI LI DE WUZHOU

非遗里的梧州

中共梧州市委宣传部 梧州市社会科学界联合会 梧州市文化广电体育和旅游局 梧州日报社 梧州学院西江流域民间文献研究中心 编

出 品 人 韦鸿学
策　　划 赵彦红 杨　冰
执行策划 曾蔚茹
责任编辑 曾蔚茹 林晓明
责任校对 田若楠
版式设计 翁襄媛

特邀编辑 肖苗生 苏爱清

封面设计 刘瑞锋 粟　楠［广大迅风艺术 ］

出版发行 广西人民出版社
社　　址 广西南宁市桂春路 6 号
邮　　编 530021
印　　刷 广西昭泰子隆彩印有限责任公司
开　　本 787 mm × 1092 mm 　 1 / 16
印　　张 25
字　　数 350 千字
版　　次 2023 年 12 月 　 第 1 版
印　　次 2024 年 4 月 　 第 2 次印刷
书　　号 ISBN 978-7-219-11738-5
定　　价 128.00 元